Серия «Педагогика и психология»

Шалва Амонашвили

Искусство семейного воспитания

Педагогическое эссе

Москва

Амрита-Русь

2011

УДК 371
ББК 74.2
А62

Амонашвили Ш.А.
А62   Искусство семейного воспитания. Педагогическое эссе / Ш. Амонашвили. — М.: Амрита, 2011. — 336 с.

ISBN 978-5-413-00228-5

Ребёнок — не аморфная масса, а существо, таящее в себе силы, равных которым не сыскать на всей нашей планете. Эта затаённая в ребёнке сила духа, разума и сердца, если её довести до совершенства, станет сверхсилой, способной преобразовывать, обогащать, украшать всё вокруг — и на Земле, и в Космосе, и в нём самом.

Но суть в том и заключается, что какие бы силы не таились в ребёнке, сам он ничего не сможет в себе развить, не сможет даже встать на ноги, не говоря уже о возвышении до человека. Совершить чудо: сделать, воспитать, создать из него человека — серьёзная задача для мудрых, любящих взрослых, и в первую очередь для пап и мам.

УДК 371
ББК 74.2

ISBN 978-5-413-00228-5

© Амонашвили Ш.А., 2010
© Оформление.
ООО «Амрита», 2011

Баллада о воспитании

> «...*Может быть, на тысячу семей найдется одна семья, где обратят внимание на природу детей*».
>
> Живая Этика

ДОРОГОЙ ЧИТАТЕЛЬ!

Пока Вы начнёте читать эту книгу, хотел бы сказать Вам несколько слов.

Я не предлагаю Вам строгую науку или методическое пособие о воспитании Ребёнка в семье. Такой науки, откровенно говоря, и не существует. Перед Вами мои личные соображения и взгляды о том, как романтично можно прожить вместе со своим Ребёнком длинный, но стремительно улетающий процесс воспитания. Притом, он больше не повторится никогда.

Конечно, излагая свои мысли, я то и дело исходил из разных научных знаний, но пользовался ими ради своих намерений.

Так же как художник, как композитор, поэт или мыслитель, я старался преподнести Вам самого себя — «мою» Гуманную Педагогику. Преподнести её так, чтобы она понравилась Вам.

Песню, которая задевает нас, мы поём хотя бы в душе. Стихи, в которые мы влюбляемся, перечитываем вновь и вновь. А если в семье растёт Ребёнок, неужели забота о нём не обратит наше внимание на разные педагогические идеи, и если какая-либо из них привлечёт нас, не используем в нашей практике?

Я очень хотел бы, чтобы идеи Гуманной Педагогики (эту педагогику я называю «своей» не потому, что я её открыл, а потому, что присвоил от классиков) понравились Вам и чтобы Вы воспользовались ею в воспитании своего Ребёнка, своих детей.

Я честен перед Вами: я искренне верю в истинность Гуманной Педагогики, потому предлагаю, чтобы Вы тоже поверили в неё и полюбили её и, конечно же, отказались от силового, авторитарного воспитания Вашего Ребёнка, Ваших детей. Моя задача именно в этом.

Для меня Гуманная Педагогика как музыка, как поэзия, как философия, как романтика, как искусство. Потому, в поиске названия книги я сразу отказался от таких скучных формулировок, как: «Родительское чувство», «Воспитание как жизнь», и согласился с Валерией Гивиевной (она моя супруга, набирала текст на компьютере и редактировала его), которая сказала: «Это же баллада! Назови книгу — «Баллада о воспитании!»

Так появился новый педагогический жанр.

Я писал книгу, слыша в себе музыку и поэзию, давал волю фантазии, прибегал к повествованию. Предлагаю сюжетное развитие педагогической жизни в семье, осмысливая её как наш совместный с Ребёнком путь восхождения. Для каждой сюжетной части «Баллады» определилось музыкальное название.

Остаётся добавить одно: если я не смогу увлечь Вас идеями Гуманной Педагогики, то, пожалуйста, не думайте, что она сама такая не интересная и не живая. Она прекрасная! Возможно, я не смог донести до Вас её красоту.

Перед Вами не возрастная педагогика о воспитании Ребёнка, не методическое пособие, а сама педагогическая жизнь, в которой воспитываются все её участники.

Аккорды
ЗОВ И ЯВЛЕНИЕ

Я — Дух нерождённого.
Кто меня зовёт?
Выбирайте лучшие слова!
Вложите в них ваши лучшие чувства!
Выбирайте лучшую музыкальность для зова!
И всё это пошлите мне!
Ваш голос с Земли начнёт воспитывать меня на Небесах и притягивать к вам.
Ну, как?
Зовите, зовите, зовите!
Зовите всем сердцем и чистотой, которая есть в вас!
Ваш зов только так достигнет тех высоких пространств, где я обитаю!..
Вы призвали меня?
Я услышал!
Я спускаюсь! Свершилось великое таинство: я явился в земную жизнь.
Привет всем вам от Создателя!
Я — Путник Вечности.
Но я ваш Ребёнок.
У меня нет земного посоха.
Дайте мне воспитание, оно и станет моим посохом. Только примите мои условия:

— Во мне свой Путь, не навязывайте ваш.
— Во мне свой характер, не ломайте его.
— Наполняйте меня светом, озарённым щедростью.
— Воспитывайте в свободе, ограниченной мудростью.
— Вооружайте знаниями с любовью к жизни.
— Воспитывайте чувства под водительством разума.
— Воспитывайте разум под водительством сердца.

Пусть мой приход напомнит вам, что вы тоже являетесь Путниками Вечности. Наши Пути скрещиваются, но не останавливаются.

Прелюдия
ОН ОТ СВЕТА

Семя любви осчастливило нас, и к нам явился долгожданный гость — Путник Вечности. Господи, какой он хрупкий и беспомощный!

Но сердце наше чует: в нём могущество. Он пришёл с пустыми руками, пришёл голым! Но опять чувствуем: несёт он дары, чтобы раздать щедро. Он пока какой-то морщинистый, этакий новорождённый старичок. Но морщины эти, мы знаем, от мудрости, которая в нём от прошлого.

Морщины он сбросит, а мудрость оставит, и начнёт всё сначала. Глаза его смотрят не на нас, но на кого-то Невидимого. И первый крик его, и плач его, и лепетание его, и первая улыбка его тоже обращены не к нам, а к тому же Невидимому.

Мы пока для него не существуем, а существует некто Другой, который для него важнее, чем мы.

Он — от Света, потому всё светится и лучится.

Он — как пламя огня, как миниатюрный вулкан — в нём полное нетерпение.

О, Господи, какое в нём доверие, бездумное доверие ко всем нам! Вот возьми и сделай с ним что хочешь!

А что мы хотим сделать с ним?

Но разве будем выбирать что-либо другое, если знаем, что нет воли Отца нашего Небесного, чтобы погиб один из малых сих?

Он — наш Ребёнок.

А мы — его родители — Отец и Мать.

Можно и так сказать: Папа и Мама.

«Наш» — не значит, что он — наша собственность. Это значит, что Творец доверил его нам, чтобы помочь Путнику Вечности найти свой Путь. Так начинается наше служение, которое называется священным словом: **ВОСПИТАНИЕ**.

Мы — родители — соработники у Творца в воспитании вновь пришедшего на Землю Человека.

К чему же мы его устремим?

Мы будем осторожны, ибо знаем, что он уже устремлён.

К чему — он эту загадку несёт в себе.

Но мы поможем, чтобы его устремление не сбилось с пути.

И направим его на утверждение в жизни Прекрасного, на возвеличивание в жизни Блага, на проявление Великодушия, на торжество Любви.

Мы мечтаем, чтобы воспитать его Благородным Человеком.

Мир ждёт его таким — Благородным. Потому родительское сердце предупреждает нас уберечь нашего Ребёнка

от дурных зрелищ,
от сквернословия,
от грубости,
от дурной музыки,
от всего ложного,
что разлагает тело и
разрушает дух.
Будем беречь его
от чувства собственности,
от самости,
от злобы,
от праздности.
Он сейчас младенец.
Но годы улетят.
В нашей повседневной заботе они улетят быстро.
Младенец подрастёт, и сам станет взрослым.

А мы постареем и скажем нашему сердцу: «Видишь, мы ему больше не нужны, он сам пробирается к своему Пути. Может быть, успокоишься?»

Но сердце не уступит. Оно скажет нам: «Если кто стал уже отцом и матерью, то это на всю жизнь, до конца дней своих».

Господи! Наверно, родители для своих детей так же, как Ты для нас: когда же Ты успокоишься и скажешь, что детям Твоим не нужна больше Твоя забота, они уже «сами с усами»?

Кантата
О НОВОЙ РАСЕ

В шестидесятые-семидесятые годы прошлого века мир заговорил о детях-акселератах, о том, что рождались дети, рост и вес которых превышал все нормы, сроки их полового созревания сокращались, они физически быстро развивались.

Психология тоже подтвердила, что наблюдается более ускоренное умственное развитие детей: шести–семилетние дети-акселераты своими умственными способностями многократно превосходили детей-сверстников прошлых времён.

Наука не смогла объяснить факт акселерации и приписывала его биологическим и социальным факторам. Тогда речь не шла о том, что этому поколению детей было суждено дать мощный импульс цивилизованному развитию человечества и изменению облика мира. Материалистический взгляд на мир в целом и на мир детства в частности не допускал возможности думать о предназначении нового поколения детей, о том, что дети несут в себе свою Миссию, свой Путь.

Дети-акселераты выросли, им стало по двадцать, тридцать, сорок лет. Многие взяли в свои руки бразды правления и на глазах у своих родителей, т.е. «старого» поколения, начали утверждать свою волю.

И что же мы увидели?

Мы увидели, что изменились многие основания в жизни мирового сообщества людей, в жизни государств. Демонтаж унитарного государства, изменение политической карты мира, вхождение в жизнь людей компьютеров, интернета, электронных и спутниковых связей и многое другое — это свершения поколения детей-акселератов.

Они рождались в пятидесятые и шестидесятые годы, неся в себе своё предназначение: изменить цивилизованный облик планеты в семидесятые, восьмидесятые, девяностые годы.

Они это сделали.

Они несли в себе импульс развития духовно — нравственных ценностей. Но, видимо, этот импульс был послабее импульса изменения материального бытия. И общество тоже было не готово для принятия возвышенных духовных ценностей. Скорее наоборот, в силу чего возникли неизвестные ранее болезни, мир был втянут в войны, в межнациональные и межрегиональные столкновения, усилились частнособственнические рвения, началось обесценивание культуры.

«Старое» поколение с трудом поспевает за стремительным движением бывших детей — акселератов, которых само же воспитывало. А непонимание их предназначения также ввергает взрослых в конфликты и пререкания с «молодыми».

Непонимание будущности наших детей-акселератов (мы просто удивлялись и восхищались их высокому росту и мускулистому телосложению) помешало нам дать им то развитие и воспитание, которое помогло бы им в полном объёме реализовать себя. Они реализовались лишь частично. Дети были новые со своими устремлениями, а педагогика, будь она в семье или в школе, осталась старой. Мы не захотели уяснить для себя это опасное для воспитания расхождение. Потому из среды детей-акселератов выросли не только люди, которые развивали жизнь общества, но и люди, которые, пользуясь своим талантом и способностями, навредили обществу.

А теперь идёт новое поколение детей. Наблюдатели за ними утверждают, что современные дети составляют особую человеческую расу. Их предназначение более высокое и длительное, чем было предназначение любого другого поколения.

Новая Раса, которая нарождается, будет резко отличаться от нынешней современной расы, от всех тех поколений, которые сожительствуют сейчас на Земле и закрепили в себе ценности и образ жизни прошлых поколений.

Мудрецы объясняют нам это различие.

Главное для Современной Расы — Иметь,
а для Новой Расы — Давать.

Нам говорят: Сейчас вы стараетесь получить, завладеть вещью, которая вам кажется желанной. Но это обладание временное, иллюзорное. А надо стараться построить в себе вечные качества, которые реальны и не могут быть потеряны.

Современная Раса ищет захватов. Новая Раса будет жить, чтобы давать.

Нам объясняют: Побольше прибыли, высокие посты, накопление частной собственности, личное удовлетворение — вот к чему стремится в эти дни весь мир. Давать — на это смотрят как на жертву, и это делается с надеждой что-нибудь получить взамен. Для Новой Расы даяние будет нормой, общим выражением неэгоистического народа, оно будет его лучшей радостью.

Лозунг Современной Расы — соревнование,
Новой — кооперация и сотрудничество.

Нам комментируют: Сейчас всё ещё наставляют детей, что нужно превзойти других, быть лучше, чем другие и в учении, и в спорте, нужно оставить других позади (в тени). С Новой Расой придёт сознание: стараться сделать больше и лучше то, что каждый в состоянии сделать ради Общего Блага.

Современная Раса разрушительна. Новая будет созидательной.

Нам объясняют: Своими вредными излучениями человек отдалил от себя многих из эфирных существ, которые живут и развиваются наравне с нами. Потому все катастрофы, разрушающие нашу планету, — циклоны, землетрясения, наводнения, огненные стихии, чрезвычайная смена тепла и холода, — вызваны самим человеком, ибо это результат его разрушительного отношения к жизни природы и низкого качества его мыслей. Новая Раса будет проявлять заботу ко всему окружающему и сотрудничать с духами природы. Она изобретёт то, что задействует огромные силы, обнаруженные в природе и в человеке. Эти силы ещё скрыты, неизвестны, потому что они опасны в период разрушительной расы.

Владение Научными знаниями — слава Современной Расы.

Но в Новой Расе — Мудрость будет выше.

Пояснения: Наука имеет дело с внешней стороной, а это медленный процесс в направлении к сердцу вещей. Не из внешнего вовнутрь, а из внутреннего наружу — вот путь Мудрости. Внутри — Единая Жизнь. Эта же самая Жизнь проявляется и в других и является мотивирующей силой во всех феноменах природы. Достигнув осознания этого через совершенную чистоту, мы можем познать причину всего, узнать ответы на все вопросы «как» и «почему». Совершенная Мудрость включает в себя все познания.

Настоящая Раса управляется интеллектом. Грядущая Раса будет управляться интуицией.

Нам объясняют: Интеллектуальность полагается исключительно на впечатления, падающие на мозг извне. Вы мир вокруг себя охватываете несовершенными инструментами органов познания. Интуиция же действует изнутри. Она приносит неограниченное, истинное познание себя. И когда полностью откроете себя, вы узнаете всё, что можно знать обо всей Вселенной.

Современная Раса окружена уродливыми формами. Красотой будет окружена Новая Раса.

Нам говорят: Сейчас ваша оценка красоты зависит от её редкости и цены. На множество из этих предметов, которые вы цените за их красоту, вы бы и не взглянули, если бы они стоили дёшево, если бы их мог приобрести каждый. Ваше предпочтение — это поиск личного удовлетворения, и поэтому оно грубо и эгоистично. В Новой Расе искусство и красота будут результатом внутренней чистоты. В Ней будет преобладать красота духа, а не красота чувств, как сейчас. Душевная красота найдёт своё выражение в фигуре и форме, грациозных ритмических движениях, в приятных мелодических голосах и вежливом обращении. Внутренняя красота будет служить причиной того, что и внешнее её выражение станет прекрасным.

Современная Раса сгибается под тяжестью страданий.
Новая Раса с высоко поднятой головой будет отражать Свет, который является чистейшей радостью.

Нас призывают: Перестаньте быть причиной своего собственного несчастья, поддерживаемого самоутверждением своей личности, отбросьте ваше личное «я», нарушающее радость, мешающее выявлению высшего, блистательного Я. Оно лучезарнее солнечного света. Пусть Оно сияет в вас, просвещает вас, наполняет своей великой, непоколебимой радостью все уголки вашего существа.

Настоящая Раса характеризуется разъединением.
Новая Раса будет отличаться единством, единодушием.

Нам объясняют: Сейчас каждый человек гордится тем, что у него есть и чего другие не имеют: способности, политические убеждения, религиозные взгляды, наряды. Новая Раса ищет объединяющее. Каждый постигает свою суть, собственное внутреннее Я и Его жизнь (что есть Бог). Постигает, что его интересы не могут быть отделены от интересов других.

Современная Раса скована. Новая Раса будет свободной.

Объяснение: Современное человечество сковано физическими, материальными формами. Даже в делах любви и дружбы оно тяготеет к материальной стороне. Новая Раса будет знать духовную сторону всех явлений, она будет считаться с вечным. Поэтому она будет свободной от всех обманчивых связей и болезненного страха что-либо утратить, потерять.

Нам говорят: Вам надо понять, что весь мир в вас и вы едины со всяким живым существом, со всем, что есть — с небом, с океаном, с элементами, с насекомыми, с птицами и животными, с людьми и богами — с Богом. Вам надо понять, что вы бессмертны, что всегда были и никогда не перестанете быть.

Нас заверяют: Дети Новой расы готовы придти в земную жизнь. Но они придут, когда вы подготовите им Путь. Они в ожидании чистых тел, чистых родителей, чистой обстановки и чистой Любви. Они воплотятся тотчас же, как только вы станете чистыми. Вы сами можете войти в Новую Расу, когда, упорно борясь, обретёте Совершенную Чистоту.

Это есть мой давнишний конспект прекрасной маленькой книги, которую я полюбил. Она называется: «Дети Света».

Дети Света уже рождаются.

Они приходят в ту или другую семью.

Сами они не говорят, что они Дети Света.

Но нам было бы лучше принять нашего Ребёнка как представителя Света и тут же твёрдо усвоить: Ребёнок Света нуждается в родителях, тоже устремлённых к Свету.

Наблюдатели нынешнего поколения детей утверждают, что современные дети действительно отличаются от нас самих, когда мы были детьми, от детей всех предыдущих поколений. «Детей Света» ещё называют: «Необычные дети», «Дети Нового Сознания», «Дети индиго» (Индиго — это название фиолетового цвета, которым, как утверждают люди с умением видеть человеческие излучения, окружён Ребёнок. Отсюда — дети индиго).

Говорят, что таких детей сейчас становится всё больше и больше, что их количество превышает 90%.

Говорят, что они есть посланцы из будущего в нашу несовершенную действительность. Наша судьба, судьба человечества — в их руках.

Они мудры, они чувствуют свою мудрую древнюю душу.

Они буревестники нового общества и бросают вызов всему, что есть вокруг.

Несут они расширенное, космическое сознание и новые знания.

Они открыты и уверены в себе.

Но они уязвимы перед грубостью и насилием.

Бесцеремонность взрослых по отношению к ним делает их беззащитными.

Ими овладевает скука в той среде, где интеллектуальный уровень людей ниже их уровня; в частности, им очень скучно в школе.

Многие из них не выдерживают дисгармонию в семье, в школе, в обществе, где их не могут понять, не стараются понять.

В авторитарной среде, среде равнодушия и непонимания они ломаются, начинают болеть душевно, уходят в себя, впадают в отчаяние, нарушают порядок или же кончают жизнь самоубийством.

Дети новые, а педагогика, — образование, воспитание, обучение, — старая, авторитарная. Мы однажды уже промахнулись, принимая детей акселератов; наша авторитарная педагогика не дала многим из них возможность раскрыться полностью. Неужели допустим ещё один промах — ослабим импульс эволюции, который даруется нам Свыше?

Новому роду человечества, Новой Расе нужна педагогика любви, добра, понимания, содействия, сорадости, сострадания, защиты. Детям нужна педагогика Мудрости, которая взращивает духовность и духовную общность.

Педагогика эта, имеющая корни в классическом наследии, называется Гуманной Педагогикой!

Вариация
РЕБЁНОК

Обычные словари объясняют нам: Ребёнок — это мальчик или девочка в раннем возрасте, до отрочества.

Как это скучно!

И не только скучно, но и опасно, ибо ввергает нас в заблуждение.

Всё, что скучно, значит — неправда, во всём скучном есть ложь...

Психологи начнут нам так же скучно и скудно рассказывать, каково мышление у детей раннего возраста, каковы их память, воля. Как они проявляют свои эмоции, каков круг потребностей и интересов. Это всё вокруг да около Ребёнка, а не о нём самом.

А мы — родители, исходя из таких знаний, со своей стороны, будем строить скучное и, значит, ложное воображение о Ребёнке, о нашем Ребёнке. Мы больше будем говорить о том, как он ведёт себя, хороший он у нас или плохой, послушный или непослушный, прилежный или ленивый, умный или глупый, талантливый или тугодум, радует нас или раздражает.

Но это будет наше заблуждение, которое поведёт нас ещё дальше. Надо же будет добиться того, чтобы он, **наш** Ребёнок, сделался хорошим, послушным, прилежным, талантливым, превосходящим **вашего** Ребёнка, и чтобы он стал надеждой для нас, для нашей обеспеченной старости!

Так наша забота о Ребёнке с лёгкостью переходит в заботу о самих себе.

Если он не слушается, мы будем искать методы, чтобы он стал послушным, вместо того, чтобы искать пути поощрения того естества, в силу которого он не может и не должен быть таким. Будем обращаться с Ребёнком построже, будем поощрять его за хорошее поведение, но будем и наказывать за дурные поступки, за непослушание. Будем наставлять и строго повторять одно и то же, требовать исполнения нашей воли!

Вот как поступим с ним. И будет у нас оправдание. «А как же иначе, — скажем мы, — он же Ребёнок, он же в раннем возрасте, не дорос ещё до отрочества!»

Но нам нужно будет и гордиться: какой он у нас талантливый!

Если он талантливый, значит мы тоже, родители, талантливые, если он прекрасный, тогда мы в сообществе родителей лучшие!

Наш Ребёнок, видите ли, знает стихи, считает до десяти, читает слова, пишет буквы, играет у компьютера. А ваш?

Наш сын прекрасно учится, знает языки, побеждает в конкурсах программистов, обучается карате, занимается фигурным катанием... А ваш?..

Заблуждения-то какие!

А заблуждения — горя сеть.

Адажио
ПУТНИК ВЕЧНОСТИ

А мы заглянем в другие словари или спросим у мудрецов, что означает слово **РЕБЁНОК**.

Мудрецы скажут нам: Ребёнок — это забота сегодняшнего и смысл завтрашнего дня.

А толкователи сути слов порадуют нас, ибо мы узнаем нечто сокровенное:

Ребёнок — это возрождённое новое Бытие.

Ребята — это носители тайны возрождённого нового Бытия.

Дитя — это носитель Истины.

Дети — это народ, действующий в Истине.

Скажем и о Человеке — это есть Душа, преходящая веками.

Вот кто есть Ребёнок — это **ПУТНИК ВЕЧНОСТИ**, который пришёл к нам в гости.

Нам надо сложить о нём новый образ, чтобы не заблуждаться впредь и не вредить Путнику:

— Ребёнок есть носитель Новой Жизни,
— он — носитель Истины в Духе,
— в нём могущество Неба и Земли, Духа и Природы,
— он — Человек Пути и Путник Вечности,
— в нём заключена его земная Миссия, его Предназначение,
— он — суть Свободы и Воли,
— он — будущий герой Духа,
— он — забота настоящего и смысл Будущего,
— он — единственный такой на Земле и во всей Вселенной.

Но для нас — родителей, для всех взрослых Ребёнок олицетворяет ещё и другое:

— он есть знак доверия Бога к нам,
— он есть гость в нашем доме,
— он есть камень преткновения для нашей человечности,
— он — испытание на преданность, на прочность наших духовно-нравственных устремлений,
— он есть Путь нашего совершенствования, условие искупления грехов наших, возможность стать лучше, изживать в себе пороки.

Но лучше Яна Амоса Коменского, классика Мировой Педагогики, не скажешь:

«Если кто-либо пожелал основательно обсудить, почему Бог так любит маленьких детей и так предписывает нам попечение о них, тот найдёт для этого много причин.

Во-первых, если тебе теперь дети представляются не заслуживающими внимания, то посмотри не на то, каковы они теперь, а на то, каковы они должны быть по начертанию Божьему.
Ты увидишь в них не только происшедших от нас обитателей мира и благодетелей Вселенной, но и наравне с нами
соучастников Христа,
царских жрецов,
избранный народ,
спутников ангелов,
судей дьяволов,
утешение небес,
ужас ада, наследников небес во все века.
Что можно придумать более возвышенного?»

Речитатив
КТО ИЗ НАС СКАЖЕТ: «Я НЕ ПЕДАГОГ»?

Мы — родители!
Чем мы занимаемся, имея своего Ребёнка, своих детей?
Мы так и родились, как будущие мамы и папы.
Быть отцом или матерью — это наша естественная природа: надо воспроизводить род человеческий. Мы по природе своей, по задаткам своим изначально уже педагоги. Мы призваны быть воспитателями.
Отец и мать (папа и мама) суть профессии педагогические.
Но эти профессии (равносильно, как дедушка-бабушка) особенные. Они есть профессии первого и главного воспитателя своего Ребёнка, своих детей.
Нам никуда не деться от Богом предписанного долга. Иначе будет грех, будет предательство. Воспитывая нашего Ребёнка, мы становимся соработниками у Бога.
Кто может заменить нас, родителей, в воспитании наших детей? Может быть, няни, может быть, кормилицы, или служанки, или гувернёры, или учителя школы?
Все они могут нам помочь.
Но заменить Ребёнку маму и папу никто не в силах!
Добрые люди бывают всегда.

Но Мама!.. Но Папа!..

Пожалуйста, забудем о том, что у нас, может быть, нет диплома о каком-либо педагогическом «образовании». Нам не нужны эти дипломы.

Сам Творец уже присвоил нам прекрасную высшую квалификацию, доверив своё чадо на воспитание: Отец, Мать, Папа, Мама.

Если кто скажет — «Я не педагог», тот, наверное, хочет уклониться от своей ответственности, хочет оправдать свои оплошности в воспитании Ребёнка. «Я не педагог» означает: «Извините меня, воспитание у меня не получается». Есть родительское сердце — поищем там нашу образованность.

Фуга
ЧЕТВЁРТОЕ ИЗМЕРЕНИЕ

Детям Света нужны родители Света, учителя Света.

Мы должны, обязаны такими стать.

Для этого нужно, чтобы мы расширили наше сознание, наше представление о Ребёнке, о его воспитании. Наше сознание есть опора для практической педагогической деятельности. Но оно у многих из нас ограничено материалистическим взглядом, который не позволяет видеть в Ребёнке Путника Вечности. Путников Вечности мы не обнаруживаем и в самих себе. А Ребёнок нуждается в таких родителях и воспитателях.

Отсюда и необходимость расширения нашего сознания, оно требует новых допущений. «Чтобы получить обновлённое сознание, нужно научиться допускать. Это первое условие для развития сознания», — говорят мудрецы Востока.

Чего же не хватает нашему сознанию, чтобы оно стало расширенным? Дело вовсе не в широких знаниях, а в том, что нам нужно возвысить наше сознание от материалистического восприятия мира, и в частности, Ребёнка, до духовного. Мы не опровергнем материальный мир и материальные ценности, они существуют, мы живём в них. Но существует более важное, которое определяет материальное — это Дух и Духовность.

Все учебники традиционной педагогики хором будут нас наставлять, что воспитание определяется тремя факторами: наследственностью, средой и особо организованной средой, то есть, целенаправленным воспитанием. Эти три материалистических измерения и диктовали нашему педагогическому сознанию свою волю, детищем чего стал наш авторитарный взгляд на Ребёнка и наши силовые подходы к нему. Но вот проходят столетия и тысячелетия, а воспитательная практика не может торжествовать. Изобретаем педагогическую науку, но идеи о воспитании не развиваются. Разве не видим, что мы отдаляемся от наших детей, но не в том смысле, что наше сознание опередило их, и дети не в силах следовать за нами. А в том смысле, что становимся глухими друг для друга. Человечество действительно накопило богатый опыт, и мы могли бы дарить детям наши знания, наши ценности. Но ведь надо, чтобы они прислушивались к нашим советам? Однако им трудно это сделать. Потому ахаем и охаем: если бы молодость знала, если бы старость могла!

В чём вина наших детей?

В том ли, что они требуют от нас уважения к ним, общения с ними на равных? Конечно, требуют, но не декларациями, а всеми законами своей духовной и естественной Природы, — чтобы мы признавали в них Путников Вечности и познали такими самих же себя?

Человечество из века в век повторяет одну и ту же ошибку, а теперь к ней присоединились и мы: считаем Ребёнка глупым и хотим силой сделать его умным; считаем его строптивым и довольно злым и хотим силой подчинить его своей воле, которая нам кажется и нравственной, и истинной; принимаем его, как простой сосуд, который упорно не желает наполняться чем-то хорошим, и, «ради его же блага», стараемся силой наполнить его. Ошибка кроется в нашем непонимании того, что духовная и естественная Природа Ребёнка не терпит никакого насилия, какими благими намерениями ни было бы оно оправдано. Вот и обрывается связь. И воспитание, которому предписано быть самым прекрасным, самым божественным жизненным процессом на Земле, становится безжизненным и безобразным, становится пыткой и для Ребёнка, и для нас.

Вообразим такую картину.

Нам нужно позвонить нашему знакомому по мобильному телефону. Цифры в номере телефона имеют свою строгую последовательность. Нельзя менять их порядок, менять хоть одну какую-либо цифру из, может быть, шестнадцати, а то и двадцати и более. Но какая разница, скажем мы, набирать «01» или «10», ведь сами цифры набраны? разве будет большой ошибкой, думаем мы, если вместо «1» набрали «2»? Ведь разность между ними в одну единицу, а не в пять или восемь! Почему связь не устанавливается? Какой плохой аппарат, какая глупая строгость! Мы раздражаемся и готовы разбить телефон вдребезги.

Но имеет ли смысл наше раздражение?

Природа в Ребёнке — это нечто вроде кода страны или города. Все остальные цифры, если их набирать по порядку, будут вести нас через всю страну человечества к миру детства, и только последняя цифра свяжет нас не с любым (!), а с нашим Ребёнком. А если ошибёмся в наборе последней цифры, не будет связи с ним.

Мы прекрасно знаем этот закон мобильной телефонной связи, который, кстати говоря, продиктован Природой материального мира, и чтим его.

Но почему же ошибаемся в воспитании Ребёнка?

Чтобы он нас понял, тоже есть закон, установленный природой, но не только материальной, но и духовной. Василий Александрович Сухомлинский назвал этот закон духовной общностью между взрослым и Ребёнком, и предупредил нас:

БЕЗ ДУХОВНОЙ ОБЩНОСТИ ВОСПИТАНИЕ НЕ СОСТОИТСЯ.

Вот и кричи, ори на Ребёнка, чтобы он вынул пальцы из своих ушей, выслушал тебя, внял твоим наставлениям!

Ничего путного не получится; не будет связи, потому что перепутали порядок установления духовной общности.

Авторитарная педагогика есть педагогика бедности и ограниченности нашего сознания. А как его расширить, об этом дружно напутствуют нас классики Мировой Педагогики: расширить сознание нужно от материального до духовного с пониманием того, что дух есть начало всего материального.

Назовём духовность высшим, четвёртым измерением нашего сознания.

Да, есть материалистические триады, вроде: время, материя, пространство; или же: длина, ширина, высота; или же: учитель, ученик, родители и т.д.

Но есть и реальности, которые отражены в понятиях: Вечность, Беспредельность, Бессмертие, Дух, Духовность, Бог. На них пальцем не укажешь, их не измеришь. Но о них знает сердце, которое своим чувствознанием и духознанием подскажет нам, что мы — Путники Вечности, и это важнее, чем быть только прохожими на Земле. И разум тоже подтвердит нам, что «наша душа небесного происхождения», и что весь опыт жизни человечества и эволюция сознания связаны не только и не столько с наукой, сколько с верой, которая есть предчувствие истины.

Итак, четвёртое — духовное — измерение!

Какие оно содержит допущения?

Их три:

— Высший Мир, Мир Духовный, Мир Бога есть реальность.

— Дух человека бессмертен и устремлён к вечному совершенствованию и восхождению.

— Земная жизнь есть отрезок Пути бесконечного духовного восхождения.

Допущения потому и называются допущениями, что они принимаются на веру, а не на основе доказательств. Мы и не сможем доказать эти допущения. Нет такого факта, такой логики, такой науки, которые были бы в состоянии объявить эти допущения истинными, также как нет факта, логики и науки, которые смогли бы доказать обратное.

Остаётся одно: или принимать их как свою личную истину, то есть, поверить в них, и тогда сознание должно научиться мыслить на этих началах; или же личностно опровергнуть их, то есть, поверить в обратное, и тогда сознание должно искать другие допущения, ибо без них мысль застывает, жизнь становится рутинной.

Только нам всем надо следовать нравственному правилу: те, которые верят в одно, пусть не враждуют и не мешают тем, которые верят в другое.

Симфония
О МИССИИ

О, Ребёнок!

Если наше сознание примет веру в Творца, тогда у нас создастся новое воображение о себе, и оно поведёт нас к поиску нового образовательного Мыслехрама. Образование и воспитание твоё станут не внешним проявлением наших эмоций и продуктом ограниченного материализмом разума, а состоянием нашего духа, они станут нашей жизнью.

Итак, кто же ты для нас, если мы примем мысль о Творце, о бессмертии и о восхождении духа?

Тогда воображение наше скажет нам:

— Ребёнок есть **явление** в Земной Жизни.
— Ребёнок есть носитель **своей Миссии**.
— В Ребёнке заключена величайшая **энергия Духа**.

Всё это в сумме будет означать: Ты есть Путник Вечности, желанный и долгожданный гость в нашем земном доме.

Но, говоря это о тебе, не будем унижать себя. Мы тоже были детьми, а потом повзрослели, как и ты вырастешь. Значит, каждый из нас — взрослых — тоже явление, тоже носитель своей Миссии и тоже владеет величайшей энергией Духа. Разница между нами только в том (конечно, с внешней стороны), что мы в этот мир пришли раньше тебя и успели набрать опыт, потому мы взрослые; а ты пришёл только что и пока не имеешь опыта, потому ты маленький. И так на Земле завелось, что взрослые заботятся о маленьких.

Но кто же мы для тебя?

Мало сказать — родители, или учителя, или воспитатели.

Если рождение твоё было волей Бога, то мы, которые взялись заботиться о тебе, — соработники у Бога. Вот кем мы становимся сразу после твоего прихода.

Ты — носитель своей Миссии, своего Предназначения. В мудрых книгах сказано, что в мире духовном обусловливаются задания земной жизни и что каждый, пришедший в этот мир, имеет искру просвета, когда он понимает, какой именно груз заставляет принять то или иное испытание.

Искру эту одни назовут состоянием вдохновения, другие — восхищением, третьи — нагнетанием, четвёртые — сном. Но сказано ещё, что люди, отдавшись земной жизни, забывает об искре и даже не допускают, что такое может быть. Потому проживут так, что и знать не будут, кто они есть, и искать не будут в себе никакого предназначения. Может быть, они станут добрыми людьми, воспитанными, не будут вредить другим, будут даже помогать и сочувствовать, но преуспеть в духовном продвижении вряд ли смогут.

Но, к сожалению, на Земле живут миллионы вредных людей. Весь их род — криминалов, завистников, злобных, алчущих, убийц, подлецов, предателей — происходит из тех, кто не верит и даже не помышляет, что в нём заключено высшее предназначение. А предназначение может быть только светлым, эволюционным, приносящим благо.

О, Ребёнок!

Мы не знаем, какая у тебя Миссия, не знаем, ради чего ты родился. Только ты сам можешь осознать и вычитать в себе, с чем ты пришёл. Но мы, веря, что тебе надлежит свершить на Земле свою долю чуда, будем тонко, осторожно напоминать тебе об искре просвета, поможем тебе открыть для себя не только внешний мир, но и свой духовный мир, где ты познаёшь самого себя.

Но и ты, даже не думая об этом, становишься для нас стимулом, напоминающим о нашей искре просвета. Ты — наше напоминание о будущем, и мы не только твои родители, воспитатели и учителя, но признаём, что ты сам тоже являешься нашим Воспитателем и Учителем.

У нас есть много примеров, как люди открывали в себе свою Миссию, своё предназначение, находили свой путь.

Вот удивительный пример Петра Ильича Чайковского, чья музыка более ста лет облагораживает и одухотворяет планету Земля. Окончил он училище правоведения в С.-Петербурге, и 19-летний молодой человек был определён в министерство юстиции.

Это могло означать начало блестящей карьеры. Но любовь к музыке привела его, уже 21-летнего юношу, в музыкальные классы Русского музыкального общества. В 1862 году классы эти были преобразованы в Петербургскую консерваторию. И вот какое письмо он пишет своим близким: «Я поступил во вновь открытую консерваторию. Не думайте, что я воображаю сделаться великим артистом. Я просто хочу делать так, как меня влечёт призвание».

Пётр Ильич Чайковский уловил свою «искру Божию», искру просвета, и весь мир получил от него дар его духа — величайшую, утончённую музыку. Но если бы он упустил эту искру, увлекшись чиновничьей жизнью, мир потерял бы этот дар и даже не знал бы, что не получил чего-то очень важного для своего духовного роста. Разве мы знаем, каких богатств лишаемся из-за того, что многие, очень многие не заглядывают в свой духовный мир? Разве грустим из-за того, что ни родители, ни воспитатели, ни учителя не зарождали в них интереса к самим себе, а лишь навязывали свою волю?

О, Ребёнок!

Мы попытаемся исправить наше заблуждение.

Мы не будем навязывать тебе нашу волю, но будем стараться, чтобы ты принял идею: ты не есть случайность земной жизни, в тебе предназначение, и должен открыть его в себе, чтобы твоя жизнь стала служением, а не просто пребыванием на перевалочной станции. У каждого свой путь и своя Миссия, скажем мы тебе. Миссия не повторяется, как не повторяются отпечатки пальцев, запах кожи, цвет глаз, и кроме тебя твою Миссию никто на Земле свершать не будет и не сможет. Каждый человек уникум, каждый очень нужен миру. Но вот беда наша: воспитание наше страдает. Родители, учителя, воспитатели, всё общество со своими государствами как будто сговорились между собой, чтобы увести детей от своего внутреннего мира, внутреннего голоса, от искры просвета. Государства то и дело объявляют призыв талантливых детей, чтобы, воспитывая их, получить потом капитал, приумножить материальные блага. Но это не есть забота о предназначении, ибо талант не всегда может быть составным предназначения, а средством к нему. Однако что делать детям, которых миллионы и у каждого есть свой особенный талант? Они не могут проблеснуть ими, таланты эти — их внутренний зов, это — Миссия; надо свершить нечто очень важное, пусть невидимое для других; надо убрать камни преткновения, камни невежества, чтобы жизнь двигалась дальше и эволюция человечества не спотыкалась об них. Ограниченное педагогическое сознание поспешит к материальному, в ущерб духовного.

Но мы скажем тебе и будем напоминать: счастлив человек, который открыл в себе Миссию и служит ей.

Счастлив и тот, кто ищет в себе её. Начало служения и есть ответ на вопрос, который мы хотим, чтобы возник в тебе: зачем я живу, зачем мы живём, чему мы свою жизнь посвящаем? Ибо живут те, кто посвящает жизнь чему-то прекрасному.

Мы предложим тебе посох Путника и скажем: Ищи, ты нужен миру, ему нужны твои дары, и пусть не смущает тебя, если они не такие, как у Пушкина, у Чайковского, у Третьякова, у Вернадского. Может быть, твоё невидимое присутствие в жизни кого-то и есть твоя Миссия? Может быть, она в том, чтобы указать важному вестнику, как перейти через необъятное поле? Может быть, в Миссии твоей записано уберечь один пергамент для будущего?

Важно, чтобы ты понял свою необходимость для мира.

Тому, кто ищет себя, сопутствует помощь невидимых — духовных — сил.

Почему именно тогда, когда пришёл в жизнь Чайковский, открылась Петербургская консерватория? Может быть, открылась она тогда именно для Чайковского, чтобы Миссия его состоялась? Вот и искра просвета — «я просто хочу делать так, как меня влечёт призвание». Не надо долго думать, что могло произойти с его Миссией, если не сложились бы обстоятельства. Позволит ли наш разум сказать, что они сложились случайно?

О, Ребёнок!

Расскажем тебе ещё об одном прекрасном человеке — это великий учёный Владимир Иванович Вернадский. Когда он тяжело заболел брюшным тифом и находился в горячке, его сознание переместилось в иную реальность, в которой за несколько дней болезни он прожил долгую и насыщенную наукой жизнь. Он открывал институты, встречался с учёными, выступал на конгрессах, писал книги, редактировал и издавал их, интуитивно постигал уникальные научные гипотезы, на основе которых развивал новые направления.

Обо всём этом он сделал записи в своих дневниках.

То, чем он занимался после болезни, действительно прожив долгую жизнь (он даже знал, сколько проживёт), почти полностью совпало с тем, что он уже пережил, будучи тяжело больным. Вот одна из этих записей 1920 года (период болезни): «Я ясно стал сознавать, что мне суждено сказать человечеству новое в том учении о живом веществе, которое я создаю, и что это есть моё призвание, моя обязанность, наложенная на меня, которую я должен проводить в жизнь как пророк, чувствующий внутри себя голос, призывающий его к деятельности». Так пришла к нему искра просвета. Эту науку о живом веществе он и принёс человечеству.

Если скептик возразит, что Миссии могут быть только у великих людей, а не у каждого, ответим ему: нет, с предназначением приходит каждый. И няня Пушкина, Арина Родионовна, простая крепостная женщина, пришла с заданием — дать будущему гению духовную пищу и чистую нравственность, заполнить его поэтический ларец образной народной речью и народными сказаниями. Потому мир знает имя этой женщины.

О, Ребёнок!

Что может дать тебе твоя Миссия?

Она не для того, чтобы нажить, возомнить и возгордиться, смотреть на остальных сверху, считать себя особым и требовать особых почестей. Во-первых, это недостойно для духовно и нравственно развитого человека. Во-вторых, это личный путь восхождения, и не идти по нему, значит, навредить самому себе.

Служение Миссии есть служение великому процессу эволюции. Иногда плоды твоей Миссии люди не заметят или не примут. Может быть, даже подвергнешься гонению со стороны невежественной толпы. А потом, спустя десятилетия и столетия, потомки спохватятся и воздадут должное. Но, скорее всего, останешься без имени, и потомки знать не будут, чей дар подвигнул их свершать блага.

История человечества переполнена таким драматизмом.

Но возможно и так, что уже при жизни люди признают тебя, увенчают лаврами, почестями. И как важно в любом случае остаться преданным самому себе, возвыситься над обыденным. Не осуждать невежество и не поддаваться соблазнам славы.

Что поделаешь?

Так было, есть и так будет ещё долго, пока люди не поймут, что у каждого есть свой Путь, и не помогут друг другу найти себя и состояться. А когда, наконец, случится такое, то каждый получит по заслугам и дары каждого будут восприняты всеми с чувством признательности.

О, Ребёнок!

Служа своей Миссии, ты будешь создавать разного рода блага. Они и будут называться дарами твоего духа. Но нужны ли будут тебе самому эти дары?

Нет, они тебе не будут нужны. Разумеется, если не заразишься корыстными целями. Они принесут тебе некие удовлетворения; но если они — дары, то они безвозмездно остаются другим, как ступеньки роста, а не для купли-продажи.

Пушкин!
Писал он шедевры!
Кому они достались?
Чайковский!
Сочинял шедевры!
И кому они достались?

Процесс творения даров духа, — а не сами дары духа, — есть смысл жизни и есть служение, есть Путь совершенствования духа. Это и будет твоим истинным достоянием. Тем, ради чего ты и пришёл в мир Земной. Его и унесёшь ты с собой.

И так же, как живущие до тебя оставляли на Земле свои дары духа, из которых созидалась общечеловеческая культура, и она, эта культура предоставила тебе возможность совершенствоваться, — так же именно оставленные тобой блага, твой след тоже обогатит эту культуру и облагородит условия жизни тех, которые придут после тебя даже спустя много тысяч лет. И получается, что каждый, неся в себе свою неповторимость, составляет единое целое со всеми остальными, которые тоже несут свою неповторимость. Здесь законы пространства и времени отступают и начинают действовать законы единения и вечности.

О, Ребёнок!

Сможем ли мы, воспитывая тебя, подвести к пониманию того, что люди рождаются друг для друга, и что каждый со своей Миссией есть ступенька для другого, и что все мы, все-все, кто жил когда-либо, кто живёт сейчас и кто будет жить в будущем, являемся единым целым для более высокого единого целого?

Но для этого нужно, чтобы мы, твои родители, и те, кто нам поможет в твоём воспитании, сами разобрались в своих устремлениях, то есть, воспитывая тебя, воспитывались сами.

Элегия
ХОДИТ ПО МИРУ МУДРЕЦ

Пришёл Мудрец в большой город и остановился у небоскрёба. «Здесь помощь нужна», — подумал он. Вошёл в лифт и поднялся на сотый этаж. Из квартиры мудрец услышал крик отца. Открыла дверь молодая мама и грустно улыбнулась.

— Чего тебе, старик? — спросила она. Опять послышался крик отца. Женщине стало неловко.

— Экран телевизора одурманивает нашего Ребёнка, вот и требует отец, чтобы тот выключил телевизор, извинилась она.

Мудрец произнёс:

— Наполняй его светом и экран поблекнет перед ним.

— Что?! — удивилась молодая мама, — Тогда компьютер поглощает его!

Мудрец проговорил:

— Наполняй Ребёнка культурой и компьютер станет для него вроде пенала для необходимых вещей или полочки для книг.

— Да?! — переспросила мама, — А если он весь день шатается по улицам, как быть тогда?

Сказал Мудрец:

— Зароди в нём понятие смысла жизни, и он направится на поиски своего Пути.

— Старик, — сказала молодая мама, — я чувствую твою мудрость. Дай мне наставление!

Ответил Мудрец:

— Проверь в себе полноту света, проверь в себе свою жажду к культуре, проверь в себе свой Путь.

Мама была умная и добрая женщина, потому подумала: «Жить на сотом этаже небоскрёба недостаточно, чтобы твердить мне о свете, о культуре, о Пути. Мне нужно погрузиться в глубины своей души, чтобы разобраться, кто же я для своих детей и кто мне они!»

Но была бы она неумной, то сказала бы старику: «Ты для того поднялся на сотый этаж, чтобы просить кусок хлеба или давать мне глупые наставления?» Но она сказала:

— Спасибо, старик!

На шум вышел муж с недовольным видом.

— Что происходит? — спросил он жену, — Кто он?

— Он — мудрец, — ответила жена, — спроси, как воспитывать наших детей, он тебе скажет!

Мужчина бросил на старика испытующий взгляд.

— Хорошо, — сказал он, — назови мне три качества для воспитания сына! Ответил Мудрец:

— Мужество, преданность, мудрость.

— Интересно... Назови три качества для воспитания дочери! Сказал Мудрец:
— Женственность, материнство, любовь.
— О, — воскликнул муж женщины, — это прекрасно! Дай мне наставление, старик!

Мудрец улыбнулся.
— Вот тебе три заповеди: будь братом для своих детей, будь убежищем для них, умей учиться у них.

Отец был умным и волевым, потому решил для себя: «Значит, мне надо изменить своё отношение к сыну и дочке, и я это сделаю».

Но был бы он неумным, подумал бы: «Господи, что этот старичок несёт — мужество, женственность, любовь... Кому нужны в нашем мире эти покрытые плесенью понятия? И чему я должен учиться у своих детей — глупостям и дерзостям?.. Это есть педагогика первого этажа, а не педагогика для тех, кто живёт на сотом этаже небоскрёба».

— Спасибо, старик! — сказал отец и обратился к жене, — Дай ему что нужно!

Но Мудрец не дождался даров, вошёл в лифт и нажал на кнопку вниз. Он спешил.

Кантата
ОБ ОЧИЩЕНИИ

Начнём с того, что успешное воспитание Ребёнка нуждается в нашем возвышенном настроении. Раз мы вызвали Ребёнка для рождения, значит, мы должны принимать его достойно. Ребёнка надо принимать:
— с чувством трепетного ожидания,
— с чистой любовью и мудрой радостью,
— с восхищением и удивлением,
— с чувством долга и ответственности,
— с чувством благоговения перед Творцом.
— Ребёнка надо принимать как напоминание о будущем и
— как нашего Воспитателя и Учителя.

Мы должны готовить себя быть родителями — быть мамой или папой. Мы несём первые жертвы очищения.

У кого сварливый характер, пусть исправит. Если в семье разлад, пусть восторжествует лад. Кого мучит грубость, пусть избавится. Кто не умеет ласкать, пусть научится. Кто не любит тишину, пусть полюбит. Кто болен, пусть излечится. Кто курит, пусть бросит. Кто алкоголик или наркоман, пусть лечится. Кто привык к сквернословию, пусть отвыкает.

Кто любит праздность, пусть разлюбит.

У кого ссора с соседом, пусть помирится.

Кто труслив, пусть наберётся смелости.

Кто пессимист, пусть станет оптимистом.

Кто злой, пусть станет добрым.

У кого не хватает ума, пусть набирается.

У кого нет времени, пусть найдёт.

Кто не знает, что есть служение, пусть узнает.

Пусть это будет нашим облагораживающим началом. Путник у порога. Встретим его со всей мудростью нашего Сердца и со всей щедростью нашей Души. Мы ведь тоже Путники, только пришли чуть пораньше, чтобы принять следующего за нами Путника.

Аккорд
ЗАПОВЕДЬ

Мама, ты же чувствуешь смысл моего лепетания? Так пойми, о чём я толкую: чтобы твоя долгая забота о моём воспитании увенчалась успехом, дарю заповедь:

ВОСПИТЫВАЙТЕ МЕНЯ В ЛЮБВИ, КРАСОТЕ И ТЕРПЕНИИ.

В ЛЮБВИ — но не всякой, а в такой, которая долго терпит, милосердствует, не ищет своего, не раздражается, не мыслит зла, всё покрывает, всему верит, всего надеется, всё переносит.

В КРАСОТЕ — но не всякой, а в такой, которая устремлена к сердечному, возвышенному, духовному; которая движет и облагораживает жизнь во мне и вне меня.

В ТЕРПЕНИИ — но не всяком, а в таком, которое творит, созидает, сорадуется, сопереживает, устремлено и готово на самопожертвование.

Пусть знают об этом все, кто помогает тебе в моём воспитании. Сможете ли вы, взрослые, исполнить эту заповедь?

Фантазия
МУДРОСТЬ ВОСПИТАНИЯ

Мудрость воспитания наших детей даётся нам от рождения. Она хранится в сердце нашем. Постичь её можно только родительским чувством. Именно это чувство подсказывает нам, притом сразу, незамедлительно, как быть с Ребёнком в тех или иных сложных ситуациях. И не только в сложных ситуациях, но постоянно, когда находимся рядом с Ребёнком. Сердце подскажет слово с соответствующей интонацией, намекнёт, что нам делать и в каких формах. И наши воспитательные шаги, как правило, будут верными.

Важно также следующее обстоятельство. Наши педагогические подходы к Ребёнку, во-первых, будут естественными составными нашего образа жизни (они родятся внутри этой жизни); во-вторых, в нас будет понимание Ребёнка, его сиюминутного состояния, и будут исполнены они нами с внутренним призывом к сотрудничеству.

В общем, в нас будет рождаться Гуманная Педагогика, а не авторитарная, силовая. Это будет педагогика материнского сердца, это будет отцовская мудрость воспитания.

Бывают случаи, когда молодые родители, не имея специального педагогического, а, возможно, никакого другого образования, кроме средней школы, и не зная об умных книгах о воспитании, тем не менее, растят прекрасных детей. А вот другие родители, может быть, даже профессора педагогического дела, не справляются со своими детьми, не могут обойтись без криков, принуждений, а их детям недостаёт воспитанности.

Как это может получаться?

Опять возвращаемся к родительскому чувству и мудрости сердца. Если в нас это чувство пробудилось, то к нам придёт мудрость воспитания, и тогда чтение умных педагогических книг умножит в нас мудрость. Но если родительское чувство в нас не пробудилось, то нам не достанется мудрость нашего сердца. Мы можем знать все теории о воспитании, но их применение без участия родительского чувства не всегда порадует нас своими последствиями.

Как же тогда нам пробудить в себе родительское чувство?

Мы должны хотеть иметь Ребёнка. Мечтаем о нём. В нашем воображении представляем, как мы его лелеем, как нежно любим, как ухаживаем, какая будет у нас дружба и взаимопонимание.

Эти наши искренние устремления к материнству и отцовству есть путь пробуждения родительского чувства.

Мы должны очень хотеть Ребёнка не для собственных благ, а для него самого, для того, чтобы мир получил через нас Благородного Человека. Но мы должны стараться облагораживать себя, чтобы сделаться достойной мамой, достойным папой для своего будущего Ребёнка. И тогда сердце откроет нам мудрость воспитания.

Нам нужно будет заниматься своим облагораживанием и после рождения Ребёнка. Нужно будет беречь в себе наши чаяния и думать над тем, какая будет нужна мама, какой нужен будет папа нашему Ребёнку по мере его взросления. Он будет меняться, и нам тоже надо будет менять своё отношение к нему. Чтение мудрых книг о воспитании будет утончать наши устремления.

В таких заботах мы можем уберечь в себе родительское чувство на весь период воспитания Ребёнка, на всю жизнь. Так мы станем мудрыми родителями, а позже — лучшими воспитателями наших внуков и внучат.

Но представим другое.

Женщина не хочет родить Ребёнка. Он ей в тягость. Нужно от него избавиться. Она относится к плоду враждебно, а он пока зреет в её утробе. В её воображениях рисуются картины, сколько чего она лишится в жизни из-за его появления. Она злится на него, ненавидит его. Отец будущего Ребёнка тоже считает, что он ограничит его свободу... И в этих озлобленных переживаниях рождается Ребёнок.

У этой мамы сердце для Ребёнка останется закрытым, она не сможет черпать из него мудрость воспитания. Материнское чувство покинет её. В ней не родятся воспитательные слова и интонации, улыбка и ласка, воспитательная колыбельная. Её забота о Ребёнке будет лишена воспитательных чувств.

Ребёнок, разумеется, воспримет такое к себе отношение собственной матери, воспримет ещё до рождения, и тоже закроется, отдалится от неё. Он будет взрослеть, а маме всё сложнее будет влиять на Ребёнка.

Только сила искреннего покаяния, только исповедь перед Ребёнком, только неимоверные усилия изменить себя, может быть, помогут маме, чтобы родной Ребёнок принял её, и чтобы они стали родными друг для друга.

Эти рассуждения равносильно относятся и к папе.

Элегия
О ДЕДУШКАХ И БАБУШКАХ

Наше родительское чувство будет нуждаться в усилении, тем более, если мы неопытные родители. Оно будет нуждаться в замене, когда мы на работе, в командировках. В этом нам помогут, в первую очередь, наши родители, с которыми живём вместе или которые могут приходить к Ребёнку, могут брать его к себе. Они для Ребёнка — Дедушка и Бабушка. Чем они дороги для нас, как помощники в воспитании Ребёнка?

— Они тоже находились в волнующем ожидании внука, внучки.
— У них уже есть опыт воспитания.
— Их чувство любви к внуку, внучке своеобразно нежное.
— В них больше терпения, они умеют прощать.
— В них мудрость жизни.
— Они охотно гуляют с внуком, внучкой.
— Они умеют играть с ними.
— Дедушка умеет мастерить, с ним можно вести серьёзный разговор о серьёзных делах.
— Он готов отложить любое дело, если к нему обратится внук, внучка.
— Хорошо сидеть на коленях дедушки и задавать вопросы.
— Бабушка знает много сказок, стихов, знает, что читать.
— Бабушка знает молитвы; читает молитвы внуку, внучке.
— Бабушка умеет печь вкусные пирожки.

Любовь и привязанность к дедушке и бабушке у Ребёнка тоже особенные: они — его убежище, его защита, его помощь, надежда, утешение. Пройдут годы, десятилетия, и «в моральном климате памяти» уже взрослого внука, взрослой внучки воспоминания о дедушке и бабушке станут духовно-нравственными ориентирами.

Нам надо довериться нашим родным людям.

Мы должны уважать их, быть благодарны им.

Будет хорошо и полезно советоваться с ними.

Пусть Ребёнок видит наше почтительное отношение к нашим родителям. Особенно необходима забота о Ребёнке именно дедушек и бабушек в тех печальных случаях, когда у родителей не раскрылось родительское чувство, и они не хотят видеть в себе маму и папу своего Ребёнка.

Каприччио
«НЕ ПАНИКОВАТЬ»

Тамусики три месяца. Дедушка держит её спиной к себе и гуляет по саду, где много роз. Тамусики вдохновила дедушку: он поёт ей песенки, читает стихи, придумывает развлечения, снимает видео. Заботы дедушки о внучке нежные.

Дедушка подходит к розам. Для малышки сейчас пора, чтобы набрать как можно больше впечатлений. Она долго присматривается к раскрытым и разноцветным розам.

Оказалось, осы обустраивали своё гнездо на стебле одного куста. Когда куст шевельнулся, рой ос злобно зашипел. Они нанесли несколько укусов дедушке, но одна из этих злобных ос успела ужалить в ножку Тамусики. Малышка закричала и горько заплакала.

Не суетиться!

Но никто об этом не вспомнил. Мама взяла Ребёнка у дедушки и начала бегать взад-вперёд, не зная, как успокоить Дитя. Прабабушка из ужаленного вспухшего места выдавливала яд. Тамусики стало ещё больнее, она заплакала ещё громче. Гости из Москвы давали советы, как помочь Ребёнку, но советы были разные. Тётя начала звонить главному педиатру районной детской поликлиники.

И знаете, что та сказала?

Ой, сказала она, это очень опасно, я ничего не смогу сделать, ко мне Ребёнка приводить не надо, срочно отвезите его в стационар.

Паника растёт.

Прадедушка стоит в стороне и тихо плачет.

Звонят знакомому врачу: так вот и так, говорят ему, младенца укусила оса. Что делать?

Ой, говорит тот по телефону, немедленно намажьте такой-то мазью, сделайте такие-то уколы! Это очень опасно, могут быть осложнения!

Врач не сказал: не паникуйте, успокойтесь.

Наоборот: паникуйте как можно больше!

А Тамусики продолжает плакать!

Мама бегает взад-вперёд. Срочно едем в Тбилиси, говорит она.

А как место укуса?

Распухло? Не распухло?

Но дедушка, которого тоже ужалили осы в восьми или девяти местах на руках и на ногах, не чувствует боли. Он чувствует только боль Ребёнка и свою вину: ведь он держал Ребёнка, он подошёл, как нарочно, к этому злосчастному кусту роз. Конечно, он виноват!

Боль малышки и боль сердца дедушки!

Как это пережить?

Никто не говорит: не паникуйте, ничего страшного не происходит, скоро всё пройдёт.

Дедушку осеняет мысль позвонить в Тбилиси соседу — главному врачу детской больницы.

Он усиливает звук телефонного аппарата.

Все слышат, что говорит врач.

Оса ужалила? Посмотрите, место укуса опухло?

Нет, не опухло, отвечает дедушка.

Но один врач сказал нам, что Ребёнка немедленно надо везти в стационар, другой же назначил уколы и мази.

А вы сделали укол? Слава Богу, что нет, говорит врач, и все слышат, что он говорит. Как можно такие уколы делать трёхмесячному младенцу! И никакой мази! Никакой стационар тоже не нужен!

И только он по мобильному телефону озвучивает главные слова:

«Не паникуйте! Ребёнок, наверное, уже успокаивается»...

В самом деле, Тамусики уже не плачет.

«Если даже вспухнет ужаленное место, это вовсе не опасно. Через полчасика пройдёт»...

Каждый смотрит на укушенное место: там только малюсенькая красная точечка, больше ничего. Каждый целует эту точечку.

Спустя полчаса звонит врач: «Ну как? Вот видите... Не надо везти Ребёнка в Тбилиси, здесь такая жара... Отдыхайте». И повторяет золотые слова: «Не паникуйте!»

Ох, как труден для молодой мамы путь набирания опыта спокойного воспитания!

Но зачем ждать опыта, когда есть Мудрость!

Не будем паниковать, иначе сердце дедушки такого второй раз не выдержит.

А этим двум врачам... А этим двум врачам — стыд и срам!

Рапсодия
ДА БЛАГОСЛОВИТ ИХ ГОСПОДЬ!

Вопрос Синтии:

— У меня есть знакомые, которые в силу обстоятельств не могут иметь детей. Они собираются усыновить или удочерить Ребёнка, оставленного мамой в роддоме. Как у них будет с родительским чувством?

Люди, которые становятся приёмными родителями, могут открыть в себе родительское чувство со всей его мудростью. Но условия будут те же самые: они должны хотеть иметь Ребёнка, должны мечтать о нём, должны любить его. При воспитании Ребёнка они никогда не должны думать о том, что не являются для него настоящими родителями. Ни при каких обстоятельствах они не должны жалеть, что усыновили Ребёнка, и именно этого Ребёнка, а не другого, которого, может быть, тоже предлагали на выбор.

Они могут открыть в себе мудрость воспитания и в том случае, если усыновят или удочерят не младенца, а повзрослевшего Ребёнка, который изначально будет знать, что они «не настоящие» его родители. Ребёнок примет их как своих родных только тогда, когда сами приёмные родители будут чувствовать его как родного. И никогда, какие бы сложности не возникли в воспитании, не припомнят ему, какое благо они принесли ему. Быть приёмными родителями — это не значит заниматься благотворительностью.

Приёмные родители должны напрочь «забыть», что они приёмные, а не настоящие, и видеть себя только как родная мать и родной отец. Тогда они найдут свою мудрость воспитания.

Да благословит их Господь!

Элегия
ХОДИТ ПО МИРУ МУДРЕЦ

Женщина увидела Мудреца, проходившего мимо её двора, и пригласила отдохнуть под сенью орехового дерева. Во дворе играло много ребятишек. Спросил Мудрец женщину:
— Почему тут так много детей?
— Я усыновила и удочерила тридцать беспризорных детей. А брошенных и обездоленных — тысячи, и у меня болит сердце за них. Хочу усыновить и удочерить всех, но не знаю, как это сделать! — грустно сказала женщина.
Спросил Мудрец:
— Среди этих детей нет твоих?
— Есть один...
— Спросил Мудрец:
— Какой из них?
— Любой... — ответила женщина.
Мудрец преклонил голову перед женщиной и произнёс:
— Дарю тебе притчу.
Текла речка по пустыне. Она была маленькая, но возле её берегов процветала жизнь: распускались цветы, шуршала трава, пели птички, ивы опускали свои длинные ветви и ласкали её. Речка радовалась жизни вокруг себя, и ей казалось, что всюду всё было так же чудесно. Однажды ночью подползла к ней змея и прошипела:
— Ты тут радуешься, а чуть поодаль от твоих берегов всё гибнет от зноя...
Была бы змея эта доброй и мудрой, она сказала бы речке: «Какая ты хорошая, что не жалеешь свою влагу и спасаешь от гибели хотя бы часть цветов, трав и деревьев в этой выжженной от зноя пустыне».
Но она была не такая, а злая и завистливая. Речка опечалилась.
— Как мне помочь пустыне?
— Спроси у человека... — ответила змея.
Утром человек выслушал речку.
— Хорошо, — сказал он, — я знаю, что делать... Был бы человек этот мудрым и заботливым, он бы сказал речке: «Ты и так делаешь всё, что можешь».
Но он не был таким, а был бездушным и халатным.

Взял он кирку и, недолго думая, прорыл от берегов речки множество канав по пустыне. В них вода от речки ушла в песок, а по берегам, где она уже не могла течь, всё высохло.

Ещё больше опечалилась речка. Прилетела к ней райская птичка.

— Что с тобой? — спросила она. Рассказала ей речка о своей печали. Тогда сказала райская птичка:

— Ты не для того родилась, чтобы орошать всю пустыню. Это тебе не под силу. Вернись в своё русло и дай жизнь своим берегам.

— Но меня печалит пустыня...

— Ты радуйся жизнью своих берегов, но печалься из-за выжженной пустыни. Радость укрепит твои силы, а печаль твоя притянет людской взор, и народ, увидев жизнь твоих берегов, поймёт, как можно оживить всю пустыню. Вот твоё предназначение...

Потекла речка опять по своему руслу, и понесла с собой радость, что даёт жизнь своим берегам, и печаль, что не может оживить всю пустыню.

Слушая рассказ Мудреца, женщина с умилением смотрела на всех своих ребятишек, играющих во дворе, и с болью в сердце размышляла о тысячах обездоленных.

А Мудрец мыслями вслух помогал ей разобраться в её чувствах: «О, Великодушная ты Женщина! Дари радость воспитания стольким детям, брошенным и обездоленным, на скольких хватает у тебя сил, а для остальных, которым не досталась эта радость, храни свою святую печаль и слёзы, ибо они спасительны! О, Великодушная ты Женщина! Свята Мать, которая через одного своего Ребёнка видит в себе Матерь всех детей Земли, а в каждом Ребёнке видит своего единственного Ребёнка! Свята Мать, которая воспитывает этого своего одного с чувством, что воспитывает всех остальных!

Да поможет тебе Бог!»

Рапсодия
О МАТЕРИНСКОМ МОЛОКЕ

Вопрос Нинцы:

Если Ребёнка будет кормить не собственная мать, а кормилица, что же тогда произойдёт: ослабится материнское чувство или усилится?

Вопрос можно сформулировать и так: что Ребёнок приобретёт или потеряет, если его будет кормить грудью не собственная мать, а кормилица?

То, что мама кормит своего Ребёнка грудью, не только кормление, это самое настоящее воспитание — питание духовной оси Младенца.

Вообразим, как происходит процесс кормления.

— Младенец сосёт грудь — это его грудь, его собственность, от неё он впитывает не только молоко, но и саму жизнь; его рука всегда лежит на груди матери.

— Он сосёт молоко — это материнское молоко, организм матери вырабатывает его только для него, а не для кого-либо другого; в нём состав, который соответствует его развитию, его здоровью.

— Ухо его прижато к сердцу матери, и он слышит биение сердца, воспринимает чувства и переживания матери.

— Его взор устремлён на лицо и глаза матери — в них умиление, ласка, любовь, нежность, доброта, удивление, восхищение, благоговение, надежда, — вся Божья благодать.

— Он чувствует теплоту тела матери — оно согревает его; он воспринимает запах тела матери — оно благоухает и умиротворяет его.

— Видит мысли матери — в них он уже взрослый, он благородный и великодушный; слышит слова матери — они как возвышенная мелодия, дарующая наслаждение.

Как мы всё это назовём? Кормлением?

Нет, конечно.

Происходит нечто неуловимое, но великое: в Младенца перетекает необычная духовная энергия матери, которая пропитывает всю его сущность — и тело, и душу. Тельце Младенца наполняется здоровьем и возможностью выжить. А в душе Образ Творца получает духовную влагу для своего проявления. Там же, в глубине души остаётся подсознательная память, которая в дальнейшем, спустя годы и десятилетия, может проявиться как благородство, как ответственность, как великодушие.

Вот что происходит при кормлении грудью собственного Ребёнка. И делает это родительское чувство.

Мама, готовясь к кормлению Ребёнка, должна настраивать себя на таинство воспитания, а не только на кормление. Нельзя, недопустимо кормить Младенца грудью, находясь в состоянии раздражения, озлобленности, тревоги, ибо он примет от матери отрицательную энергию; воспитание, что есть питание духовной оси, станет искажённым.

А теперь вообразим, что кормит нашего Младенца чужая женщина — кормилица. У неё есть свой Ребёнок.

Её грудь, её молоко, тепло и благоухание её тела, её чувства и мысли и, в целом, вся её тоже необычная духовная энергия являются собственностью её Ребёнка. Собственностью в том смысле, что она творилась в ней в зависимости от сущности её Младенца.

Но даём эту энергию нашему Младенцу, и ему она чужда.

Пусть кормилица добрая женщина, пусть она любит детей и нашего младенца особенно. Но она не в силах менять состав своей чудной духовной энергии в зависимости от духовной и естественной природы любого Ребёнка. Она не может дать другому Ребёнку то, что она даёт своему собственному. Нашему Младенцу ничего другого не остаётся, кроме как привыкнуть к кормилице. И он постепенно привыкнет, но не получит от кормилицы того, что он мог бы получить от любящей матери.

В каких случаях можно приглашать кормилицу?

Если родная мать больна и у неё нет молока.

Тогда, конечно, у матери другого выхода не будет: или надо перевести Ребёнка на искусственное питание, которое будет лишено духовной энергии, или же пригласить женщину-кормилицу, о качестве духовной энергии которой можно судить по тому, насколько она сможет принять чужого Ребёнка как своего.

Любящая мама будет рядом, а потом, сразу после кормления, возьмёт своего Ребёнка на руки и пропитает его всей своей материнской благодатью.

Но что сказать о маме, которая отказывается от кормления своего Ребёнка только потому, чтобы сохранить свежесть своей груди, свою молодость, освободить себя от хлопот ухаживания за Ребёнком? Получается, что она злонамеренно, заботясь о себе, лишает Младенца того, что по всем основаниям принадлежит ему. В таком случае материнское чувство будет на грани крушения.

Интермедия
О СВЕТОНОСЦАХ

Воспитание не есть закрытый процесс. Его невозможно закрыть в помещении, а Ребёнка невозможно изолировать от внешнего мира.

Воспитание — это как сама жизнь: оно — открытый процесс и в него может войти любой — и добрый, и злой. Добрый войдёт с добрыми намерениями, а злой — со злыми.

Люди, которые войдут в воспитательный процесс и усилят его влияние, отчасти нам известны. Это есть профессиональное педагогическое сообщество: воспитатели детского сада, учителя школы, учителя из разных образовательных сфер (музыкальные, художественные, спортивные школы, центры детского творчества). Им предписано не только учить, но и воспитывать.

Со временем мы увидим, что многие из них проявят особую заботливость к своим воспитанникам и ученикам, потому что любят свою профессию, любят детей. А некоторые из них станут душой для нашего Ребёнка. Эти некоторые (их не будет много — один, два, три) могут даже восполнить родительские упущения в воспитании. Ребёнок, полюбивший свою учительницу, возможно, назовёт её второй мамой. Это будет радовать нас.

Мы должны быть благодарны таким учителям и относиться к ним с почтением. Они есть светлые силы, светоносцы. На них зиждется образовательный мир. Только не надо их унижать, даря им некие вещи (скажем, хрустальные вазы, позолоченное серебро и др.). Лучше будет, если подарим им добрые слова, будем прославлять их имена, а когда нужно будет, защитим их от посягательств со стороны властей, которые порой ревниво относятся к творчеству и неординарности учителей.

Есть такое понятие — семейный врач.

Введём понятие — учитель семьи.

А что нам помешает повесить в интерьере нашей квартиры портрет любимого для нашего Ребёнка Учителя?

Придут к нам гости, и мы им скажем: «Вот наш Учитель! Знаете, какой он хороший?»

Ода
О ЗАЩИТЕ

Но, к сожалению, бывает и так, что кто-то из педагогического сообщества окажется человеком злым, непорядочным, непрофессионалом своего дела. Такого рода люди не то что усиливают поле воспитательного влияния, но разрушают его. Они любят издеваться над детьми, унижать и высмеивать их.

А вдруг кому-то из таких не понравится наш Ребёнок с его строптивым нравом. Он сразу сочтёт его правонарушителем, хулиганом и начнёт применять «свои» методы криков и наказаний. Будет настраивать нас, родителей, против нашего же Ребёнка, требуя от нас, чтобы мы «промыли ему мозги».

Может быть, не понравится ему, что Ребёнок замедленно мыслит, не тянет руку на каждый пустой вопрос, заданный классу. Вот и приклеит к Ребёнку ярлык тугодума, малоразвитого, отстающего, будет душить его двойками и опять воспользуется «своими» методами: издевательством, унижением, обзыванием Ребёнка кретином и дебилом. Будет натравлять всех детей класса против их товарища. Вызовет нас, родителей, чтобы отчитать. Скажет, что у нас плохой Ребёнок, не слушается, не учится, неразвитый, тугодум. «Примите меры!» — прикажет нам.

А какие меры мы примем? Как нам помочь Ребёнку, который там, в классе, «тугодум», а дома вовсе не тугодум? Учитель этот опять настроит нас против нашего Ребёнка, провоцирует конфликтовать с ним. Мы станем наказывать, требовать, лишать удовольствий. А Ребёнок вовсе не виноват. Просто учитель не хочет принимать Ребёнка таким, какой он есть. От такого учителя надо защитить и нашего Ребёнка, и всех детей.

Разумеется, законными путями.

Мне трудно сказать, какими именно.

Но мы должны найти выход, чтобы Ребёнок действительно не сбился с пути.

Может быть, примем для начала постоянно действующий принцип: как бы ни настраивали нас внешние силы против нашего Ребёнка, мы будем руководствоваться сердцем и не будем доводить дела до конфликта.

Реквием
СИЛЫ ТЬМЫ

Но мы стоим перед более сложной проблемой. Повторим ещё раз, чтобы запомнить крепко: воспитание — открытый и потому незащищённый процесс.

Мы всеми силами будем строить духовно-нравственный мир Ребёнка, но другие так же упорно будут стараться разрушить этот мир. В наш воспитательный процесс будут проникать силы с коварными намерениями завладеть душой Ребёнка, сбить его с пути, увести его от нас.

«Родившись, человек представляет собой первообраз гармонии, правды, красоты и добра. — Это пишет Лев Николаевич Толстой и продолжает, — Но каждый час в жизни, каждая минута времени увеличивает пространство, количество и время тех отношений, которые во время его рождения находились в совершенной гармонии, и каждый шаг, и каждый час грозит нарушением этой гармонии, и каждый последующий шаг, и каждый последующий час грозит новым нарушением и не даёт надежды восстановления нарушенной гармонии».

Кроме, как силами тьмы, эти силы не назовёшь. Они — тьма не только по своим намерениям, но и по средствам своих действий.

Действуют они хитро, незаметно, втайне, ловят наши упущения, пользуются посредниками, среди которых уже завлечённые в сети дети. Масштабно пользуются средствами массовой информации. В их руках телевидение, индустрия фильмов с боевиками и ужасами. В их руках индустрия книг о колдунах, об убийствах, об извращенцах. Выпускают в огромном количестве журналы и газеты о пустяковых и мелочных развлечениях, о сексе, о раздутых кумирах. Дети втягиваются в компьютерные игры, где надо убивать и убивать, обманывать, предавать. На детей давят рекламы и клипы. И вся эта лавина грязи заполняется извращённой речью.

Хитрая и агрессивная деятельность сил тьмы с каждым часом множит среди детей и молодёжи курящих и наркоманов, алкоголиков и преступников, бомжей и малолетних проституток. Умножает ряды членов разных «религиозных» сект, уводящих их от семьи, от общественной жизни и настраивающих против своих родных, против общества. Ширит ряды фашиствующих, националистических и так называемых сатанинских молодёжных организаций.

Это от сил тьмы исходит: помешательство на антиобщественной моде, на вещах, на поп-группах и хит-парадах, на искусственно раздуваемых исполнителях; пропаганда секса и нетрадиционных ориентаций в сексе. Люди, мода, вещи оцениваются через их сексуальность, а не через духовно-нравственную красоту.

Это они провоцируют жестокость среди детей, группировку и вражду между ними, убийства на национальной и расовой почве, издевательства над детьми-изгоями в школах, вымогательства, дедовщину и т.д. и т.п.

Дети **сами** не изобретают такие формы «жизни», силы тьмы создают их в специальных «научных» центрах и вовлекают в них детей и молодёжь. Это есть целенаправленная агрессия на духовно-нравственные основы воспитания, на устои культуры, на ту жизнь, которая может наступить через духовно-нравственное очищение общества.

Вот какое мощное противодействие возникает перед нами. Последствия этой опасности чувствует родительское сердце. Не тревожиться об этой опасности — значит навредить будущему. А преодолеть её нелегко.

Но разве есть другой выход?

Что же нам делать?

То, что в наших силах и выше наших сил.

— Делать нужно всё, чтобы между нами и Ребёнком возникли доверительные отношения, возникла духовная общность. Ребёнок иначе не поймёт и не примет наши наставления, предупреждения, советы, просьбы, не будет делиться с нами своими переживаниями.

— Делать нужно всё, чтобы наши чувства и наш взор не упустили ни одну тень от сил тьмы, которая может лечь на наши светлые тропинки воспитательного процесса; делать всё, чтобы тень оттуда исчезла.

— Делать нужно всё, чтобы Ребёнок с нашей помощью осознал, что есть Свет и что есть тьма, и сторонился последней, проявлял устойчивость против неё.

— Делать нужно всё, чтобы наполнить Ребёнка светом до той степени, чтобы в нём не осталось места для тьмы.

— Сделать нужно всё, чтобы защитить Ребёнка от пагубных желаний, от чувства собственности, от праздной жизни, от лжи.

— Делать нужно всё, чтобы Ребёнок понял и поверил: он есть носитель своей Миссии, он обязан открыть её в себе и служить ей.

Надо делать всё это и всё остальное, чтобы Ребёнок мог сам защитить себя от всего недостойного и нечистого, имел своё мировоззрение, идеалы и цель и стремился к ним.

Элегия
ХОДИТ ПО МИРУ МУДРЕЦ. ПЕДАГОГИКА ДЖУНГЛЕЙ

Шёл Мудрец через деревню на Восток. Люди окружили его.
— Скажи, правильно ли мы воспитываем наших детей?
Тогда он ответил им:
— Послушайте притчу.

Царь джунглей Великий Лев объявил конкурс на лучший учебник по воспитанию детей, чтобы заменить им старый. Конкурсанты прибежали сразу. Сказал им Царь:
— Мне нужно знать об основной идее, о цели и о методах воспитания, которые вы утверждаете в ваших учебниках.

Первым предстал Осёл. Он привёз свой учебник воспитания во вьюке; бросил его у ног Царя и уверенно прокричал:
— Главная идея: «Безропотно таскай груз своего повелителя, но крепко стой на своём, если даже попадёшь ему в пасть». Цель воспитания личности ослёнка — упрямство. Методы воспитания — ослиные крики, прутья, испытания в выносливости, многократное, до отупения, повторение одного и того же.

Сделала шаг вперёд Обезьяна. Она держала свой учебник подмышкой. Бросила его у ног Царя и произнесла праздно и с кривляньем:
— Основа моего учебника: «Смеши своего повелителя, подразнивая его, чтобы тот забыл, какие у него были намерения по отношению к тебе». Цель воспитания личности маленькой обезьянки — искусное гримасничанье, а методы — жеманство, кривлянье, подсказки, зубрёжки.

Выступила Лиса. Она держала свой учебник в зубах. Бросила его у ног Царя и, прищурив глаза и изображая наивность, пропела:

— Вот идея моего учебника по воспитанию: «Хитростью и ловкостью, — чтобы всегда выходить из воды сухим, — присваивай чужое, и львиную долю своей добычи преподноси своему повелителю и всячески ему угождай». Цель воспитания личности лисёнка — это коварство, а методы — притворство, надувательство, тесты, проверки, экзамены.

Предстал козёл. Его учебник был написан на двух листах виноградной лозы, нанизанных на рога. Козёл бросил два листа у ног Царя и замекал:

— Вот какая у меня идея: «Живи как попало и не горюй ни о чём, если даже угодишь в пасть своего повелителя». Цель воспитания личности козлёнка — беспечность, а методы — меканье, боданье, технологии глупостей.

Царь джунглей внимательно выслушал всех участников конкурса и грустно произнёс: «Мдаа!» Потом, недолго думая, объявил:

— Оставляю в силе старый учебник по воспитанию, написанный Человеком, ибо в нём лучше, чем в ваших, обобщается вся педагогическая идея джунглей.

Мудрец умолк.

Люди осмыслили притчу и ужаснулись: в педагогике джунглей они узнали свой опыт воспитания детей.

Рапсодия
О ПРИВЯЗАННОСТИ И ЗАБОТЕ

Этот закон установлен Природой: она привязывает Ребёнка к нам в силу его беспомощности, а нас к нему, породив в нас чувство заботы о нём. Почти в буквальном смысле: мы — Ребёнок и родители — привязаны друг к другу. Закон привязанности мыслит в себе также зависимость.

Ребёнок рождается совершенно беспомощным, без нашей заботы он сразу погибнет. Его надо кормить, купать, одевать, укладывать, менять памперсы. Кроме того, нужно общаться и говорить с ним, нужно ласкать и любить его, петь ему колыбельные, нужно радоваться ему, думать о нём, о его будущем.

Родительское чувство, родительское сердце будут тревожиться, если сделаем с Ребёнком что-то не так; мы будем спокойны, когда всё будет сделано правильно.

Мы полны заботой о Ребёнке.

Забота — это не просто мысль или деятельность, направленная на благополучие Ребёнка, уход за ним, попечение о нём. Так говорят нам обычные словари. Другие же словари, которые ищут духовный смысл слова, поясняют нам: забота — это значит — «за Божественной тайной». То есть, вся наша забота о Ребёнке, начиная с того дня, как мы узнали, что он у нас скоро будет, а потом с того дня, как он появился на свет, а потом все последующие годы и десятилетия, как мы воспитываем его, — есть великий процесс содействия свершению Божественной Тайны. Это точно так, как сказано в Новом Завете: «Я посадил, Аполлос поливал, но возрастил Бог». Потому, заботясь о Ребёнке, мы испытываем необычную, некую божественную любовь к нему и полны трепетным чувством долга перед Творцом.

Нас — Ребёнка и родителей — Природа завязала друг к другу несколькими узелками. Завязала она не насильно и даже не добровольно. А сделала она это в силу того, что так надо. Со стороны Ребёнка это есть его беспомощность в сохранении жизни и необходимость воспитываться. С нашей же стороны это есть родительское чувство, сопровождаемое заботой и любовью.

Жизнь Младенца полностью зависит от нас, и он об этом «знает». Он сразу привыкает к маме и радуется, когда она берёт его на руки и прижимает к сердцу. Радуется папе, который улыбается ему, ласкает его, шутит и играет с ним, говорит и слегка подбрасывает вверх. Он доверяется бабушке и дедушке, знает, что они тоже родные. Со всеми нами ему хорошо, он — в семейном лоне, он чувствует себя защищённым. Но он забеспокоится сразу, если посмотрит на него чужой, пусть даже с улыбкой. Ищет маму, чтобы она защитила его от чужого, даже заплачет.

Мы, вся наша семья составляем для него жизненно необходимую среду. Он благодарен нам за это, за то, что мы есть в его жизни. И со своей стороны тоже старается порадовать нас: начнёт улыбаться, начнёт лепетать, а потом — ходить и говорить, будет любить нас. Именно потому, что мы есть у него, он заговорит. Заговорит для мамы на мамином языке, для папы — на папином языке, для дедушки и бабушки — тоже на их языке. А потом заговорит для всего мира.

Закон привязанности делает чудеса.

Не сам закон, конечно, но то, что мы понимаем суть закона и не нарушаем его условий.

А условия таковы.

Ребёнок будет расти, а привязанность и зависимость станут ему в тягость. Он попытается развязать или даже разорвать — сперва один узелок. Настанет время — развяжет или разорвёт другой. И, наконец, нужно будет, чтобы все узлы были развязаны. Закон привязанности слабеет, Ребёнок выходит из состояния зависимости. Становится независимым и свободным.

Закон требует, чтобы мы проявили мудрость.

Наша мудрость будет заключаться в том, что, чувствуя тягу Ребёнка к свободе и независимости, мы сами начинаем развязывать сперва один узел, потом — другой. Он растёт, становится Подростком, потом — Юношей. Нам нужно вновь и вновь проявлять мудрость и, не дожидаясь, когда Ребёнок потребует от нас большей свободы, сами предложим ему действовать самостоятельно и свободно. А когда он станет совсем взрослым, нам надо будет тогда совсем забыть о законе привязанности и зависимости.

Что же нам достанется от нашей мудрости?

Достанется то, что есть смысл истинного воспитания: постепенно зародится и окрепнет наша с Ребёнком духовная общность. Ребёнок станет для нас другом верным и заботливым.

Если не будем так поступать, если закон привязанности мы воспримем как власть над нашим Ребёнком, как превосходство наших родительских прав над его правами, если забота о Ребёнке перерастёт в заботу о себе, закон этот примет уродливые формы противостояния, недоверия, запретов и наказаний, конфликтов между нами и Ребёнком. В результате всего этого вместо прекрасной духовной общности между нами и Ребёнком (потом уже взрослым) возникнет отчуждённость, и она будет иметь разные той или иной степени сложности.

Чем можно это поправить?

Трудно будет, но надо попытаться: покаянием, исповедью перед Ребёнком, нашей искренностью, объяснением со слезами на глазах.

В мире очень много родителей, которые на всю жизнь потеряли своих детей. От этого и страдания.

Будет хорошо, если прочно запомним:

Ребёнок всегда будет действовать по воле закона привязанности, не помышляя о самом законе; а нам нужно действовать, зная о нём. Пусть птенчик не задерживается в гнезде дольше положенного срока, пусть своевременно взлетит в небо.

Мелодия
О НЕОБХОДИМОСТИ ВОСПИТАНИЯ

То, что Ребёнок нуждается в воспитании, это до той степени очевидно, что стало педагогической аксиомой. Аксиомы, как правило, не обсуждаются, а принимаются. Тем не менее, где-то кто-то будет настаивать: пусть Ребёнок воспитывается сам, а мы только поможем, если нужно будет.

Это абсурд, и пусть он минует нас.

Но ведь многие верят в него.

Если в мире так много людей злых, жадных, корыстных, завистливых, подлецов, предателей, хамов, убийц, мстителей, садистов, извращенцев, мафиози, эгоистов, криминалов и т.д. и т.п., это потому, что их не воспитывали, не успевали оказать им помощь в роковые минуты и периоды взросления.

Если не будем воспитывать Ребёнка и никто не заменит нас в этом деле, то Ребёнок останется невоспитанным. Это только в редких случаях наступает у одних некое просветление, и они сознательно и силой воли перестраивают себя.

Когда невоспитанный человек несёт нам неудобства и вред, мы обычно виним и осуждаем его. Но он разве виноват в том, что он такой и его не воспитывали? Разве не заслуживают упрёка общества те, на которых лежал долг воспитания, но они не исполнили его?

Не воспитывать Ребёнка, не исполнять свой долг — значит, вредить самому Ребёнку и обществу тоже.

Ребёнок сам себя воспитывать не будет, ибо не может, не умеет, не знает, как это делать. Природа не заложила в него эту возможность. Он лишь тогда сможет заняться самовоспитанием, когда получит от нас мощный импульс к овладению и совершенствованию своей природы.

Умение самовоспитания тоже требует воспитания. Но лучше сказать: настоящее воспитание то, когда Ребёнок и не чувствует, что его воспитывают.

Что же тогда он будет чувствовать?

Он будет переживать иллюзию, что сам себя развивает и воспитывает.

Такое происходит в семье, где сложилась духовная общность между родителями и их детьми.

Есть более высокий уровень воспитательного процесса. Это тогда, когда и взрослые не озабочены воспитанием, и Ребёнок не помышляет о самовоспитании, а всё происходит само собой. Однако такая истина может существовать только в идеальном образе жизни не только семьи, но всего общества. Но до идеальной, духовно и нравственно возвышенной жизни пока далеко.

Потому наш Ребёнок нуждается в воспитании.

Вариации
ОБ АДАМАХ И ЕВАХ

Что есть воспитание?

Как будто наивный вопрос. Ведь все мы занимаемся воспитанием, значит, знаем, чем занимаемся!

Но, к сожалению, понимание воспитания у многих родителей далеко от истины. Во всяком случае, от той истины, которая заключена в самом слове. Попытаемся исследовать это слово.

Запишем его так: **ОС — ПИТАНИЕ**

Получается: **ПИТАНИЕ ОСИ**. Какой **ОСИ**?

Разумеется, **ОСИ** духовной. Что это за **ОСЬ** духовная? Это есть **ОБРАЗ ТВОРЦА**, который заложен в Ребёнке.

Бог сотворил человека — нас всех — по **ОБРАЗУ** и **ПОДОБИЮ** самого Себя.

Образ, который от Бога, может быть только прекрасным, великолепным. Он у каждого, и у нашего Ребёнка тоже, единственный такой, неповторимый.

Этот **ОБРАЗ** и есть **ОСЬ** духовная.

А теперь о **ПИТАНИИ**.

Чем можно **ПИТАТЬ ОСЬ** — этот **ОБРАЗ ТВОРЦА**?

Образ **ПИТАЕТСЯ** только образами, которые Ребёнок впитывает от нас — родителей и близких, воспитателей и учителей, знакомых и незнакомых, от всей окружающей среды, в которой он растёт. И если они достойны, прекрасны и благородны, то ОБРАЗ в Ребёнке начнёт раскрываться.

Так со временем, в процессе **ПИТАНИЯ ОСИ**, перед нами проявится Человек Образованный.

Получается, что мы действительно «соработники у Бога»: мы вместе с Творцом продолжаем великое творение новых Адамов и Ев.

А если образы, творимые нами, безобразные?

Произойдёт крушение воспитания.

Если мы все дружно будем показывать Ребёнку безобразную гримасу, тогда то, что самое прекрасное в нём, разрушится, исказится, и вместо Чуда получим мы чудовище.

Какими должны быть образы, в которые мы будем погружать Ребёнка?

Они должны быть прекрасными, духовно и нравственно возвышенными. Чувство красоты изначально присутствует в Ребёнке. Оно и помогает ему искать в окружающем мире красоту. Ребёнок «требует» от нас:

— чтобы мы любили его красиво, ласкали нежно и красиво;

— чтобы речь наша, обращённая к нему и звучащая в его окружении, была добрая, чистая, мудрая, то есть, красивая;

— чтобы он видел, как близкие ему люди и люди вообще общаются друг с другом с уважением, с любовью, то есть, красиво; — чтобы вещи, с которыми он соприкоснётся — будет играть, будет пользоваться, будет созерцать — были полезными и красивыми;

— чтобы мы оберегали его от всего дурного: от дурных зрелищ, от сквернословия, от грубой музыки, от проявлений хамства и злости...

Ребёнку нужно, чтобы всё это и многое другое в целом составляли Образ Жизни семьи. Одухотворённая жизнь его семьи, её красота и культура станут достойным источником для потоков образов, которые обласкают в Ребёнке его Божественную Природу, его неповторимый Образ, который есть для него и Суть, и Путь.

Красота образа Творца, которым заполнен Ребёнок, нуждается в красоте Образа Жизни, в который погружён сам Ребёнок. Тогда получится так, что воспитание произойдёт как бы само собою. Проблема воспитания обостряется там, где разрушена Красота Образа Жизни не только в обществе, но и в семье.

Общество пока далеко от одухотворённого, гармоничного Образа Жизни. Но семья в состоянии, при общей воле её членов достичь этого и, кстати, не без помощи самого Ребёнка.

Мы воспитываем своего Ребёнка, но Ребёнок тоже воспитывает всех нас.

Интермедия
О ВЕЧНОМ РЕБЁНКЕ

Вопрос Синтии:

— Вы действительно полагаете, что дети могут нас воспитывать?

Воспитание, что есть питание духовной оси, никогда не завершается. Воспитываются и дети, и взрослые.

Но нам, взрослым, почему-то кажется, что дети рождаются для того, чтобы мы их воспитывали, а самих себя по отношению к ним считаем уже воспитанными людьми. Но взрослый — это не значит совершенство воспитанности.

Было бы хорошо подумать и наоборот: Дети приходят в этот мир потому, чтобы исправить то, что мы напортили, исправить нас самих.

То, что мы заботимся о детях, об их воспитании и благополучии, и что они создают нам проблемы, — это и есть невидимая водящая нас рука Ребёнка.

Почему дети часто ведут себя не так, как нам хочется и как мы их наставляем, а по-своему?

Потому что через такие действия они дают нам понять, как нам самим надо или не надо себя вести. Однако, как правило, мы этого понять не хотим и не приемлем, чтобы наш Ребёнок нас воспитывал. Мы ругаем Ребёнка за плохие поступки, а сами ведём себя хуже.

Нам не нравится, скажем, что дети шалят.

Слово «шалун» по всем толковым словарям (психологические и педагогические словари и энциклопедии это понятие вовсе не признают, как будто и нет самих детей шалунов) — это Ребёнок, который балуется, резвится, своевольничает, нарушает общий порядок, бездельничает.

Таким образом, шалость, судя по этим толкованиям, отрицательное явление в характере Ребёнка. Нам не нравятся детские шалости, они нарушают наше спокойствие, нам нужно, чтобы Ребёнок не шалил и вёл себя подобающе, тихо.

Но по закону духовной природы Ребёнок должен шалить, ибо он находится в поиске способа нового обустройства мира.

Попытаемся осмыслить в целостности иррациональный смысл трёх слов: Ребёнок, Дети, Шалость. Но не забудем ещё, что есть воспитание.

Ребёнок — это возрождённое новое Бытие.

Дети — народ, действующий в Истине.

Шалость — улавливать Совершенное.

Таким образом, тот, кто пришёл в Земную жизнь со своей истиной и импульсом утверждения нового Бытия, тот с детства начинает упражнять себя, набирает опыт. А мы в этом видим нарушение нашего порядка; потому это своеволие, балагурство. И ищем пути, чтобы Ребёнок не шалил.

Какими будут эти пути, если шалость Ребёнка вызывает в нас раздражение?

Какими бы они внешне ни выглядели, пути эти будут авторитарными, пресекающими, принудительными, запретительными и, конечно же, конфликтными.

Если мировому сообществу родителей, а также всем воспитателям и учителям удалось бы избавить детей от шалостей и погрузить их в дела спокойные и благоразумные, мир потерял бы будущих двигателей прогресса, жизнь с помощью так воспитанных детей стала бы замедленной, заторможенной, застойной и скучной.

Может ли шалость нашего Ребёнка воспитывать нас?

Может, если мы позволим себе быть не только воспитателем Ребёнка, но и его воспитанником. Так же, как мы стараемся влиять на него, дадим ему возможность влиять на нас. Тогда мы увидим:

— он призывает нас дружить с ним на равноправных началах;

— предлагает нам тоже стать Ребёнком и шалить вместе с ним;

— даёт возможность развить в нас творящее терпение;

— учит нас быть искренними, правдивыми и любить Истину;

— предоставляет себя стать точилкой для нашего воспитательного искусства;

— ведёт нас к мудрости взаимопонимания, добра и красоты.

Шри Чинмой скажет нам о том, что цель духовной жизни — стать Ребёнком, вечным Ребёнком для того, чтобы совершить настоящий прогресс. Дети, говорит он, напоминают нам о нашем вечном детстве, и если мы это поймём, то можем совершить быстрый прогресс. Чувствуйте, скажет он, что вы служите детям потому, что тоже хотите стать Ребёнком.

Элегия
ХОДИТ ПО МИРУ МУДРЕЦ. ПЕДАГОГИКА БОЖЕСТВЕННАЯ

Люди опять обратились к Мудрецу:

— Нам не нужна педагогика джунглей. Расскажи нам о другой педагогике. Сказал Мудрец:

— Послушайте тогда другую притчу.

Объявил Царь царей конкурс на божественную Педагогику. Пришли к нему мудрейшие мужи из разных стран и эпох. Сказал им Царь царей:

— Достопочтенные мужи, скажите мне о трёх вещах своей педагогики: об основополагающей идее, о главной цели и о главных методах воспитания. Сказал Марк Фабий Квинтилиан:

— О, Царь царей! Вот моя главная идея воспитания: «Отец, как только родится у тебя сын, возложи на него самые большие надежды». Цель же — развитие души, ибо она у нас небесного происхождения. Методами я провозглашаю: заботу, естественность, игру.

Удивился Царь царей мудрости Квинтилиана:

— Истинно, это есть Божественная Педагогика!

Предстал перед ним Ян Амос Коменский.

— О, Царь царей! Основополагающую идею моей педагогики я извлекаю из сердца: «Ребёнок, пойми, что ты микрокосмос, способный объять макрокосмос».

Цель воспитания Ребёнка — воспитание в нём разума. Методы же — природосообразность и мудрость.

Восхитился Царь царей:

— Истинно, тоже Божественная Педагогика!

Преклонил свою голову перед Царём царей Иоганн Генрих Песталоцци:

— Послушай, о, Царь, главную идею моей педагогики: «Глаз хочет смотреть, ухо — слышать, ноги — ходить, а руки — хватать. Но также и сердце хочет верить и любить. Ум хочет мыслить». Цель же в том, чтобы развить в Ребёнке ум, сердце и руки в их единстве. Методами я предлагаю: природосообразность, доверие, сострадание.

Царь царей зааплодировал:

— Поистине, ты тоже даришь нам Божественную Педагогику!

Поклонился Царю царей Константин Дмитриевич Ушинский и произнёс:

— В основе моей педагогики заложена мысль: «Воспитание должно просветить сознание человека, чтоб перед глазами его лежала ясная дорога добра». Целью я ставлю воспитание духовно и нравственно возвышенного человека. Методы мои — народность, общественное воспитание, жизнь и устремленность.

Царь царей торжественно произнёс:

— Признаю твою Педагогику Божественной!

Перед Царём царей преклонил свою голову Януш Корчак и грустно произнёс:

— Вот вам моя вера: «Нет детей — есть люди, но с иным масштабом понятий, иными источниками опыта, иными стремлениями, иной игрой чувств». Цель моя — воспитание радостного человека. Методы мои идут от сердца моего: романтика воспитания, непосредственность, преданность и самопожертвование.

Царь царей преклонился перед Янушем Корчаком:

— Свою Божественную Педагогику ты защитил своей жизнью!

Перед Царём царей предстал Василий Александрович Сухомлинский. Он приложил руку к сердцу и произнёс:

— Основание моей педагогики есть моя вера: «Имея доступ в сказочный дворец, имя которому — **Детство**, я всегда считал необходимым стать в какой-то мере Ребёнком. Только при этом условии дети не будут смотреть на вас как на человека, случайно проникшего за ворота их сказочного мира». Цель, к которой я стремлюсь — это воспитание гражданина, духовно и нравственно чистого. Методами воспитания я признаю: любовь, воспитание сердцем, творчество и радость.

Царь царей пожал руку Сухомлинскому. Он провозгласил:
— Каждая Педагогика, преподнесённая нам, Божественная. Дадим их народам наших царств, пусть люди сами выберут, по какой Божественной Педагогике хотят воспитывать своих детей!

Мудрец умолк.

Молчание людей затянулось.

Смотрел Мудрец на них и с грустью думал: «О, человек, ты не осилишь проблему воспитания до тех пор, пока не осилишь самого себя, ибо она в тебе, а не в Ребёнке. Пока ты полагаешь, что сам уже воспитан, Ребёнок твой много раз пострадает от твоих воспитательных оплошностей».

Вариация
ЦЕЛЬ ВОСПИТАНИЯ

Цель подсказывает путь воспитания.

Она и поможет нам указывать такие потоки содержательных образов для воспитания Ребёнка, которые соответствуют ей.

И, вообще, воспитание без цели — шаткое воспитание.

Воспитание и так процесс незащищённый, а без определённой цели оно изнутри само себе будет противоречить. Цель же придаст ему силы противостоять внешним нападкам.

Нам нужна цель, достойная воспитания.

Оно — необратимый процесс, второй раз нашего Ребёнка не воспитаем, не будет у нас возможности исправить ошибку в выборе цели.

Цель должна быть высокой, даже такой, что превосходит наши возможности.

Великий римский педагог Марк Фабий Квинтилиан призывал родителей: «Отец, как только родится у тебя сын, возложи на него самые большие надежды».

Почему самые большие надежды?

Потому что большие надежды помогут нам искать и находить «большую педагогику», а малые надежды заставят ограничиться «малой педагогикой».

И в какой педагогике Ребёнок полнее проявит себя?

Конечно, в педагогике больших надежд.

Цель — это не свет в конце туннеля. Она должна растворяться в нашей каждодневной жизни, ею мы должны пропитывать каждое наше соприкосновение с Ребёнком, через неё нам надо будет осмысливать наши способы и методы воспитания, всё его содержание. Цель должна направлять всё наше воспитательное поведение.

Ясно, что мы не будем воспитывать нашего Ребёнка верным строителем капитализма, или преданным слугой какой-либо политической партии, или верным солдатом какого-либо вождя. Из-за таких целей мы дорого поплатились.

Нам нужна цель, которая содержит в себе вечное начало и поведёт Ребёнка, а может быть, нас тоже, к поиску в себе своего высшего Образа, который и является благом для человечества.

Такая цель воспитания существует, педагогическая классика давно бережёт её для нас.

Это есть: **Воспитание Благородного Человека.**

Цель эта вбирает в себя всё самое лучшее и возвышенное, что только может украсить человека. Благородный — это:

великодушный,
духовный,
любящий,
добрый,
честный,
бескорыстный,
справедливый,
без чувства собственности,
без чувства мщения,
щедрый душой,
терпеливый,
самостоятельный,
прекрасномыслящий,
трудолюбивый...

Благородство направит человека на его дальнейшее совершенствование.

Благородство поощрит устремления человека к общему благу.

Благородство поведёт человека ко всем успехам, достойным его способностей.

Мир беден благородными людьми и из-за этого страдает. А Ребёнок для того и родился, чтобы стать благородным, стать благодетелем мира.

Но таким он станет только через наши воспитательные усилия.

Кто-то скажет: «Это слишком высокая цель, не достигнем!»

Но попытаемся стать героями духа для наших детей, попытаемся свершить чудо. До какого бы уровня в воспитании благородства в Ребёнке мы ни поднялись, всё равно, это будет достижением нашим.

Кто-то скажет: «Нам самим не хватает благородства, как же воспитаем его в Ребёнке?»

Действительно, педагогическая аксиома гласит: Благородство воспитывается благородством.

А если нам самим его не хватает, то наберёмся мужества для совершенствования самих себя. Аксиома также гласит: Устремлённость воспитывается устремлённостью. Устремление к благородству уже есть благородство. Если мы устремимся сделаться благородными, то сможем к тому же устремить Ребёнка.

Воспитывая, будем воспитываться сами.

Это же прекрасно!

Гимн
О ГУМАННОЙ ПЕДАГОГИКЕ

Если мы решились устремиться к такой возвышенной цели — воспитывать в Ребёнке Благородного Человека, то наш воспитательный процесс должен быть тоже благородным.

Такое воспитание называется гуманно-личностным подходом, в более широком смысле — гуманной Педагогикой.

Слово «гуманный», как нам представляется, имеет следующий смысл: смертный человек, ищущий в себе своё бессмертное начало, ищущий связь с Творцом.

Есть противоположное слово «дура» (санскрит). Оно означает: человек, порвавший связь с Высшим.

Классик педагогики Константин Дмитриевич Ушинский писал, что весь смысл Гуманного воспитания есть воспитание духа.

Будем считать, что воспитанный дух и есть благородство человека.

Наш воспитательный процесс будет гуманным, если мы:
— погрузим Ребёнка в творимые нами образы доброты, любви, красоты, искренности, преданности, мужества, справедливости, уважения, сострадания...
— направим его взор на свой внутренний, духовный мир и поможем найти и постичь там свой Путь, свою Миссию, своё Предназначение, своё богатство духа, которые нужно будет проявить;
— пробудим в нём чувства, через которые проявляются и утверждаются благородные переживания и поступки;
— разовьём добромыслие и прекрасномыслие, добноречие, ответственность за свои мысли и за своё слово;
— научим жить духовной жизнью в своём внутреннем мире: размышлять, желать, воображать себя героем и свершать достойные поступки, мечтать, созидать, молиться, общаться;
— разовьём волю, смелость, самостоятельность, будем утверждать в нём искренность, желание говорить правду, быть внимательным к мыслям других;
— поможем вникнуть в смысл понятия «совесть» и жить по совести;
— возбудим и разовьём познавательную страсть, любовь к трудностям в познании, интерес к знаниям, любознательность...
Это есть намётки той содержательной воспитательной деятельности, которую мы могли бы продумать для нашего Ребёнка. Всё это содержание может уместиться в двух понятиях: **сердце и разум.**
Воспитание благородства есть проблема облагораживания сердца и разума Ребёнка.
Мысль Льва Николаевича Толстого поможет нам ещё больше углубиться в содержательную суть гуманного воспитания. Он пишет: «...Я полагаю, что первое и главное знание, которое свойственно прежде всего передавать детям и учащимся взрослым, — это ответ на вечные и неизбежные вопросы, возникающие в душе каждого приходящего к сознанию человека. Первый:
Что я такое и каково моё отношение к бесконечному миру?
И второй, вытекающий из первого:
Как мне жить, что считать всегда, при всех возможных условиях, хорошим и что, всегда и при всех возможных условиях, дурным?»

Мы, по всей вероятности, попытаемся зародить эти вопросы в сознании нашего Ребёнка. Но и нам тоже, может быть, было бы хорошо искать ответы на них для себя. А где их искать, об этом Лев Николаевич говорит: «Ответы на эти вопросы всегда были и есть в душе каждого человека». Разъяснения же ответов на эти вопросы, говорит Лев Николаевич, находятся в учениях религии и нравственности, которые высказаны всеми лучшими мыслителями мира от Моисея, Сократа, Кришны, Будды, Конфуция, Христа, Магомета до Руссо, Канта, персидского Баба, индийского Вивекананды, Эмерсона, Сковороды и других.

Наш воспитательный процесс станет гуманным и личностным, если мы:

— будем строить отношения с Ребёнком сообразно его природе, его естеству;

— примем его таким, какой он есть;

— будем искать пути дружбы и сотрудничества, пути духовной общности с ним;

— будем восполнены пониманием и творящим терпением;

— в случаях нарушения Ребёнком норм поведения и оговорённой условности научимся создавать такие духовно-нравственные ситуации, которые породят в нём переживания и чувства раскаяния, исповеди, извинения, сожаления, самонаказания.

Скажем на всякий случай: крики, раздражение, гнев, унижения, насмешки, издевательства, насилие, принуждение и тому подобные действия разрушают гуманный педагогический процесс, они недостойны для нас и потому мы сжигаем их, а пепел отдаём земле.

Наш воспитательный процесс станет гуманным, если мы поймём, что:

— смысл нашей любви к Ребёнку не только в том, что мы не можем иначе, но и в том, чтобы он отозвался заботливой любовью к нам и проявил её к другим;

— смысл заботы о Ребёнке не только в том, чтобы уберечь его от разрушительного влияния среды, но и в том, чтобы наша забота обернулась в его душе заботой о нас, об окружающих;

— смысл нашей доброты к Ребёнку не только в том, что нам для него ничего не жалко, но и в том, чтобы в душе его родилась ответная доброта к нам и ко всем;

— смысл всех наших деяний не только в том, что мы живём и совершенствуемся, но и в том, чтобы Ребёнок принял их как норму для своих жизненных деяний.

Слепая родительская любовь не ведёт Ребёнка к благородству. Родительская забота до самозабвения тоже не в пользу гуманного воспитания.

Родительская доброта до собственного унижения противоестественна гуманному воспитанию.

Такая неразумная услужливость порождает грустную действительность, когда родители с болью в сердце обнаруживают, каким неблагодарным стал повзрослевший уже Ребёнок, а сколько чего мы лишали самих себя, чтобы ему было хорошо.

В гуманном воспитательном процессе, цель которого — воспитание Благородного Человека, мы должны держать себя благородно.

Наша любовь, наша доброта, наша забота, наша преданность и всё остальное, что мы дарим Ребёнку от всего сердца, должны быть, прежде всего, воспитательными, а не услужливыми. Мало, чтобы Ребёнок за всё это каждый раз говорил нам спасибо. Разве для «спасибо» мы трудимся?

Надо нести Ребёнку все наши дары духа так педагогически красиво и с таким чувством надежды, чтобы он воспринимал не их, эти дары, а нас с ними вместе, и чтобы он восхищался не столько ими, сколько нами.

Нельзя в процессе воспитания так просто разбрасывать любовь, заботу, доброту, самопожертвование; а делать это надо так, как заботливое поливание плодового деревца.

Наконец, наш воспитательный процесс будет гуманным и обращённым на личность Ребёнка, если мы сами тоже устремлены к духовному гуманизму, ибо мы есть вдохновители и творцы этого процесса. Он будет таким, какие мы сами есть.

Пусть мысль Льва Николаевича Толстого, приведённая ниже, не касается нас, но приведём её на всякий случай. Он пишет: «Дети нравственно гораздо проницательнее взрослых, и они, часто не выказывая и не осознавая этого, видят не только недостатки родителей, но худший из всех недостатков — лицемерие родителей, и теряют к ним уважение и интерес ко всем их поучениям... Дети чутки и замечают его сейчас же, и отвращаются, и развращаются».

Прелюдия
О ДУХОВНОМ МИРЕ

Нет человека без духовной жизни.

Нет человека без своего собственного, скрытого от всех других внутреннего мира, в которой он живёт духовной жизнью.

У кого этот мир светлый и богатый.

У кого — скудный, бедный.

У кого же — злой, ненавистный.

И каждый живёт в своём мире по-своему.

Человек живёт в своём духовном мире постоянно, ни на минуту не покидая его.

Но одни любят свой духовный мир, он у них как храм, живут там сознательно, творчески, растут и развиваются.

Другие живут там полусознательно, лениво, без особой охоты, не зная, что там делать.

Человек живёт в духовном мире параллельно с жизнью во внешнем мире. Духовная жизнь и жизнь материальная неотделимы друг от друга, хотя они совершенно разного плана бытия: духовная жизнь есть высший план бытия, и от неё рождается внешняя жизнь.

Обе жизни — и внутренняя, и внешняя — реальны, действительны. Но первая — это жизнь нематериальная и скрытая. Внешняя же жизнь — открытая и материальная.

Тот образ жизни, который существует в духовном мире, каким бы скудным он ни был, гораздо шире и многограннее, чем жизнь во внешнем мире. Это потому, что во внутреннем мире нет условностей и ограничений, жизнь там вольная. Внешний же мир полон условностей, и жизнь в нём протекает в рамках множества ограничений.

Духовная жизнь есть матерь внешней жизни, внешняя жизнь — тень духовной жизни.

Первый человек — Адам — был наделён способностью мыслить, т.е. способностью творить духовный мир и жить в нём духовной жизнью. В свой первобытный духовный мир он погрузил весь внешний мир. Там, во внутреннем мире, представил он внешний мир в преображённом виде, а потом попробовал изменить его. Что-то получилось, но многое не поддалось изменениям.

Так происходит и сегодня: мы постоянно погружаем внешний мир в свой внутренний, там воображаемо изменяем его, а потом стараемся перестроить внешний мир так, как вообразили его в себе. И видим, что получается далеко не всё. Есть силы объективные и субъективные, которые не допускают нашу вольность во внешнем мире так же, как это может происходить во внутреннем мире.

Жизнь людей на Земле вообще можно представить как внешний диалог их внутренних миров. То и дело (и очень часто) происходит столкновение этих миров, а во внешнем мире в это время возникают конфликты, противостояния, агрессии, войны, перевороты, революции.

Вся жизнь во внешнем мире, какой бы прекрасной или безобразной она ни была, есть утверждённая воля духовного мира прошлых и современных поколений людей. От нас, от нашей сознательной, то есть, духовной воли зависит: сменить обстоятельства и образ внешней жизни так, чтобы ускорилось наше эволюционное продвижение.

Ясно, что если в духовном мире царствуют светлые образы и мысли, облагороженные чувства и устремления, если в нём торжествует культура и если жизнь в нём героическая, то с таким духовным миром мы будем утверждать во внешней жизни возвышенные, одухотворённые ценности.

Если же этот мир наполнен тьмой, злобой, завистью и ненавистью, если в нём правят всем чувства собственности, гордыни и самости, и жизнь в нём подчинена этим устремлениям, то с таким внутренним миром мы будет нести беды и разрушения многим, и не только в настоящем, но и в будущем.

Рапсодия
«ДЕДУШКА, БАБУШКА И Я»

Вопрос Синтии:
— Расскажите, пожалуйста, о вашем духовном мире детства.

Духовный мир не имеет возраста: он может быть богатым или бедным, но не молодым или старым, детским или взрослым. Образы, которыми в детстве наполняется духовный мир, вовсе не детские. Они, как семена, которые со временем растут и раскрываются, принося благородные плоды. А так как семена бывают разные, то их можно сеять и в раннюю весну, и в позднюю осень. Возраст не ограничивает принятия человеком новых образов.

Все мы, взрослые, имеющие дело с воспитанием Ребёнка, сеятели, а не жнецы. Мы сеем тщательно отобранные и очищенные семена — это наши образы любви и доброты, творчества и созидания, забот и переживаний, мудрости и доброречия... Дальше семена начинают жить в духовном мире, принося человеку мудрость и опыт, облагораживая в нём чувства. Говоря иначе, образы, приобретённые в детстве и в последующие периоды жизни, могут воспитывать — питать духовную опору человека — в любом возрасте, включая старость.

Таким образом, могу рассказать не о духовном мире моего детства, а о тех образах, которые наполняли меня в отрочестве и юности, и которые и тогда, и в дальнейшем составляли опору и содержательный смысл моей духовной жизни.

В разные периоды детства во мне сеяли образы любящие меня и заботящиеся обо мне люди — мама, дедушка, бабушка. Отец тоже успел оставить во мне прекрасные образы. Потом он погиб в Великой Отечественной Войне. Мне было тогда 12 лет.

В моём духовном мире до сих пор живут и раскрываются образы, которые поселились во мне тогда.

Это образ моего дедушки, крестьянина, виноградаря, мастера строительства каменных домов и выжигания извести. Я любил бывать с ним, помогать ему, задавать вопросы.

Мне было шесть лет. Он закреплял ровные длинные палки возле саженцев винограда и привязывал к ним лозу. Я спросил:

— Дедушка, зачем ты так делаешь?

Он мне сказал:

— Самой лозе хочется, чтобы я привязывал её к ровной палке.

— Почему?

— Без поддержки она распластается по земле и не будет развиваться, значит, и детей не народит хороших.

— Каких детей, дедушка?

— Как каких? Виноградные гроздья!

— А если к палочке прикрепишь?

— Тогда она будет расти стройной и ровной, и урожай даст богатый.

И после паузы добавил:
— Я для тебя тоже вроде палочки, а ты — как саженец.
— Но мы не привязаны друг к другу!
— Как же нет? Я люблю тебя, а ты любишь меня. Что ещё нужно, чтобы мы были привязаны друг к другу?

Этот образ теплился во мне и часто напоминал о себе, о дедушке. Прошли десятилетия. Однажды я увидел педагогическую книгу, на обложке которой был рисунок: стоит на одном колене старик у ростка виноградной лозы и привязывает её к ровной палочке, что закреплена рядом. Вновь всплыл во мне образ дедушки, и я подумал: росток лозы — это я, ровная палочка — это мой дедушка. Но кто же есть этот старик, который привязывает нас друг к другу? Может, Бог? Может, Природа? И я начал развивать в педагогике идею о законе привязанности.

А теперь об образе бабушки.

Всё лето я проводил в деревне у дедушки и бабушки. Перед сном бабушка усаживалась у моего изголовья и начинала шептать молитву.

Я смеялся и говорил:
— Где твой Бог, бабушка? Бога нет!

Она тут же прикрывала мой рот ладонью.
— Не говори так, сынок, Бог есть, Он тебя любит! — и продолжала нашёптывать молитву.

Она читала молитву ласково, с такой верой и упоением, таким нежным шёпотом, что душа моя начинала таять от блаженства, и я уходил в сладкий сон.

Шло время. Образ бабушкиных молитв всё чаще всплывал в моём сознании и куда-то тянул. Родились у меня дети и, как бабушка моя, я тоже перед сном начал читать им ту же самую молитву. А спустя десятилетия, когда я увлёкся педагогической классикой, с удивлением для себя обнаружил, что вся классика, которая создала вершины педагогического сознания, опирается не на так называемые научные основы, а на Христианское Учение. И я принял постулат, что в начале всех начал стоит Творец. Это помогло мне увидеть образовательный мир иным — духовным зрением.

Вернусь к дедушке.
Было знойное лето.

Он работал в винограднике, а в полдень я принёс ему еду от бабушки. Мы расположились в шалаше. Дедушка стёр ладонью со лба обильный пот и глотнул воды из кувшина.

— Жарко! — сказал он.

— Да, дедушка, сегодня очень жарко! — согласился я.

— Сынок, я работал в эту жару и всё время думал, надо ли нам возмущаться, что Солнце так сильно печёт? А если оно вовсе погаснет, что тогда будет? Ведь этот небесный огонь, в конце концов, должен погаснуть? Что будет тогда? Ты учёный. Объясни мне, что говорит об этом наука?

Я был тогда в седьмом классе. О такой проблеме ещё не думал.

— Не знаю, дедушка, нас такому не учили...

— Ладно, не нужна нам наука, ты сам наука. Мне трудно представить, что может произойти с нами, если Солнце начнёт гаснуть. Я умею только известь выжигать, за виноградниками ухаживать. А ты учёный, подумай и расскажи мне.

Я был озадачен. Начал думать, воображать. Солнце и вся Вселенная вошли в меня как часть моего духа.

Солнце может погаснуть, — так сказал дедушка. Я сел за стол и начал писать трактат: «Начало конца света». Это была моя попытка космического мышления. В то время я был не я, а вселенская сущность, которая созерцает жизнь Земли и землян в эпоху угасания Солнца. Я волновался, переживал, пугался тем событиям на Земле, которые созерцал, и искал выход.

Трактат получился длинный. Я прочёл его дедушке. Он внимательно слушал, потом долго молчал. А через несколько дней сказал мне:

— Тебе надо найти выход, чтобы Земля была спасена... Солнце может гаснуть, но чтобы жизнь не погасла...

Эти вопросы дедушки направили моё сознание к поиску разгадки проблем образования через способы духовного и космического миросозерцания.

Хочу оговориться: развитие и раскрытие в моём духовном мире этих и многих других образов не происходило прямолинейно. Жизнь образов в духовном мире более сложное явление, чем я описал. Я попытался только показать, что образы — это как живые существа в духовном мире, и они тоже растут и раскрываются вместе с нами.

Рапсодия
«СКАЖИ БОГОРОДИЦЕ»

Вопрос Нинцы:
— Как быть с религиозной ориентацией Ребёнка? Преднамеренно, в силу требований и угроз делать из Ребёнка верующего нельзя. Вообще чувство веры изначально присутствует в нём, но оно свободно от религии. При её развитии, — вера в родных, в людей, в свои возможности, вера в любовь, вера в дружбу и т.д., — Ребёнок приближается к свободному и сознательному принятию религии. Этому способствует ещё и то, что Ребёнок обращает внимание на свой духовный мир и на мир красоты в природе. Надо помочь Ребёнку пофилософствовать о жизни, о мироздании, о беспредельности, о душе, о бессмертии. Наряду со всем этим пусть он и видит нас — верующих родителей, пусть наблюдает, как мы почитаем свою веру, как живём по законам веры. Пусть сопровождает нас в церковь (синагогу, мечеть), может ставить свечку, тоже помолиться. Можно посоветовать помолиться Богу перед сном, поговорить с Ним наедине, в душе, рассказать Ему о прожитом дне.

Но всё это мы должны делать без хитрости приманить Ребёнка, а искренне. Принуждать молиться, принуждать сидеть и слушать наши религиозные беседы и проповеди нельзя. Любое принуждение, даже с благими намерениями, вызывает в Ребёнке отторжение.

Вот что пишет по этому поводу Константин Дмитриевич Ушинский: «Религиозное развитие Ребёнка должно быть плодом его самостоятельного, самобытного творчества, в результате которого ему должна быть дана возможность придти к своей собственной религии, выросшей свободно и естественно изнутри, а не навязанной путём прямого или косвенного насилия извне. Задача истинного воспитателя в данном случае ограничивается только доставлением детям возможность более широкого материала для их свободного религиозного творчества».

А вот что говорят нам старцы Эпифаний и Порфирий. Старец Эпифаний:

«Больше говорите Богу о ваших детях, чем детям о Боге.
Душа юного жаждет свободы.

Поэтому он с трудом принимает разнообразные советы. Вместо того чтобы постоянно давать ему советы и порицать за любую мелочь, возложи это на Христа, Богородицу и на святых и проси Их образумить его».

Старец Порфирий:

«Не дави на своих детей.

То, что ты хочешь им сказать,

говори с молитвой.

Дети не слышат ушами.

Только когда приходит божественная благодать и просвещение их,

они слышат, что мы хотим им сказать.

Когда хочешь что-нибудь сказать своим детям,

скажи это Богородице,

и Она всё устроит».

Рапсодия
«ПАПА, МАМА И Я»

Вопрос Нинцы:

— Вы сказали об образах дедушки и бабушки. Может быть, расскажете об образах отца и матери?

Образ отца до сих пор влияет на мою жизнь.

Он погиб на фронте в Крыму, когда ему было 36 лет.

Он был рабочим типографии, делал набор книг, издавал газеты.

Имел сложное детство и сбежал от отца деспота из деревни. Стал членом партии и искренне верил в новую жизнь. До начала войны повредил себе правую руку под прессом и не мог сгибать пальцы. Но в первые же дни войны пошёл добровольцем, умудрившись скрыть от медкомиссии свою инвалидность. В 1942 году его направили на фронт в Крым, где и погиб.

Я любил отца. После школы шёл прямо к нему на работу, мы вместе обедали в рабочей столовой, там я готовил уроки, а его сослуживцы дружили со мной и баловали меня.

Однажды, — было мне тогда пять или шесть лет, — я скрутил бумагу как папироску, прикурил спичкой и начал выпускать дым изо рта.

— Пап, смотри, как я курю! — сказал я отцу и продемонстрировал ему своё умение.

Отец сам не курил.

Он посмотрел на меня очень строго и приказным тоном произнёс:

— Брось сейчас же!

Я понял, что сделал что-то плохое. Прошло четыре года. Как обычно, после школы я прибежал к отцу на работу. Я застал его в своём кабинете. В тот день с одним рабочим произошла какая-то беда, и он был встревожен.

— Пап, пойдём обедать! — сказал я.

— Да, пойдём, но сначала закрой дверь на ключ, чтоб никто нам не помешал. Я хочу поговорить с тобой!

Таким серьёзным тоном отец раньше не говорил со мной. Я закрыл дверь.

— Сядь рядом со мной!

Я сел. Он молчал.

— Пап, что ты хотел мне сказать?

Я чувствовал важность этого разговора, хотя такое было впервые.

— Тебе уже девять лет, ты у меня взрослый и, надеюсь, выполнишь мою просьбу.

— Какую? — спросил я.

— Вот какую: никогда, никогда в своей долгой жизни не занимайся курением табака!

— Я не курю!

— Да, сейчас не куришь... Но не делай этого никогда, никогда в жизни. Вот о чём я тебя прошу. Ну, как?

— Я выполню твою просьбу! — ответил я с жаром.

— Смотри мне в глаза, сынок... Я больше об этом говорить тебе не буду. Ты же мужчина и даёшь мне слово!

— Хорошо, пап!

— Нет, скажи, какое мне даёшь слово не как маленький, а как мужчина!

— Никогда не курить табак!

— Никогда... Не говори о нашем разговоре никому. Пусть это будет нашей тайной!

— Хорошо!

И отец свершил то, что мгновенно сделал меня человеком слова.

— Дай мне пожать тебе руку, как моему другу, который умеет держать слово! Это было рукопожатие двух взрослых мужчин.

Шли годы.

Отец погиб. Я стал старшеклассником.

В школьных туалетах многие мои одноклассники становились курящими.

— Давай тоже... — предлагали они мне папиросу. Я сдержал данное отцу слово.

Стал студентом. Видел, что почти все студенты-первокурсники курят. Соблазн был большой, чуть было тоже не взялся на это дело.

Образ отца спас меня.

Я влюбился. Опять попытался курить, чтобы девушке показать свою мужскую волю. Ей нравились мои сигареты. Но образ отца заставил меня образумиться, и я бросил эту затею.

Так я помог своему сыну бросить курить.

Так я помогаю многим другим отказаться от курения.

Образ отца — его преданность партии и его искренняя вера в новую коммунистическую жизнь — помог мне принять весьма сложное и важное для себя решение. Это было в 1990 году, когда я был членом Верховного Совета СССР. На заседании Совета был поставлен вопрос об упразднении шестого пункта Конституции, который закреплял верховную власть партии. Решалась судьба страны: идти путём диктатуры или путём свободы. Мои коллеги, сидящие рядом, уговаривали меня проголосовать за сохранение этого пункта Конституции. Они даже шантажировали меня, что партия наберёт ещё силы и это будет опасно для меня. Но я закрыл глаза и призвал образ отца. «Как мне быть, отец? — спрашивал я у него, — Твои ожидания не оправдались, партия не даёт людям свободно мыслить. Мою Гуманную Педагогику называют буржуазной. Новую жизнь, которую ты хотел утвердить для меня и для народа, эта партия не построит никогда. Как мне быть, отец, за что голосовать (нажать палец): за то, чтобы сохранить конституционную власть партии, или за то, чтобы лишить её этой власти? Скажи мне, отец!» Это были духовные муки. И я почувствовал ответ отца. Он был примерно таким: «Я действовал по вере и был прав. Действуй по своей вере и тоже будешь прав». Я проголосовал за упразднение пресловутого шестого пункта Конституции авторитарного государства.

Так я живу с образом отца по сегодняшний день.

Об образе матери.

Было мне тогда 15-16 лет. Однажды вечером я разгулялся с друзьями и возвратился домой после полуночи. У меня были ключи от квартиры. Зная, что мама и сестрёнка должны уже спать, я осторожно открыл дверь и вошёл в прихожую.

Вижу: сидит мама на табуретке в коридоре и при тусклом свете керосиновой лампы штопает носки. Я обеспокоился.

— Мама, почему ты не спишь?

— Тебя ждала! — сказала она усталым голосом, без раздражения.

— Почему ждала, мама, я же не пропаду?

И то, что она ответила, осталось во мне как образ, из которого черпаю я мудрость до сих пор. Она сказала мне таким же спокойным и усталым голосом:

— Пока у тебя не будет своих детей, ты этого не поймёшь!

Мама улыбнулась мне грустно и пошла спать.

Тогда я действительно не понял смысла маминых слов.

Шло время.

Я уже не раз возвращался домой поздно, а то и к утру.

Мама так же сидела на табуретке в прихожей и ждала меня. Иногда это меня раздражало: среди веселья с друзьями я вдруг вспоминал, что сейчас мама сидит в прихожей и ждёт. Это меня мучило.

— Не жди меня, мама... Я уже не маленький! — возмущался я.

А она грустно улыбалась и отвечала:

— Я должна ждать тебя!

— Почему?

— Что мне тебе сейчас объяснять. Придёт время, сам поймёшь.

Шли годы, и этот образ всё раскрывался и совершенствовался в моём духовном мире. Что же он свершил во мне?

Вначале изменилось моё отношение к матери: я стал более заботливым к ней, более ласковым.

Дальше мои мысли не раз возвращались к образу матери: то вспоминал голос, лицо, глаза матери и уже теперь разгадывал, сколько в них было любви к сыну. Вспоминал, что она держала в руках, встречая меня: иголку с ниткой и мои носки, она их штопала. Любовь к матери становилась во мне более нежной.

Ещё больше времени прошло. Подросли мои дети.

И вот сын вернулся домой поздно.

Ожидая его, мы с супругой места себе не находили, возмущались — как он посмел, да ещё не предупредил, с кем и где сейчас находится.

Наконец мы услышали, как он осторожно открывает дверь, чтобы не разбудить нас. Но мы с женой, раздражённые, сразу набросились на него: «Где ты был... Как ты посмел...»

А на другой день в моём воображении предстала мама и сказала: «Ты сейчас лучше поймёшь, что есть дети... Береги их и жди». «Боже мой, — подумал я, — действительно: я только сейчас могу понять, почему мама тридцать лет тому назад ждала меня». Я постиг мамину мудрость: «Пока у тебя не будет своих детей, ты не поймёшь, почему я жду тебя».

О чём же она думала, часами ожидая меня, проводя бессонные ночи и штопая носки? И образ раскрылся во мне ещё глубже: о чем же она могла думать? Обо мне, о том, каким она хочет меня воспитать, от чего надо меня уберечь; о том, чтобы в ночных парках и на улицах ничего плохого со мной не случилось. Может быть, она молилась Богу уберечь меня.

А мы устроили конфликт сыну, который впервые поздно вернулся домой. Мне стало стыдно перед образом матери: она же никогда не ругала меня, не расспрашивала, а только грустно улыбалась и уходила спать.

До сих пор я всё глубже и глубже познаю этот образ, и он дарит мне новые открытия. Он помог мне уяснить для себя психологию отношений между взрослеющим Ребёнком и родителями, помог утвердить в педагогике принцип творящего терпения.

А самое главное: моя мама не имела какого-либо официального «образования», она окончила четыре класса начальной школы. Она не читала педагогических пособий о воспитании детей без отца. Откуда же тогда пришла к ней мудрость воспитания: «Я должна тебя ждать!» И я понял, — но не тогда, когда образ начал входить в меня, а спустя десятилетия, когда он начал раскрываться, — что сердце матери, материнское чувство знает мудрость о том, как воспитывать не любого Ребёнка, а именно своего.

Элегия
ХОДИТ ПО МИРУ МУДРЕЦ

В деревне появился Мудрец. Женщина подала ему кувшин с водой. Пожаловалась:
— Глаза моего Ребёнка ослепли, не видят родительскую заботу.
Сказал Мудрец:
— Помажь глаза Ребёнка слезинкой твоей в день десять раз в течение десяти лет.
— Ожесточилось у него сердце.
Сказал Мудрец:
— Окуни сердце его в море добра в день десять раз в течение десяти лет.
— Ребёнок глух к моим наставлениям.
Сказал Мудрец:
— Говори с ним в духе в день десять раз в течение десяти лет.
Спросила женщина:
— Почему говоришь — десять раз в день в течение десяти лет?
Ответил Мудрец:
— Ибо в полноте родительских деяний растёт Дух Ребёнка.

Фантазия
О ДУХОВНОМ МИРЕ

Духовный мир Ребёнка есть кузница его человечности.
Мы направляем туда потоки наших воспитательных образов, но питание духовной оси, то есть, воспитание, должно произойти там, в духовном мире, который есть святая святых для Ребёнка.
Мы не можем видеть, как происходит это питание. Мы только надеемся, что наше влияние благотворно отразится в этом священном преображении.

Ребёнок любит свой духовный мир, любит там находиться, любит в нём жить.

Пройдут годы, и, может быть, произойдёт беда: он забудет об этом мире, мы не дадим ему времени там находиться. Вся жизнь будет проходить во внешнем мире: надо учиться, надо успеть приготовить уроки, быть и там, и там, всё по расписанию. Надо набирать знания, развивать навыки и умения для внешней жизни. Надо готовиться к разным экзаменам и всевозможным тестам. Надо думать о материальном будущем, о поступлении в другие учебные заведения.

И не остаётся времени, чтобы заглянуть вовнутрь, искать там своё «Я», свою Миссию, свой Путь. Всё это мы предлагаем поискать во внешнем мире, только надо быть послушным и внимательным, слушать и запоминать, что говорят взрослые, видеть, что показывают, идти туда, куда пальцем указывают.

Постепенно, но упорно мы вызволяем Ребёнка из его внутреннего мира, чтобы сказать ему, каким он должен стать, как надо преуспеть, как надо продвигаться не по духовной лестнице, где, по свидетельству Иоанна Лествичника, тридцать ступеней, и последняя, вершинная, есть Любовь, — а по лестнице материальных благ, по лестнице власти, по лестнице карьеры.

Духовный мир превращается в мираж. Кому он нужен, когда там пусто. Миссия, Путь, Дух, Сердце становятся ложью по сравнению с той азартной борьбой, которая происходит во внешнем, материальном мире. Духовный мир, внутренний мир скорее превращается в опустевший Храм, где можно хранить пригодные для материальной жизни вещи: логику, иногда железную; критическое мышление; холодный расчёт; способ торговли, захвата, наживы, обмана, убийства...

Но Ребёнок пришёл в земную жизнь с богатым духовным миром и надеялся, что мы поможем сделать его ещё богаче. Он любил свой духовный мир и ждал, что мы научим искать там свои богатства, открывать свои таинства, находить ответы на вопросы жизни.

Надежды не оправдались.

Он повзрослел и теперь может только грустить о своём духовном мире, как об утерянном рае.

Если же мы соберём по крупицам воспоминания о нашем детстве, то хотя бы отчасти поймём, какой дар Небес мы в себе утратили. Может быть, тогда и скажем решительно: надо сохранить, уберечь от разрушения этот Храм Духа в наших детях; надо воспитывать в них духовную жизнь в своём духовном мире; надо обогатить этот мир всеми лучшими чувствами и образами, которые только можем сотворить. Надо сделать так, чтобы наши дети, повзрослев, остались детьми. Может быть, в этом загадка души Благородного Человека.

Крупицы из детских воспоминаний: чем же мы занимались тогда в своём духовном мире, в этой удивительной воображаемой действительности, где нет времени и пространства?

Мы летали к звёздам, мы познавали Вселенную, Вечность и Беспредельность.

Мы строили воздушные дворцы на самых высоких облаках и поселяли в них весь мир.

Проявляли мужество и свершали подвиги.

Мечтали быть Маленьким Принцем и становились им.

Там мы разговаривали с нашими ангелами и слушали их наставления.

Выясняли отношения с нашими обидчиками.

Стыдились и корили себя за свои проступки перед любимыми людьми, просили у них прощения.

Мечтали прославиться своим талантом, радовали людей и срывали аплодисменты.

Познавали самих себя.

Искали разгадку жизни и смерти, преодолевали страх перед смертью.

Плакали от обид.

Ругались, дрались.

Исповедовались.

Прощали.

Общались с образами и впечатлениями, которые вливались из внешнего мира — через книги, через фильмы, через встречи, через жизнь в целом.

Страдали, переживая первую любовь.

Созерцали себя взрослыми.

Переживали и страдали из-за ссор между родителями.

Боялись, что папа бросит маму, страдали и плакали.

Помышляли о самоубийстве, чтобы наказать родителей или учителей или кого-либо, кто обидел нас.

Видели загадочные цветные сны.

Обретали веру, размышляя о Боге.

Молились.

Это была самая захватывающая жизнь, из которой кое-что мы выносили во внешний мир.

Там, в своём внутреннем мире, мы воспитывались, не замечая, что воспитываемся.

В нём мы обновлялись, становились другими, взрослели.

Стоило ли нам терять эту жизнь в себе?

Она поблекла в нас, она уже не радует нас.

И получается, что если мы не убережём и не разовьём духовный мир и духовную жизнь нашего Ребёнка, то в суете каждодневной жизни, в мнимой заботе о его воспитании прихлопнем дверцу этого мира, чтобы он не забавлялся там и не отворачивался от дел внешней жизни. Если мы это сделаем даже нехотя, то нанесём ему — нашему чаду — непоправимый вред, и этому не будет прощения.

Гимн
ЧТЕНИЕ

Нам будет трудно воздать хвалу тому великому значению, что может сделать Книга и Чтение в духовно-нравственном становлении Ребёнка, а далее — во всей его культурной жизни.

Книга и Чтение будут утончать его чувства, мысли, отношения, расширят сознание, обогатят фантазию, помогут в определении мировоззренческих взглядов.

Книга и Чтение станут неиссякаемыми источниками прекрасных образов, которые обогатят духовный мир.

Книга и Чтение могут свершить чудо в жизни Ребёнка, но при соблюдении трёх условий:

— любить Книгу,

— уметь выбирать Книгу,

— уметь размышлять над Книгой. В чём же наша — родительская забота? Она в том, чтобы воспитать в Ребёнке любовь к Книге и умение избирательно относиться к Ней, умение размышлять над Книгой и извлекать уроки из прочитанного.

Чтобы Ребёнок полюбил Книгу, давайте начнём с того, чтобы с раннего детства он воспринимал человека с Книгой. Пусть Ребёнок, пока ещё маленький, не раз увидит: у нас в руках Книга, мы листаем Её, читаем; стоим у книжной полки, достаём Книгу, раскрываем, что-то находим, кладём обратно.

Если это будет обычная картина нашей семейной жизни, или же мы, зная, что, воспитывая в Ребёнке любовь к Книге, должны воспитывать то же качество в самих себе, тогда великолепный образ любви к Книге и Чтению пустит в душе Ребёнка свои корни.

Далее сделаем так: при любом удобном случае, но часто, сажаем Ребёнка-младенца (до двухлетнего возраста) себе на колени, раскрываем перед ним детскую книжку с прекрасными, добрыми и умными рисунками и текстом, говорим ему, что это Книга, перелистываем страницы, показываем картинки и читаем текст. Читаем медленно, выразительно, с интонацией, соответствующей содержанию.

Пусть нас не смущает, что Ребёнок не всё поймёт. Главное, что он впитывает в себя образ Книги и Чтения, образ трепетного отношения к Книге, чувствует, что в Книге есть что-то очень интересное и важное.

Это занятие, эмоциональное и содержательное, длится всего несколько минут, но повторяется в день два-три раза. Настанет время, когда Ребёнок сам покажет пальчиком на Книгу и потребует дать Её, почитать Её.

Потом в три-четыре годика начнётся великая эпоха в жизни Ребёнка: мы читаем ему книги. Читаем постоянно, читаем выразительно, образно, с интонациями. Мы увидим, что Ребёнок будет просить читать и перечитывать одну и ту же книгу много раз, может быть, выучит наизусть весь текст. Увидим ещё, что он сам раскрывает страницы книги и «читает». Мы радуемся, видя это и, тем самым, поощряем его.

Мы разнообразим книги, читаем их Ребёнку в день по несколько раз, опять выразительно, останавливаемся, размышляем, смеёмся, грустим. Далее уже без книги, общаясь с Ребёнком, вспоминаем о прочитанном, о героях книги, об их поступках, связываем их с нашей жизнью.

Если Ребёнок научится узнавать буквы, складывать из букв слова или даже вычитывать из книг слова и предложения, это не значит, что он уже Читает, и потому пусть дальше читает сам.

Конечно, пусть читает сам как может. Но мы не прекращаем наше Чтение. Никогда не отказываем ему, когда он просит, чтобы мы почитали ему Книгу. Находим время, располагаемся уютно и читаем, читаем увлечённо. Он останавливает нас, спрашивает, уточняет, мы размышляем вместе с ним, тревожимся, сочувствуем героям и даже слёзы льём. Нельзя читать безразлично, безучастно, надо жить жизнью, которая в Книге. Мы не скрываем свои слёзы, они укрепляют дух.

Бросим наивную хитрость, когда вдруг на «самом интересном месте» прерываем чтение и говорим Ребёнку: «Дальше читай сам!» Это не лучший метод развития интереса к Чтению и любви к Книге. Это есть принуждение к Чтению.

Ребёнок, конечно, научится читать сам, но **слушать**, когда ему читают мама или папа, тоже есть Чтение. Притом он ещё не владеет умением схватывать эмоциональные краски текста, без чего смысл контекстов и подтекстов не раскрывается. А выразительное чтение есть прекрасное условие для сопереживания героям и полного восприятия содержания текста.

Ребёнок любит, когда ему читают, когда он не один, а ещё с кем-то вместе — с братом, с сестрой — слушает чтение. Может быть, подумаем, как нам возродить добрые традиции семейного чтения?

Ребёнок взрослеет, он уже школьник, перешёл в третий, в пятый класс. А мы всё равно находим время, может быть, по субботам-воскресеньям, во время каникул, по вечерам: «Почитаем вместе!» И читаем уже более серьёзные произведения. Опять переживаем, грустим и радуемся, останавливаемся и размышляем, перечитываем. Читаем с продолжениями — «Отдохнём, потом продолжим!» «Когда потом?» — спросит Ребёнок.

Он видит, как мы выбираем книгу. Вовлекаем его тоже. «О чём эта книга?» «А вот эта очень интересная!» Начинаем читать Дюма, часами сидим на диване, увлекаемся сами.

Жизненные события героев, их образы, деяния, идеалы, страсти, да ещё стиль речи писателя наполняют духовный мир Ребёнка и наш духовный мир тоже. У нас с Ребёнком возникают темы для бесед и размышлений, появляются мотивы, чтобы общаться. Между нами зарождается, расширяется, закрепляется духовная общность, которая несёт нам взаимное доверие, взаимопонимание.

Мы — Ребёнок наш и вместе с ним родители — растём, воспитываем друг друга, воспитываем самих себя. Мы познаём нашего Ребёнка, он познаёт своих родителей.

Тем временем пополняются книги на полках. Мы специально откладываем деньги для покупки книг. Научились брать интересные книги на пару дней у соседей, у друзей. Надо успеть прочесть и вернуть обратно. Охотно рекомендуем понравившиеся нам книги другим

— «Советуем почитать».

Настанет время, когда Ребёнок, уже подросток, а потом юноша увлечётся чтением самостоятельно. «Что ты читаешь?» — спросим мы. «Новый роман!» — скажет он. «Дашь мне потом почитать?»

Порой он сам рекомендует нам: «Почитайте эту книгу. Она интересная!» И мы принимаем рекомендацию, читаем.

В семье устанавливается традиция: среди разных подарков, по случаю или без, дарим друг другу книги с доброй надписью. Надо уметь принимать такой подарок от нашего Ребёнка: с чувством радости, восхищения, признательности.

И когда мы убедимся, что он умеет выбирать книги, покупает и читает хорошие книги (ибо есть и плохие), делится с нами и друзьями своими мыслями о прочитанном, и когда нам то и дело приходится говорить ему: «Хватит читать, прогуляйся немножко», или же — «Хватит читать, поздно уже, завтра тебе рано вставать!» — то в душе в это время можем торжествовать: нам удалось взрастить в нашем Ребёнке такое великое личностное качество, каковым является любовь к Книге и Чтению. Он прильнул уже к величайшему источнику духовно-нравственной пищи — к Книге, к Культуре.

Фантазия
О ДОРИСОВЫВАНИИ

Ребёнок проявляет хорошие качества — надо их закрепить. Ребёнку не хватает каких-то хороших качеств — надо их взрастить.

Какие-то качества в нём искажены — надо их выправить.
Ребёнок набрал дурные качества — надо их отстранить от него.
Как нам это сделать?

Назовём приём этот **дорисовыванием**.

Писатель Михаил Пришвин прекрасно выразил идею дорисовывания: «Тот человек, которого ты любишь во мне, конечно, лучше меня: я не такой. Но ты люби, и я постараюсь быть лучше самого себя».

Мы ещё не видели нашего Ребёнка, ему предстоит родиться, но мы уже любим его таким, каким он представляется нашему воображению. А воображению рисуется самое прекрасное.

У нас уже есть Ребёнок — он родился.

Мы любим его таким, какой он есть, но лелеем в нём такого, каким хотим его видеть.

Ребёнок будет расти. Но в период взросления он будет расти ещё и в нашем воображении: там он более совершенный и прекрасный.

Не было бы у нас более совершенного воображаемого образа нашего Ребёнка, проблема воспитания исчезла бы бесследно. Наши воспитательные старания, как правило, направлены к тому, чтобы приблизить Ребёнка к этому образу, к образу Благородного Человека.

Дорисовывание отчасти поможет нам сделать так, чтобы Ребёнок дальше сам занялся бы своим совершенствованием.

Что же для этого нужно?

Вспомним слова Льва Николаевича Толстого: «Родившись, человек проявляет собой **первообраз** гармонии, правды, красоты и добра».

Кому он несёт этот Первообраз?

Всем нам, кто его примет, всему миру.

Потому этот Первообраз (разумеется, образ Творца), в котором мы видим нашу мечту, имеет импульс к проявлению. Но ему — носителю Первообраза — понадобятся от нас стимулирующие ориентиры.

Чтобы понять наше отношение к Первообразу, представим следующее.

Великий Художник — Бог — создал эскиз будущей картины и сказал своему ученику — то есть — нам:

— Дорисуй и доведи до совершенства! Мы поняли, что Учитель испытывает нас. Но мы верим в нашего Учителя и чувствуем, что в эскизе скрыт шедевр.

Мы призвали все наши способности и попытались представить этот шедевр.

И начали дорисовывать эскиз: осторожно наложили первый штрих, первую краску, отошли в сторону, чтобы взглянуть, что получается.

И видим: эскиз оживает.

Без спешки, осторожно, с верою и любовью делаем другой штрих и накладываем краску.

Эскиз ещё более оживает.

Но нам понадобится не день, не месяц, а долгие годы, чтобы закончить весь эскиз. Ведь надо, чтобы у нас получился шедевр!

О чём же мы будем молить Творца, чтобы довести дело до конца?

О трёх вещах. О том, чтобы даровал Он нам: веру в Первообраз, веру в себя, что делаем всё правильно, и творящее терпение.

Мы, конечно, поняли, что шедевр — раскрытый в Ребёнке Первообраз, Образ Творца.

Кто же тогда мы — родители, воспитатели?

Мы — художники жизни, мы — соработники у Творца.

Младенец наблюдает, как красиво мы его любим и как бережно о нём заботимся.

Не только любим, не только заботимся, а делаем это красиво, бережно, мудро.

Это наши первые штрихи и краски.

Видим: он оживляется, улыбается нам, тянет к нам ручки.

Значит, Первообраз порадовался нам.

Он взрослеет — видит и слышит: мы говорим с ним о том, какой он у нас хороший и чего мы ждём от него; рассказываем сказки, читаем молитвы, учим стишкам; говорим не по всякому, а чисто, красиво, умно, ласково; показываем, какие мы у него хорошие, добрые; любим друг друга, помогаем друг другу. Мы не знаем, что такое грубость, что есть ненависть. Делаем так, чтобы он всё это замечал, запечатлевал в себе.

Это — наши краски.

В ответ он начинает говорить. Говорит чисто, образно, радует отзывчивостью и любовью к нам. Интересуется миром, цветами, бабочками, птичками, животными. Мы замечаем, как он удивляется и восхищается.

Он уже школьник.

В нём тяга к учению. Надо закрепить это состояние. Потом мы радуемся, удивляемся и восхищаемся его познавательной воле, советуемся, спрашиваем и внимательно слушаем, соглашаемся. Звоним по телефону близкому человеку, чтобы сказать, какой он у нас пытливый, как любит книги. Говорим тихо, чтобы он «не услышал», но он слышит.

Но что-то мы упустили — может быть, это возраст, может быть, влияние среды — он начинает грубить. Надо дорисовать его. Грубость грубостью не искоренишь. Нагрубил маме. Мама удивлена: от него такого не ожидала, села в углу и тихо заплакала. Он видит — мама плачет.

Что в нём сейчас происходит? Дорисовывают ли слёзы матери красками благородства его чувства? Пройдёт время, папа скажет: «Сынок (доченька), меня восхищает твоё великодушие!» И будет ждать проявления великодушия. А потом мама, забыв о прошлом, присядет перед сном на кроватке, посмотрит в глаза с надеждой и верой и шепнёт: «Глаза — зеркало души. В них вижу — какое у тебя доброе сердце». Дорисовывание великодушием — кипяток для грубости.

Жизнь прекрасна, священна, она создана для возвышенной любви, вдохновлённого творчества, духовного подвига. Но многие люди, может быть, большинство, мусорят её, загрязняют, затмевают, насаждают в ней соблазны и ставят непорочным тенета.

А Ребёнок уже Подросток. Когда же ему понять, что есть предательство и что есть служение, что есть долг и что есть совесть? Надо будить в нём эти чувства. Мы верим, они в нём есть в прекрасном Первообразе. Они помогут ему прожить возвышенную, а не падкую жизнь. Надо дорисовывать Эскиз Великого Художника. Бабушка «случайно» находит пачку треугольных писем погибшего на фронте мужа, достаёт коробочку с его орденами. Читает письма и плачет. Плачет она и вместе с ней плачет сама жизнь. Подросток до глубины души тронут слезами бабушки. Забирает письма и коробочку с орденами, запирается в комнате и долго не выходит. Нелегко познавать в себе чувство долга и совести, преданности и служения. И он расспрашивает всех — не только бабушку, но и незнакомых ветеранов. И недоволен учебником истории, где нет достойных слов о служении, о долге, о преданности и о совести, а только о разрушителях и разрушениях. Возмущение его — это пробуждение и бунт совести в нём, понимание священного смысла духовных понятий.

Он уже юноша.

И как хорошо, что мы заметили: ложные обстоятельства вот-вот отравят его чувством собственности. Он заговорил о бизнесе, о богатстве, о роскоши. И мы прочли ему письмо, которое отец послал своей дочери: «Моя идея была с самых юных лет наживать для того, чтобы нажитое от общества вернулось бы обществу (народу) в каких-либо полезных учреждениях; мысль эта не покидала меня во всю мою жизнь». А дальше сказали: он достиг этого. Владел текстильными предприятиями и «наживал». И было ему 24 года, когда начал собирать произведения отечественных художников, спасая их от бедности и помогая им создавать шедевры. Свою богатую коллекцию он разместил в специально построенном им музее и передал в дар народу. Так мир получил Третьяковскую галерею.

Ну, как? Хорошо иметь собственность без чувства собственности?

И оставляем у него на столе малюсенькую книжечку о мудростях и мудрецах. С закладкой. А там такая история: ученик спросил Благословенного: «Как понять исполнение заповеди отказа от собственности? Один ученик покинул все вещи, но Учитель продолжал упрекать его в собственности. Другой остался в окружении вещей, но не заслужил упрёка». Благословенный ответил: «Чувство собственности измеряется не вещами, а мыслями. Можно иметь вещи и не быть собственником».

Вот такое дорисовывание чувства блага, чтобы не было оно унижено чувством собственности. Получится ли у нас Шедевр? Выдержим ли мы испытание? Не будем спешить. Жизнь покажет.

Если хоть на минуту покинет нас творящее терпение в воспитании Ребёнка, то этот священный и гармоничный процесс превратится в хаос или полыхающий огонь, пожирающий и прошлое, и настоящее, и будущее.

Творящее терпение — это процесс творческого проявления Первообраза в Ребёнке, а не выжидание того, что будет после нашего доброго наставления.

Скажет кто-то: «А если Ребёнок не слушается? Если он всё делает нам назло? У нас ведь тоже есть нервы?»

У нас есть нервы, но они особенные.

Если струна скрипки оборвётся при исполнении ноктюрна, оборвётся мелодия. Если оборвутся наши нервы от строптивого нрава Ребёнка, оборвётся само воспитание — питание духовной оси. Потому мы грустно и тихо, с сочувствием сказали бы Ребёнку, действующему нам на нервы: «Что же, делай, как знаешь!» И это было бы дорисовывание творящим терпением. А в следующий раз он бы услышал от нас: «В тебе просыпается мудрость! Мы счастливы!»

Таков мольберт, на котором Эскиз Великого Художника. А нам, помощникам Творца, надо уметь видеть целое, когда дорисовываешь его деталь, и надо уметь смешивать краски, чтобы подобрать нужный цвет. И надо ещё уметь нежно прикоснуться кистью к нужному месту холста, чтобы не смазать.

А сердце, родительское чувствознание будут лучшими советчиками для нас.

Прелюдия
ОБ ИСПОВЕДИ

У кого-то исповедь ассоциируется с религиозным таинством, когда наедине со священником человек облегчает душу, доверяя ему всё, что лежит как камень на сердце.

Но речь идёт об исповеди во взаимоотношениях с Ребёнком. Кто-то сразу спросит: «Кто перед кем будет исповедоваться — Ребёнок перед нами или мы — перед Ребёнком?»

И так, и так.

Но, по всей вероятности, нам следовало бы подавать пример. Вовсе не обязательно называть исповедь педагогической мерой. Она должна быть как сама жизнь. Но раз мы обращаемся к нашему Ребёнку для исповеди, то её последствия, без сомнения, будут только воспитательными.

Что есть исповедь с педагогической точки зрения?

Это есть мужественное, благородное родительское деяние, когда отец (или мать) искренне, чистосердечно, доверительно, правдиво открывается перед Ребёнком (уже Подростком, Юношей или Девушкой) самым сокровенным с надеждой, что будет не осуждён, а понят и прощён.

Цель родительской исповеди, с одной стороны, облегчить душу, довериться Ребёнку и, тем самым, внести ясность во взаимоотношения с ним; с другой стороны, дать ему возможность глубже познать нас, своих родителей, и тоже довериться нам.

Исповедь, если она действительно искренна, а не «игра», вызывает потрясение в душе Ребёнка.

Во-первых, перед ним приоткрывается духовный мир матери или отца, где скрываются мучительные переживания, радости и огорчения, промахи и мечты, ошибки и сожаления. Ребёнок узнаёт правду о тех событиях в жизни родителя, о которых, может быть, знал понаслышке или вовсе не знал, но события эти имели или будут иметь влияние на судьбу семьи, на его судьбу.

Во-вторых, родительская исповедь озадачивает Ребёнка, ставит его перед духовно-нравственным выбором и оценками, требует от него проявления великодушия и милосердия к родителям, любви и уважения к ним.

В-третьих, родительская исповедь ускоряет взросление Ребёнка, возлагает на него заботу и долг повзрослевшего человека, расширяет его права в семье.

В-четвёртых, проливает свет на ссоры и конфликты, которые, возможно, случались в прошлом и оставили осадок горечи; исповедь способствует убрать камни-преграды, осложняющие взаимоотношения.

В-пятых, искренняя и правдивая родительская исповедь, потрясая душу Ребёнка, прокладывает путь доверия родителям, помогает заглянуть в себя и привести в порядок свой духовный мир, свои чувства, мысли, отношения, устремления и оценки.

Исповедь ведёт к очищению, она обращена к сердцу и разуму Ребёнка. Она может восприниматься болезненно, со слезами на глазах.

В чём мы можем исповедоваться перед Ребёнком, который уже стал Юношей или Девушкой?

Во всём, что только укрепит нашу духовную общность, поможет углубить взаимопонимание и доверие.

Исповедь — редчайшее явление. Не будем же каждый раз исповедоваться! В глазах Ребёнка она потеряет значимость и серьёзность. Можно исповедоваться всего один или два раза на протяжении длительного времени.

После исповеди изменится многое, начнётся другая, более возвышенная духовная жизнь. Потому надо подготовиться основательно, надо набраться решимости быть правдивым, откровенным и искренним. Надо готовить Ребёнка тоже. Может быть, попросить заранее, чтобы нашёл время выслушать нас. Надо выбрать время и место, ибо исповедь прервать нельзя, а шум и посторонние разговоры за дверью могут отвлекать чувства и внимание.

Исповедоваться нужно с глазу на глаз, без свидетелей, без огласки, в тишине и без спешки. Надо попросить Ребёнка, чтобы он выслушал нас до конца. При исповедании пусть текут слёзы, не надо оправдывать себя, напротив, надо понимать свою вину, свой грех. Чувства и жизнь должны быть открыты. «Можешь простить меня?.. Можешь принять меня таким?.. Я боялся сказать тебе об этом, потому что...» — скажем Ребёнку.

Заканчивая исповедь, надо поблагодарить Ребёнка, что он выслушал нас. То, что он скажет нам, — будут ли это слова прощения, оправдания или осуждения, — мы принимаем с чувством веры.

Может быть, Ребёнок обнимет нас, приласкает, сам прослезится. Нам надо принимать это как дар его души.

Может быть, нужно будет сказать Ребёнку, может быть, он поймёт без слов, что исповедь была нашим доверием к нему, а разглашать сокровенные наши тайны нельзя.

Исповедоваться можно и письменно, если нам будет трудно смотреть Ребёнку в глаза, или побоимся, что он, потрясённый нашим откровением, возмутится и не дослушает нас.

Может быть, наступит время, когда сам Ребёнок тоже откроет нам своё сердце, пожелает исповедоваться перед нами. Мы примем исповедь Ребёнка с чувством понимания, уважения, сострадания и, конечно же, простим безо всяких упрёков и слов.

Надо знать, что наши с Ребёнком взаимные исповеди и прощения не заменяют ту исповедь, которую верующий христианин доверяет священнику.

Элегия
ХОДИТ ПО МИРУ МУДРЕЦ

Видит Мудрец: мама сильно прижимает Ребёнка, чмокает его — то в щёчки, то в шею, то в подмышки, облизывает, кусает и приговаривает со страстью:

— Ой, ты жизнь моя... Моя любовь... Моё солнышко... Моё счастье... Моя радость...

А Ребёнок мучается, плачет, утирает ладонями облизанные места, старается высвободиться, отбивается кулаками, кричит, ругает маму.

— Отпусти, отпусти, сумасшедшая... оставь меня... какая ты вредная...

И, вырвавшись наконец из жадных объятий матери, убегает от неё подальше, оборачивается и высовывает язык.

Спросил Мудрец у матери:

— Почему ты так мучила своего Ребёнка?

— Я не мучила его, — ответила она, — я его люблю, а он не позволяет ласкать себя. Тогда сказал ей мудрец:

— Послушай притчу.

В большом аквариуме плавали разноцветные рыбки. Среди них была одна маленькая рыбка гуппия. У неё разросся и почернел животик, пришло время рожать. Мама-гуппия выплыла в центр аквариума, её окружили все рыбки и с любопытством начали наблюдать, как она будет рожать.

Гуппия напряглась и из животика выбросила малюсенькую точечку. Мама обернулась, чтобы посмотреть на своего детёныша, но он мгновенно раскрылся и спрятался в водорослях.

Гуппия выбросила вторую точечку, но и та ускользнула от матери.

— Какие они шустрые! — смеялись рыбки-зеваки.

Вот появилась и третья точечка.

На этот раз мама-гуппия догнала её и проглотила. Рыбки удивились.

Гуппия проглотила и следующую точечку. Рыбки ужаснулись.

И когда мама проглотила третьего детёныша, рыбки возмутились.
— Что ты делаешь?! — закричали они.
— Разве не видите — рожаю, — ответила гуппия.
— Но ты съедаешь своих детёнышей!
Мама-гуппия искренне удивилась:
— А разве вы не любите своих детёнышей?
— Причём тут любовь? — удивились рыбки.
— Я их так люблю, что готова съесть каждого... Но, видите ли, некоторые успевают ускользнуть от меня, и я не могу удовлетворить своё материнское чувство... — ответила мама-гуппия.
Мудрец умолк.
Мама мальчика глубоко задумалась, а мудрец мысленно помогал разобраться в её чувствах.
«Пойми, женщина, — размышлял он, — мать с животной любовью к своему Ребёнку — первый враг для него. Воспитание ребенка с чувством животной любви к нему матери похоже на пожирающий огонь, в котором эта любовь превращается в пепел. Воспитание ребенка с любовью сердца и умом матери готовит его к любви творящей».

Гимн
О ЛЮБВИ К РЕБЁНКУ

Любовь к Ребёнку, а также всё, что мы свершаем во имя любви к нему, есть наши родительские дары духа. Мы дарим их через воспитание нашего Ребёнка всему миру, самой Вселенной, Богу.
Любовь есть Истина всего сущего на Земле и на Небесах.
Любовь — это основа воспитания.
Без Любви пусть никто не пытается воспитать Ребёнка, ибо не будет тех возвышенных образов, которыми питается его духовный мир. Без Любви воспитание будет ложным.
Наш родительский дар духа — это любить Ребёнка родительской Любовью.
Родительской, а не всякой.
Родительская Любовь — это мудрая Любовь.
Мудрец скажет: «Вся Любовь матери должна быть творческой энергией, очень спокойной, чтобы не давить Ребёнка, не

быть ему в тягость, и чтобы он рос, в полной мере развивая свой дух и способности».

Мудрость такой родительской Любви мы не сможем описать в точных правилах, и потому нам лучше руководствоваться чувствознанием, то есть, тем, что подскажет сердце, а также внимать наставлениям умных и опытных людей. А в качестве общего закона, диктуемого мудростью воспитания, примем следующую формулу:

Любовь надо дарить Ребёнку с любовью.

Надо любить Ребёнка нежно и красиво.

Давайте не забудем:

Ребёнок примет всё, что мы преподнесём ему нежно и красиво. Но он отвергнет всё, что мы будем давать ему грубо и безобразно.

Такова духовная Природа Ребёнка: она чувствует Любовь и стремится к красоте.

Во всех наших заботах о Ребёнке, — от самых малых до самых больших, — пусть не покинет нас наша нежная и красивая родительская Любовь. Именно Она превращает наши заботы в дары нашего духа.

Нежно и красиво думает мама о своём будущем Ребёнке. Воображает, как будет ласкать, кормить, укладывать, прижимать к сердцу. Как и о чём будет с ним говорить, как будет петь колыбельную... Нежные и красивые мысли матери о своём ещё не рождённом Ребёнке уже есть начало воспитания, начало питания духовной основы Ребёнка.

Пусть отец тоже утончает свои мысли и воображение о будущем Ребёнке. Пусть думает: какой Ребёнку нужен будет папа. Пусть готовит свои чувства для выражения нежности и красоты. И пусть станет он ещё более нежным и чутким по отношению к своей беременной жене, в лоне которой зреет новое возрождённое бытие. Будет прекрасно, когда папа, приложив ухо к животу своей любимой женщины, пошепчется со своим будущим чадом, скажет ему, что ждёт его с Любовью, и скажет ещё, каким он будет для него папой.

Назовём всё это перинатальным воспитанием Ребёнка — воспитанием до рождения. Как сейчас известно науке, Ребёнок (не будем называть его плодом), находясь в четырёх-пятимесячном возрасте в утробе матери, принимает внешние звуковые раздражители и реагирует на них. На грубые звуки, шум, грубую музыку, грохот телевизора, громкий разговор он морщится, пульс его учащается, он как бы хочет закрыть себе уши, чтобы защитить себя. Но звуки гармоничные, спокойный разговор людей, красивая музыка не вызывают в нём отклонений от нормы, иногда даже регистрируется «блаженство» — ему хорошо. Все эти реакции говорят о том, что он уже открыт Красоте и ждёт Любви. Душа его знает, что есть Красота и что есть Любовь.

Значит, когда же начинается воспитание?

Это великое таинство начинается задолго до рождения Ребёнка, и оно нуждается в нашей, условно выражаясь, утробной Любви.

А потом наступит рождение, что есть явление в Тайне.

Пусть отец присутствует при рождении своего Ребёнка, пусть держит руку супруги в своей руке и пусть воочию видит, в каких муках происходит чудо. Надо, чтобы глаза наши запечатлели появление Ребёнка и уши наши запомнили его первый крик. Всё это будет облагораживать наши чувства и нашу Любовь к жене, к Ребёнку, к миру, к Творцу.

Младенца окружаем вниманием.

Он хочет, чтобы мы играли с ним, мы — играем; хочет, чтобы мы говорили с ним — говорим; хочет, чтобы мы подавали ему игрушки — подаём; хочет сделать первые шаги — помогаем; хочет что-то нам сказать — прислушиваемся.

Мы тоже многое хотим — и он откликается. Хотим, чтобы он улыбнулся нам — и он улыбается; хотим, чтобы он заговорил — и он заговаривает; хотим, чтобы он бегал — и он бегает; хотим, чтобы он радовался — и он радуется.

И всё, что он хочет или чего мы хотим, мы исполняем изящно, красиво, с Любовью. Это будет Любовь спокойная, умиротворённая.

Ребёнок пойдёт в школу. И мы Любим его: мы вместе читаем, гуляем, ищем, играем, веселимся, готовимся, выясняем. Он спрашивает — мы отвечаем, разъясняем; он радостен — мы сорадуемся; он обижен, он грустит — мы сочувствуем; ему трудно — мы помогаем; он возбуждён — мы успокаиваем; он просит — мы выполняем; он в опасности — мы защищаем. Поощряем, уговариваем, призываем, воодушевляем, в общем, наставляем. И делаем всё это красиво и с Любовью. И будет эта Любовь родительская.

Далее начнётся другая полоса жизни. Это сложный возраст — скажем мы. И будет длиться он долго, пока не наступит ясность. Он будет переживать в себе страсть к взрослению. Хочет быть более взрослым, чем уже есть. Ищет новых друзей, новые переживания, пробует себя в разной деятельности. Он не только хочет быть взрослым, но действительно думает, что он уже взрослый. Потому привязанность к родителям ему в тягость, нужна свобода — свобода жизни, действий, мыслей. Он становится самоуверенным, решительным, оттуда и появляется грубость в общении. Нам нужно понять его — это природа берёт в нём верх, он не может не взрослеть, не может оставаться в детстве. А мы боимся: мы дадим ему больше свободы, но как он воспользуется ею? Мир вокруг неспокойный. На него будут охотиться — могут втянуть в дурную компанию, могут пристрастить к дурным зрелищам и привычкам. Надо его защитить, но страсть к взрослению делает его глухим к нашим наставлениям. И находим только один выход — превратиться в его друзей, и, насколько возможно, жить его жизнью, жить так, как он сам живёт. И всё это тоже надо делать естественно, красиво, с творящим терпением. А Любовь наша за всё это время будет тревожной. Он проходит через испытание взросления, и мы должны пройти полосу нашей тревожной Любви. Какая будет наша Любовь, такими будут его испытания.

Природа сделает своё — наступит время, и она погасит в нём страсть к взрослению, Ребёнок станет взрослым.

Как дальше он будет развиваться?

Покажет жизнь.

Что произойдёт с нашей к нему Любовью?

Она станет вечной родительской Любовью, которая всегда будет сопровождать его, где бы он ни находился.

Но она, опытная и умудрённая жизнью в воспитании Ребёнка, если Бог даст, примет на воспитание внуков и внучек.

Может быть, придут к нам, как к уже опытным воспитателям Ребёнка, начинающие родители и спросят: «Насколько сильно нужно любить Ребёнка?» Ибо кто-то уже посоветовал им: «Любить Ребёнка надо в меру!»

Любить в меру?

А кто устанавливает эту меру, чтобы дальше Любовь к Ребёнку не стала излишней?

И как нам быть с Ребёнком после того, как мера любви исчерпана?

Взяться за ремень?

Не означает ли эта традиционная фраза «Любить Ребёнка в меру», которая бытует в умах многих родителей, что пусть Ребёнок не испытывает наше терпение (то есть, нашу меру любви), иначе мы можем взорваться, и тогда вступит в силу «педагогика» насилия?

Любить в меру — значит держать Ребёнка на поводке.

Такие наставления из авторитарной педагогики уже искалечили и продолжают калечить детей, их число с каждым днём возрастает.

В семьях, где родители любят «в меру» и детей, и друг друга, воспитание тускнеет, тускнеет сама жизнь в семье, а члены семьи закрываются. Что это за семья, что это за воспитание, где Любовь держится в норме?

Вариация
О ВОСПИТАНИИ РАДОСТЬЮ

Радость есть возвышенное состояние нашего духа. Она помогает нам видеть мир людей в их доброте, красоте и отзывчивости. Она есть энергия, которая направляет нас на созидание, творчество, усиление любви, на дружбу, согласие, примирение и прощение.

Сказано: «Радость есть особая мудрость». Это значит: надо знать, чему радоваться и как радоваться, как дарить радость и как принимать радость, как восхищаться и как сорадоваться, как веселиться и как праздновать.

Именно **как**, ибо иначе радость может вызвать в другом злорадство, зависть, может перерасти в праздность, в необузданное веселье.

Ребёнок — существо радостное: он родился, чтобы радоваться и радовать. И ему очень повезёт, если родится он у родителей, которые тоже есть люди радостные, и в семье радость — норма жизни. Это Ребёнку (четверокласснику) принадлежит такое определение радости: «**ра до ста**», зная, что **Ра** — Свет, имя Бога Солнца.

Радость есть добрая сила воспитания, питания духовной оси, духовного мира Ребёнка возвышенными образами.

Но радость мудрая.

Рассмотрим одну из самых распространённых форм доставления Ребёнку радости — дарить ему подарки.

Ребёнок в любом возрасте радуется подаркам. Чем подарок неожиданнее или долгожданнее и желаннее, тем больше радости будет Ребёнок в себе переживать.

И мы, любя нашего Ребёнка, радуем его подарками. Радость от наших подарков он будет переживать долго или как вспышку. В одних случаях они повлияют на его духовно-нравственное развитие, в других случаях могут даже помешать такому развитию.

А случаи могут быть такие:

— Дарим Ребёнку подарок просто так, ради того, чтобы порадовать его. Он прыгает от радости, обнимает и целует нас, говорит спасибо, и мы тоже рады, что порадовали его. Это будет «**ра до ста**». Хорошо доставить Ребёнку такую радость, она может повлиять на воспитание: взамен подарка он может стать уступчивым, более «послушным».

— Подарок — желанный и долгожданный — мы можем преподнести с условием: если будет лучше учиться, или же не будет больше обижать сестрёнку, будет вести себя хорошо и т.д. И берем с него обещание. Он даст обещание, но не ради того, конечно, чтобы стать «хорошим», а ради того, чтобы иметь желанную вещь. То есть, получается, что радость с помощью подарка мы используем как способ принуждения. Ребёнку так хочется иметь эту вещь, что он соглашается на наши условия, хотя потом нам не раз придётся напоминать ему о его обещаниях и ставить под угрозу радость, ибо угрожаем отобрать наш подарок. Это будет «ра до ста минус икс». Икс здесь будет означать некую величину духовно-нравственных потерь и осложнения процесса питания духовного мира Ребёнка прекрасными образами.

— Подарок мы можем дарить с умыслом, чтобы у нашего Ребёнка тоже был, скажем, мобильный телефон последней модели, и пусть он гордится им в среде своих друзей. Подарок, конечно, принесёт Ребёнку радость. Но мудрость этой радости будет равняться «ра до ста минус игрек», где игрек будет величина духовно-нравственных потерь больше, чем икс.

— Мы можем дарить Ребёнку подарок потому, что он долго просит, требует, вынуждает нас, злится на нас, дуется. Наконец, чтобы угодить ему, покупаем эти ролики и тут же ставим условия. Но он уже не слышит об условиях. Так увлекается вещью, что забывает обо всём другом. Вещь эта уже не подарок, она становится причиной наших с Ребёнком конфликтов до той степени, что иногда отнимаем её у него, не даём ею пользоваться. Здесь уже нет радости; вместо неё — взаимные упрёки, грубости и огорчения.

— Иногда так увлекаемся желанием порадовать Ребёнка, что дарим ему подарки чуть ли не каждый день, дарим их без смысла того, что они ему принесут, кроме вспышки радости. Вначале Ребёнок будет радоваться, а потом уже меньше и меньше, его уже ничем не удивишь и восхитишь. Он принимает подарки и после вспышки радости забывает о них. «Ра до ста» исчезает.

Ни в одном из этих случаев говорить о мудрой радости не приходится.

Как же тогда сделать радость, которую мы доставляем Ребёнку через подарок, мудрой и прекрасной?

По всей вероятности, нам надо соблюсти определённые условия.

Первое. Радость, которую мы хотим вызвать в Ребёнке через подарок, должна быть редкостью.

Второе. Дарим Ребёнку то, о чём он мечтает, или же опережаем ожидания — дарим то, о чём он мог бы мечтать в скором будущем.

Третье. Дарим без всяких условностей, что он в долгу перед нами.

Четвёртое. Что бы ни случилось в будущем и как бы он ни огорчил нас, никогда не упрекаем нашим подарком...

Пятое. Ситуация, в которой дарим подарок, должна дать Ребёнку понять, что мы очень его любим, заботимся о его радостях и чем-то жертвуем ради этого.

Шестое. Подарок должен быть преподнесён красиво. Иногда говорим: «Закрой глаза... А теперь открой!», иногда кладём подарок под подушку, или на тумбочку у кровати, чтобы, проснувшись утром, он обнаружил его.

Седьмое. Подарок должен нести Ребёнку пользу, а не вредить ему.

Восьмое. Подарок должен быть стоящим не по цене, а по значению.

Девятое. Мы сорадуемся Ребёнку при получении подарка.

Десятое. Без намёка о подарке возлагаем на Ребёнка больше обязанностей, ждём большей ответственности.

Одиннадцатое. Если Ребёнок тоже дарит нам подарок, особенно сделанный своими руками, мы в течение длительного времени всё вспоминаем и радуемся; Ребёнок видит, как мы бережём его подарок, какую радость он нам доставляет.

Мудрость радости, вызванной нашим подарком, заключается в том, что она — эта радость — будит в Ребёнке ответные чувства, облагораживает их, обогащает и облагораживает его духовный мир. Подарок порадует Ребёнка, но за подарком он увидит сердце и чувства родных ему людей. Чувство радости сливается с чувством долга и ответственности.

Интермедия
О ПОДАРКАХ

Вопрос Синтии:
— Не могли бы вы привести конкретный пример такого воспитательного подарка?
— Назовите подарок.
— Скажем, велосипед.
Воображаю ситуацию.
— Пап, купи, пожалуйста, велосипед.
— Очень хочешь велосипед?
— Да, давно...
— Ты узнавал, сколько он стоит?
— От шести до девяти тысяч рублей.
— Дай мне недели две подумать, хорошо?
Проходят две недели.
В течение этого времени папа возвращается домой поздно, когда мальчик уже спит. Иногда спрашивает у мамы, почему папа

так долго задерживается. Мама в ответ: «Не знаю, он мне не говорит». Мальчик возвращается из школы. Мама открывает дверь и говорит с улыбкой:

— Закрой глаза!

— Что случилось?

— Закрой, закрой!

Берёт за руку и ведёт в комнату.

— Открой глаза!

Посередине комнаты стоит новый сверкающий велосипед. На диване сидит папа и улыбается.

У мальчика расширяются глаза, он бросается к отцу, обнимает, целует. Обнимает и целует маму. Прыгает от радости. Рассматривает велосипед.

— Ты такой хотел?

— Это ещё лучше!

— Знаешь, когда я был такой же, как ты, у меня не было велосипеда, а соседский мальчик не давал мне кататься на его велосипеде... Но ты же так не будешь?

— Что ты, папа, я дам покататься и Диме, и Володе...

Проходит несколько дней. Мама перед сном садится на кроватку сына и доверительным голосом сообщает:

— Помнишь, что спрашивал, почему папа поздно возвращается?

— Да... Почему?

— Я сама узнала только сегодня. Он сверхурочно работал, чтобы накопить деньги на велосипед. Он ещё до конца месяца будет так работать...

— Да?! Если бы я знал...

— Ты ему не говори ни слова, ладно? Он не хочет, чтобы ты знал об этом...

Ребёнок встревожен. Мама успокаивает:

— Ничего, он же тебя хотел порадовать...

После паузы и уже другим тоном, чтобы это не было продолжением разговора о папе:

— Сынок, у меня просьба к тебе. Пожалуйста, помоги нам водить сестрёнку в детский сад. Тебе придётся чуть пораньше вставать, чтобы...

— Хорошо, мама...

И Ребёнок будет выполнять эту обязанность безропотно, а может быть, и с гордостью, что помогает семье. А мы то и дело отмечаем, что без его помощи нам было бы трудно успевать на работу; сын нас выручил.

Кантата
О ТЕЛЕ ЧЕЛОВЕКА

— Кто ещё не задумывался над Мудростью Природы, пусть задумается.

— Кто ещё не восхищался гармонией Природы, пусть восхищается.

— Кто ещё не познал в Природе Всемогущество, Вечность и Божественность, пусть познаёт.

— Кто ещё не благоговеет перед Законами Природы, пусть благоговеет.

— Кто ещё не выразил Природе признательность за её щедрость к нему, пусть выразит.

Это она — Природа-Мать, верная исполнительница Воли Творца и сама Творец, — создала всё, что нас окружает, чем мы живём, что мы познаём и к чему стремимся.

Среди всех чудных творений Природы есть одно исключительное творение — Тело Человека, наше Тело. Через Тело своё Человек живёт в материальном мире и может утверждать своё предназначение.

Создавала природа наше тело в течение миллиардов лет. Вкладывала в него всю свою Мудрость, свою Гармонию, Могущество своё, Беспредельность, Щедрость.

Созидала Она его по законам Космоса и Земли, по законам Целесообразности, Соизмеримости, Красоты и Полноты. И созидала его не для какой-либо ограниченной эпохи, но для миллионов лет. Поэтому Тело Человека есть вечно современный инструмент, с помощью которого вечно развивающийся дух утверждает свою волю в Земной жизни.

В Теле Человека предусмотрено всё: не только то, в чём нуждался первобытный человек, но уже тогда — в Теле первобытного — были заложены все возможности, в которых нуждается современный Человек и будет нуждаться Человек весьма отдалённого будущего.

Тело хранит в себе огромные возможности, граничащие с фантастикой. Часть из них проявляется сразу после зачатия, потом — после рождения. Часть будет проявляться по мере взросления и заботы взрослых. Но есть и такая часть возможностей, о которых мы пока мало знаем или даже не догадываемся. Они ждут своего эпохального времени, чтобы проявиться и служить тогдашним запросам духа.

Вообразим такую картину: перед нами на столе лежит скрипка Антонио Страдивариуса. Мы знаем, что этот удивительный мастер создавал самую совершенную скрипку.

Скрипка лежит перед нами; мы предвкушаем звуки, которые «есть» в ней. Здесь все мелодии, которые были сочинены когда-либо, и даже «хранятся» те мелодии, которые будут сочинены в будущем.

Мы восхищаемся изяществом форм скрипки.

Но где чарующие звуки, мелодии? Мы их не слышим.

Что нужно, чтобы скрипка порадовала нас?

Нужен творец. Нужен Паганини, нужен Спиваков...

Возьмёт Спиваков скрипку в свои руки, приложит к плечу и смычком в правой руке проведёт по струнам, а пальцы левой руки будут скользить по струнам. Глаза в это время могут быть закрыты, творец уходит в себя. Он сейчас не думает о пальцах, о смычке, о скрипке, он во власти собственного духа, который и творит, исполняет. Пальцы, — музыкальные, умные, ибо в них переместился мозг, — подчиняются воле творца.

А если неожиданно оборвётся струна? Если вдруг сломается скрипка?

Печально будет — прекратится мелодия.

Если скрипка станет непригодной для игры, творец будет искать другую, ибо он — Дух, он — Вечный, и ему нужно творить. А скрипка ломается, изнашивается, иногда не выдерживает вдохновения скрипача и перегорает. Она вещь материальная, временная.

Скрипка то же самое, что и Тело, через которое дух живёт, творит и развивается в материальном мире.

Но скрипка скрипкой, а Тело есть Тело. Оно куда более гармоничный и совершенный инструмент, чем любая скрипка. Таланты всех мастеров земли поблекнут перед творящей мудростью Природы.

Однако она не поступает как мастер, который создаст инструмент и выставит его на продажу. Она сделала так, что мы, следуя законам Природы, сами рождаем Тело уже со вселенным в нём Духом и далее взращиваем его, воспитываем, развиваем, делаем его жизнерадостным, крепким, здоровым, подвижным. Ещё мы знаем, что чистые тела родителей дарят Младенцу чистое Тело.

Забота наша — о здоровье Ребёнка, который един вместе с Духом, о его духовном и физическом здоровье. Мы верим, что здоровый Дух сохранит Тело здоровым долго-долго.

Какое это завораживающее зрелище — Младенец: маленькое, крохотное, беспомощное Тело со своими прекрасными формами!

Вот глаза!

Они голубые (синие, карие, чёрные, зелёные…).

Сказал Иисус Христос: «Светильник для тела есть око. Итак, если око твоё будет чисто, то всё тело твоё будет светло; если же око твоё будет худо, то всё тело твоё будет темно».

Сколько чего увидят в жизни очи?

Но надо воспитать глаза, чтобы отражали они движение души: радость, грусть, сострадание, внимательность, любовь, доброту.

Надо научить глаза видеть далеко, замечать зорко, заглядывать глубоко, видеть не только очевидное, но и утаённое.

Глаза должны уметь плакать от радости, от сострадания, от обиды.

Глаза должны стремиться к прекрасному и отворачиваться от дурного зрелища.

В них должны светиться спокойствие и мудрость.

Они должны быть ласковыми и чуткими.

Они должны видеть, где нужна помощь, и не должны закрываться перед несправедливостью.

В них не должно быть места жадности, хитрости.

Они должны уметь прямо глядеть в глаза других.

Должны уметь видеть главное, не упуская мелочей.

Надо, чтобы они любили смотреть на снежные горы, на цветы, на восход Солнца, на облака, на звёздное небо.

В них должно быть развито духовное зрение.

Должны уметь видеть целое в части и часть в целом.

Они должны уметь сиять от счастья и радости.
Глаза должны быть чистыми.
Такие глаза — знак здоровья души и тела.
Пусть это будет нашей программой воспитания глаз Ребёнка.
Это уши!
Они — как маленькие ракушки, как миниатюрные локаторы. Сказал Иисус Христос: «Кто имеет уши слышать, да слышит».
Чего только не услышат они в жизни: и хорошего, и плохого.
Надо воспитывать уши, чтобы допускали они во внутренний мир одухотворённые звуковые образы, а не засоряли его безобразными звуковыми отходами.
Уши должны иметь слух утончённый и облагороженный.
Они должны уметь улавливать из суетной жизни тонкие звуки и мелодии благородства и великодушия.
Должны уметь слышать, но больше — слушать и прислушиваться.
Должны радоваться доброй, мудрой и красивой речи.
Должны любить слушать тишину и безмолвие.
Ловить зов о помощи.
Уметь слушать сердцем и прислушиваться к зову сердца.
Уметь прислушиваться к совести, к голосу духа.
Уши ужасаются сквернословию.
Становятся глухими к дурной музыке.
Не допускают к слуху сплетни, доносы, пустословие.
Не позволяют себе подслушивать.
Не затыкают уши, когда человек просит.
Не любят шум и грохот.
Любят слушать пение птиц, журчанье ручейка, шелест листьев, смех Ребёнка, рассказ дедушки, молитвы бабушки.
Прислушиваются к наставлениям отца и просьбам матери.
Воспитанные уши есть здоровье духа и тела.
Язык!
Из маленького ротика Младенец высовывает язык.
Почему он это делает?
Хочет показать, какой у него длинный язык или что у него язык без костей?
Нет, не годится ни длинный язык, ни язык, который невозможно удержать за зубами, и ни язык без костей, который не

знает меры. Если дать языку волю, он может натворить беду не только на голову своего хозяина, но и в жизни многих людей, которых только заденет он.

В Младенце сейчас чистота.

Но мир, в который он пришёл, весьма загрязнён. И его невинный дар речи, которому суждено возвеличивать дух, наполнится безобразными и озлобленными словами и выражениями, и они осквернят его слух.

Потому этот маленький орган, который сейчас не умещается в устах, должен быть воспитан.

Он должен научиться у нас трепетному отношению к слову как творящей силе. Ведь проявленная Вселенная была создана Словом, Логосом.

Мы старательно будем взращивать и развивать в нём стремление к доброречию, мудроречию, прекрасноречию.

Поможем сохранить детскую искренность, правдивость, честность и сердечность речи.

Научим нести мир и радость людям, а не раздор и горе.

Привьём вежливость, уважение, учтивость.

Раскроем в нём мудрость: где что можно сказать, чтобы утвердилось добро, и чего нельзя говорить, дабы не ввергать людей в заблуждение и не способствовать злу.

Научим не бросать слова на ветер и нести ответственность за каждое слово.

Призовём его стать послом мира, источником духовности, сеятелем любви, распространителем нравственности, защитником справедливости.

Научим, как успокаивать, а не раздражать, как возвышать, а не унижать, как утверждать, а не отрицать, как сеять добро, а не зло.

Разовьём вкус к мелодичности и выразительности речи.

Отведём от грубости и хамства, от болтливости и сплетен, от дурного тона и грязной речи.

Отведём от траты времени на разговоры о погоде, еде, о собственности, о множестве никчемных вещей.

Пусть больше звучат мысли об общем благе, о любви, о сострадании, о мужестве, о науках, о красоте, о духовности, обо всём том, что возвышает и облагораживает человека.

Направим к разговору с собственной совестью, с сердцем, с Богом.

Это и будет здоровьем духа и тела, ибо сказано: «Кто не согрешит в слове, тот человек совершенный, могущий обуздать и всё тело» (Иак. 3.2).

Ручки!

Руки!

Кто ещё имеет руки в животном мире?

Никто.

Может быть, Бог сотворил нас именно ради рук?

Так сказал Иисус Христос: «Когда творишь милостыню, пусть левая рука твоя не знает, что делает правая», «И если правая твоя рука соблазнит тебя, отсеки её и брось от себя».

Эти ручонки станут руками, и на что только они не будут способны!

Надо воспитывать руки, чтобы они умели созидать доброе и красивое и не умели разрушать уже созданное доброе и прекрасное.

Надо, чтобы руки научились держаться за руку с людьми добрыми и устремлёнными.

Надо научить их строить храмы, дома, дороги, мосты, строить прочно, надёжно и красиво.

Надо сделать их золотыми, тончайшими инструментами мастера, которому предназначено творить восхищение и удивление.

Надо воспитывать каждый палец — каждый должен знать своё дело и своё место среди десяти. Они должны стать умными и чуткими.

Пусть указательный палец действительно станет указующим на необходимое, и никогда — знаком надменности и угрозы.

Пусть большой палец станет гарантом надёжности для всех остальных, и пусть мизинец, как Ребёнок, глаголет истину для всех.

А все пальцы пусть научатся сжиматься в кулак, чтобы защитить слабого и обиженного, а не для того, чтобы обидеть слабого. Пусть рука не поднимается, чтобы свершить зло.

Они уберут камни с дороги, чтобы не споткнулся прохожий.

Надо, чтобы они крепко освоили то, что для них есть самое главное: отдавать, протягивать руку помощи, трудиться. И чтобы для них было чуждым: отнимать, завладевать, присваивать, брать чужое.

Пусть они поймут, за что надо держаться и за что нельзя цепляться.

Надо, чтобы они умели ласкать, успокаивать, утирать слёзы плачущему. Надо, чтобы они были заботливыми.

Надо знать, как защищать, а не нападать. И не надо знать, как нажимать на курок, как убивать, как душить.

Пусть научатся обнимать ближнего.

Надо, чтобы их прикосновение радовало Природу, радовало животных, даже камни.

Пусть они научатся зажигать свечку, креститься.

Пусть чаша из ладоней станет носительницей влаги жизни. Пусть несут люди факелы жизни. Пусть поднимут они Планету над собой к высшей Культуре, защищая её от тьмы.

Пусть тянутся они к Небу, к Звёздам, к Богу.

Чистые, а не испачканные руки есть знак здоровья духа и тела.

Ножки!

Какие они крошечные!

Даже не верится, что пройдёт время, и они смогут повести своего хозяина, куда глаза глядят.

Но надо идти не туда, куда глаза глядят, а туда, куда надо, где жизнь и где утверждение.

Иисус Христос сказал: «Входите тесными вратами; потому что широки врата и просторен путь, ведущие в погибель, и многие идут ими; потому что тесны врата и узок путь, ведущие в жизнь, и немногие находят их».

Ноги нуждаются в воспитании.

Вначале мы научим их бегать, прыгать, держаться, шагать уверенно и спокойно.

Приучим быть услужливыми: «Будь добр, принеси, пожалуйста»... «Прошу тебя, отнеси, пожалуйста»...

А дальше будем прививать любовь ходить в походы, бродить по лесу, лазить по скалам, подниматься на вершины.

Приучим ходить через узкие проходы, опасные тропинки над обрывами, научим подниматься и спускаться по канату, прыгать с высоты, перепрыгивать через ограды, искать непроходимые места, чтобы пробовать пройти сквозь них.

Они должны ходить в ногу и двигаться против течения.

Они должны спешить помочь, спешить порадовать.

Они не будут спотыкаться о камни видимые и невидимые.

Они у нас научатся танцевать, а не кривляться.

Они не будут бегать по пустякам и не захотят шататься бесцельно. Бродяжничать не их дело.

Они не будут подчиняться дурной голове.

Они будут знать, кому поклоняться, перед кем стоять на коленях, к кому спешить.

Они не будут бросаться вперёд, чтобы быть первыми, опередить другого, снести кого-то.

Они не будут открывать дверь ногой, не полезут на стол.

Они не будут знать, что такое подставить кому-то ножку.

Не будут знать, что такое ударить, когда надо помочь, спасти, защитить.

Будут ходить тихо, на цыпочках, чтобы не нарушать сон спящего или уединённое спокойствие мечтателя.

Они научатся стоять красиво, прямо; ходить, не перекрывая путь вслед идущему.

Будут знать: как заходить, как выходить, как отходить, как обходить, чтобы всё это было естественно и красиво.

Они всюду будут искать своё место и не занимать чужое. Не будут лезть туда, куда их не приглашали.

Не будут нигде задерживаться, ибо будут знать: надо спешить — дорога длинная, и её надо пройти, а где её оборвёт жизнь, неизвестно.

Ходить по миру и спешить станет стихией для воспитанных нами ног.

Открывать в себе свой Путь и пройти его с честью — станет целью для воспитанных нами ног.

Искать узкие тропинки и ходить по ним будет естеством для воспитанных вами ног.

Головка!

Голова!

Она есть вместилище внутреннего мира, где проходит духовная жизнь. Там происходит уникальное человеческое творение — мышление; рождаются мысли, мыслеформы, мыслеобразы, и они становятся самостоятельными живыми существами.

Но мысли бывают светлые и тёмные, они и есть свет или тьма в человеке.

Сказал Иисус Христос: «Если свет, который в тебе, тьма, то какова же тьма?»

Голова должна быть занята светлыми мыслями, а не саранчой мысли.

Надо воспитывать мышление, чтобы смогла голова обуздать мысли. Надо научить голову не подпускать к себе, в своё святилище, недостойные мысли. Подобного рода мысли, которые проникают из внешнего мира, должны быть отражены, а те, которые вырастают внутри, как сорняки, должны быть вырваны с корнями и отброшены.

Нужно понять, что мысль есть величайшая творящая энергия. Она — детище духа, и потому, так же как сам дух, обретает самостоятельную бессмертную жизнь.

Нужно вместить в себя понимание, что в том бытии, где нет ни времени, ни пространства, мысли объединяются по принципу: подобное притягивает подобное, то есть, наши мысли, сразу после их возникновения, тут же множат себе подобные мысли.

Мысли, по законам космоса, возвращаются к своему родителю, чтобы воздать ему должное. Но возвращается не только наша крохотная мысль; она влечёт за собой целое сообщество мыслей, в которых сама оказалась. Если человек насыщает пространство добрыми и светлыми мыслями, то они притягивают сообщество таких же мыслей, и человеку будет сопутствовать в жизни успех. Но если мысли были тёмные, злые, то такое же сообщество мыслей будет поражать его, он будет терпеть жизненные неудачи, потери, его посетят болезни.

Из всего этого можно сделать вывод: каждый несёт ответственность за свои мысли, ибо они будут влиять не только на судьбу его же самого, но и на многих других, которые живут сейчас или будут жить в будущем.

Дадим голове возможность закаляться в добрых, светлых, прекрасных мыслях; поможем, чтобы внутренний мир наполнялся достойными для духа мыслями и образами, направим мышление на познание внутреннего мира, духа, на познание природы, на созидание блага.

Голова должна научиться: воображать бытие в разных духовных сферах, строить в себе свои города и государства, обустраивать и перестраивать жизнь, постигать единство духовного и материального, созерцать будущее, устремляться к Высшим мирам, мыслить о прекрасном, заботиться о всеобщем благе, думать о служении и подвиге.

Голова должна рождать своё мнение, и она должна крепко стоять на плечах.

Не оборачиваться из-за пустяков, а устремить всё тело к перетягиванию радужного будущего в сегодняшний день.

Сердце!

Что голова, что ноги, что руки, язык, глаза, уши — без сердца! Но не всякого, не тёмного, каменного, злобного, а великодушного, благородного, любящего, сострадающего.

Голова без сердца — то же самое, что и тело без головы.

Сердце питает корни разума мудростью, чувствознанием, благородными чувствами.

Сердце подаёт голос совести.

Сердце предупреждает, поощряет, воодушевляет.

Сердце направляет всему телу любовь и тепло.

Сердце хранитель веры и надежды.

Сердце — храм духа.

Воспитание сердца — есть основа всех основ.

Надо сделать сердце вместилищем Света.

Надо научить его, как бороться с тьмою, не допускать её в своё обиталище. Пусть торжествует дух, имея совершенный инструмент для творчества и утверждения своих даров.

Речитатив
НЕ БОЙТЕСЬ КОНФЛИКТОВ

Кто нам сказал, что наказание есть лучший метод воспитания, испытанный веками, оправданный жизнью?

Тот, кто не верит в добрые начала в Ребёнке, а верит злому началу. Тот, кто сросся с авторитаризмом, сделал его своим педагогическим характером.

В учебнике «Букваря», изданном в 1679 году, мы находим длинные стихи, восхвалявшие не Ребёнка, а инструменты его наказания. В них Ребёнок изначально виновен: он не захочет учиться и воспитываться, если не принуждать. Потому — да здравствует наказание, оно приучит его уму-разуму!

Вот эти стихи:

«Хочеши чадо благ разум стяжати,
Тщития во трудах сыну пребывати;
Временем раны нужда есть терпети,
Ибо тех кроме безчинуют дети.
Розга малому, бича большим требе,
А жезл подрастшим, при нескудном хлебе.
Та орудия глупых исправляют,
Плоти целости ничтоже вреж дают.
Розга ум острит, память возбуждает,
И волю злую в благу прелагает...
Целуйте розгу, бич и жезл лобзайте:
Та путь безвинна; тех не проклинайте,
И рук, яже вам язвы налагают,
Ибо не зла вам, а добра желают».

Кто-то нам скажет: «Это уж слишком! Не о таких наказаниях идёт сегодня речь!»

А о каких?

Физическое наказание детей в семьях сплошь и рядом.

Оскорбления, унижения, запрещения, угрозы, крики, гнев, страх, лишения... Всё это изощряется в воспитательном «творчестве» многих родителей. Есть и более гнусные способы наказания, которые не назовёшь кроме как родительским злом по отношению к собственному Ребёнку.

А каков результат таких наказаний?

Воспитательного эффекта мы тут не найдём никакого. Этот архаический метод только и делает, что настраивает Ребёнка против нас. Провоцирует в нём искать способы самозащиты, а таковыми для него могут стать: ложь и обман, грубость, дерзость, отчуждение, замкнутость, скрытность. Но не только это.

Бесконфликтный воспитательный процесс пока ещё никто не придумал. И даже в условиях гуманной педагогики то и дело возникают конфликты разного рода и сложности, требующие разрешения. Дело не в том, чтобы у нас при воспитании нашего Ребёнка не возникали никакие конфликты с ним. Пусть они будут. Однако всё дело будет заключаться в том, как и в пользу кого мы будем их решать. Нам ведь важно, чтобы в любом нашем действии по отношению Ребёнка происходило питание его духовного мира. И какое будет это питание, если на Ребёнка обрушивается наш гнев, наше раздражение? Какие способы будем искать при нашем гневе? Такие, которые покажут Ребёнку, кто в доме хозяин и в чьих руках власть, в чьих руках он сам.

В общем, конфликты будут, но будем разрешать их в пользу Ребёнка. В пользу — не в том смысле, что он победит нас, а в том, что духовный мир его получит направление к благоразумию и благородству.

Что же мы будем делать?

Мы же родители, то есть, мы хотим воспитать нашего Ребёнка. Потому мы понимаем, что решение конфликта с Ребёнком, — независимо от того, кто с кем конфликтует, — мы с Ребёнком или он с нами, — будет справедливым не тогда, когда мы добиваемся своего или приходим к миру и согласию, а только тогда, когда он — наш Ребёнок — возвышается над самим собой.

Ребёнку предъявляем только такие требования и запреты, которые близки к его волевым усилиям и хотя бы отчасти затрагивают его жизненные интересы.

Находясь в конфликтной действительности, мы **запрещаем самим себе**:

— усугублять, обострять конфликт,
— обвинять Ребёнка, стать судьёй для него,
— возвышаться над Ребёнком, намекать на нашу власть над ним,
— стыдить, уличать, угрожать ему,
— грубить и повышать голос.

При конфликтной действительности:
— проявляем творящее терпение,
— стараемся склонить Ребёнка к взаимопониманию,
— относимся к нему как к взрослому и равноправному,
— выслушиваем внимательно,
— поддерживаем дружелюбный тон.

При конфликтной действительности, в зависимости от того, что именно в данной ситуации нужно, чтобы конфликт был приостановлен, завершён, разрешён, перенесён или исчерпан, мы выборочно пользуемся следующими формами — методами воздействия:
— просьба,
— напоминание,
— дорисовывание,
— доверие,
— надежда,
— сожаление,
— грусть,
— слёзы,
— обиженность,
— откровенность,
— объяснение,
— примирение,
— прощение,
— извинение,
— исповедь,
— возмущение духа.

Итак, Ребёнок нарушает семейный наказ: порядок и норму жизни, взаимоотношения, нравственные ценности, отношение к вещам, к природе, к животным. В общем, делает то, что мы допускать не можем, не желаем, потому что видим в этом: опасность для него же самого, нарушение этики, отход от нашей воли, тягу к дурным привычкам. Причин может быть много.

Ребёнок наш маленький.

Он знает: нельзя трогать вещи с рабочего стола отца. Но его манят настольные часы — у них необычная форма, звон. Ребёнок лезет на стол и крутит стрелки часов. Стрелка сломалась, но он продолжает исследовать часы. Мы застаём его при этом занятии.

Нам, конечно, обидно: часы испортились. Мы огорчены: сколько раз ему говорили не лезть на папин рабочий стол, не трогать вещи. А он нарушил наш запрет.

Увидев нас, Ребёнок быстро слезает со стола. В спешке задевает настольную лампу и сбрасывает. Он знает, что виновен и, боясь наказания, убегает от нас.

Причина для конфликта и наказания рождена.

Но мы не будем гнаться за Ребёнком, не будем ругать, тем более не собираемся шлёпать или грозить отцом. Но сделать вид, что ничего не случилось, тоже нельзя.

Мы собираем осколки разбитой настольной лампы, смотрим на часы и говорим с грустью: «Ой, ой, стрелка сломана, часы уже не работают... А как папа любит эти часы... Увидит, что сломались, расстроится... А мы не хотим его обижать... Иди сюда, давай попытаемся починить, может быть, получится?.. Скажи, что ты с ними делал, где крутил?.. Куда могла упасть стрелка?»

Ребёнок возвращается к столу, ищет пропавшую стрелку. А мы продолжаем: «Ты ведь любишь папу? Любишь, конечно... Как обидеть папу, он у нас хороший... А стрелки прикрепить не получается... Часы испортились, надо отнести мастеру... Как нам быть, чтобы папа не обиделся?.. Лучше ты сам ему скажи, что случилось, хорошо?»

Ребёнок озабочен, он в переживаниях: нарушил волю любимого папы, он расстроится из-за его поступка. Это переживание вины — хорошее переживание, оно воспитательное, в нём нотки самоосуждения, ответственности.

Папа не будет усложнять конфликт. Узнав от Ребёнка, что тот наделал, услышав его извинения, скажет с огорчением: «Часы сломались?! Мои любимые часы?! Их мне друзья подарили на день рождения. Пойдём посмотрим, что с ними... Как жаль... Что поделаешь, ты же не нарочно, так случилось... В субботу пойдём вместе в мастерскую, сдадим на починку».

Наш Ребёнок уже младший школьник.

Смотрит телевизор, но нужно готовить уроки. Напоминаем ему об этом. «Потом, — говорит он, — успею». Но мы по опыту знаем: потом будет поздно. «Прошу тебя, займись делом!» — говорим спокойно. «Это тоже дело!» — отвечает он дерзко.

Конфликт зреет. Если продолжим настаивать или возьмём и сами выключим телевизор, дерзость Ребёнка примет более сложные формы: он будет требовать, чтобы мы дали ему досмотреть фильм, будет кричать, будет плакать, или же в знак протеста не будет заниматься домашними заданиями. И конфликт будет усугубляться: мы со своей стороны тоже будем вынуждены прибегать отнюдь не к воспитательным способам. В нашей речи будут звучать приказы и угрозы: «немедленно», «как ты смеешь», «делай, что тебе говорят» и т.д.

Но конфликт у нас примет другую форму. Если это мама, она, обиженная, покидает Ребёнка. Пусть досмотрит фильм, но пусть также почувствует, что своим непослушанием он причинил боль маме, обидел её. После фильма Ребёнок подойдёт к маме и скажет: «Я иду уроки готовить». Хочет сгладить возникшую натянутую ситуацию. Мама не отвечает. Спустя некоторое время Ребёнок опять обращается к маме: «Ты бы не могла подсказать, как эту задачу решить?» Мама опять не отзывается. Ребёнок убеждается, что мама обижена. Его переживания усугубляются. Обращается ещё и ещё раз. Мама не отвечает грубостью, не мстит. Но и говорить с ним ей неохота. Ребёнок начинает осознавать, насколько дороги для него отношения с матерью, насколько ему самому обидно, что огорчил маму. Эти переживания, эти духовные страдания облагораживают Ребёнка, учат его быть чутким и внимательным.

Развязка этого конфликта должна закрепить тот сдвиг в духовном мире Ребёнка, который становится следствием переживаний и переосмыслений. Она может быть такой: после очередной упорной попытки Ребёнка примириться с мамой, она со всей серьёзностью скажет: «Давай договоримся — я буду стараться понять тебя, а ты будь чутким к моим просьбам. Согласен?» Мама обнимет Ребёнка, поцелует, посмотрит в глаза и заключит: «Как ты умнеешь с каждым днём! Я горжусь тобой!»

Ребёнок стал подростком.

Играет с компьютером. Мама просит его помочь повесить занавески на окнах.

«Подожди...» — говорит он.

Спустя некоторое время мама говорит: «Оторвись от компьютера, пожалуйста. Потом у меня не будет времени для занавесок!»

Но Ребёнок, увлечённый азартной игрой, грубо отвечает: «Что ты пристала ко мне? Кому нужны твои занавески!»

Тогда мама демонстративно оставляет Ребёнка.

И когда Ребёнок, наконец, отрывается от компьютера и идёт к маме — «Давай повесим занавески!» — видит, что мама плачет, а занавески повешены.

Ребёнок чувствует, как он обидел маму. Старается утешить её. «Могла бы и подождать!» — говорит стыдливо. Мама не бранит, не упрекает, не отмахивается от его ласки. Всем видом показывает, как она задета невнимательностью и грубостью своего Ребёнка. Она просто промолвит в ответ: «Разве дело только в занавесках?» И когда он начнёт просить прощения, мама скажет: «Я прощаю, но простишь ли ты самому себе?» А в следующий раз мама может сказать Ребёнку с ноткой сомнения: «Не знаю, могу ли попросить тебя помочь мне?»

Ребёнок взрослеет.

Юноша пришёл домой поздно, подвыпивший.

Мы волновались, ожидая его. Он не предупредил, что опоздает, не знаем, где и с кем он находится.

Как его встретим?

Нет, мы не будем осуждать его поступок с порога. Не будем его ругать и в чём-то винить. Но пусть почувствует, что он причинил нам боль.

На другой день отец находит время, уединяется с сыном (дома, на улице) и затевает с ним **мужской разговор**. Это не значит, что мы прочитаем ему нотацию, промоем мозги, продемонстрируем перед ним всю власть, предъявим запреты. Мужской разговор не есть оглашение нашего приговора.

Мужской разговор с сыном-юношей мы ведём на равных.

Если чувствуем в чём-то нашу вину, извиняемся, просим прощения; объясняемся искренне, правдиво, вручаем нашу судьбу в его руки. Так настраиваем его, чтобы был он тоже откровенным и честным с нами. Мы выслушиваем его с пониманием. И что бы ни сказал он нам, не возмущаемся, не спорим, а вовлекаем его в анализ случившегося с разных точек зрения: с позиции родительских чувств, с позиции юношеских устремлений, но и с позиции будущего.

Мужской разговор — разговор «при закрытых дверях», не разглашается, не влечёт за собой санкций. Он проливает свет на наши друг с другом взаимоотношения, устраняет помехи, которые мешают нам быть откровенными. Мужской разговор укрепляет наше доверие, нашу готовность понимать и поддерживать друг друга.

Что делает отец, если сын признаётся, что он попал в дурную компанию, втягивается в дурные дела?

Нет, мы не возмутимся и не бросим его одного со своей бедой. Мы для него самый надёжный друг и помощник и найдём способы, чтобы освободить его от опасных пут.

Мужской разговор — это возможность и для Ребёнка, и для нас проникнуть друг в друга, усилить духовную общность.

Дочь с матерью.

Маме сообщили из школы, что её дочка утром не пришла на занятия. Но она ведь утром ушла в школу? Куда же она могла пойти? Может быть, с ней что-то случилось? И сердце матери потеряло покой. Она не знает, где её искать, у кого просить помощи. Но вот после школьного времени дочка приходит домой как обычно. На вопрос матери — «Как прошли занятия?» — она отвечает — «Нормально». Значит, она обманывает маму.

Нет, мама не уличит её во лжи, не скажет, что она всё знает. Не устроит допрос со скандалом: где и с кем она «шлялась», как она посмела, вот узнает отец... и т.д. Если по такому пути пойдём, то и она может взорваться, скажет, что она уже взрослая и сама порешит — когда, где и с кем ходить. Конфликт усугубится; он не принесёт пользы нашему Ребёнку.

Как же тогда маме поступить?

Она примет ответ дочери. Но в течение оставшегося дня будет держаться так, чтобы та засомневалась: мама, должно быть, знает правду. Переживания заставят её то и дело подходить к матери, чтобы что-то спросить, предложить помощь. Сдержанные ответы и отношения усугубляют её переживания. И когда дочь застанет мать в грустном уединении и спросит её, чем она озабочена, та ответит: «Боюсь, чтобы от меня не ушла лучшая моя подруга», и даже прослезится. Тогда дочка и расскажет всю правду, будет просить прощения за свою ложь. И если мама отнесётся к ней с пониманием, не упрекая и не виня её, то дочка откроет ей своё сердце. Но взамен и мама доверит ей своё женское, сокровенное. Всё это приведёт к обновлению чувств и углублению духовной общности.

Если зреет конфликт с Ребёнком и нет другого выхода, не надо его бояться. Иногда после того, как пройдёт конфликт, приходит маленькая полоса времени, которое дышит моментами истины. Эти такие отрезки времени, иногда даже мгновения, когда создаются лучшие условия помочь Ребёнку понять нашу праду, а мы в состоянии понять его правду. Мы все — и родители, и дети, — открыты и восприимчивы, внимательны и уступчивы. В этом отрезке времени Ребёнок готов впитывать в себя лучшие образы, которые будут облагораживать его духовный мир.

Речитатив
НЕ ВЛАСТЬ, А МУДРОСТЬ

Вопрос Синтии:

— Ваш подход к разрешению конфликтов ведёт родителей к более глубокому пониманию своего Ребёнка, укреплению дружбы с ним. Но я попыталась воспользоваться советами одного американского автора для утверждения родительской власти. Власть-то я утверждала перед своим Ребёнком, но, как правило, за этим следовали раздражение и грубость с его стороны. Вы, надеюсь, знаете эту книгу. Могли бы прокомментировать эти новые методы?

Я знаю эту книгу, которую в российском издании называют «мировым супербестселлером». Я не сошлюсь на автора, чтобы не рекламировать его.

Всё, что автор выдаёт за новые методы воспитания, вовсе не является новым. Все эти методы влияния на Ребёнка в педагогике известны. Автор называет свою систему «позитивным воспитанием», но, по сути, это есть вариация авторитарного воспитания; может быть, авторитаризм чуть услащён некими более мягкими формами подчинения воли Ребёнка взрослому. Система автора строится на материалистическом сознании. В ней отсутствует понятие духовности, духовной общности, дружбы; взамен предлагаются «новые методы преодоления сопротивления», «новые методы сохранения контроля над ситуацией», «новые методы для утверждения своей власти» и т.д.

Как я понимаю, Вы воспользовались «новыми методами для утверждения своей власти». Автор предлагает: повторять одно и то же распоряжение с полной уверенностью, что Ребёнок вскоре уступит нам; приказывать без эмоций; командовать без объяснений. А финалы таких «новых методов» демонстрации родительской власти, в результате которой должен произойти некий воспитательный эффект, таковы: «Ребёнок: Я тебя ненавижу. Родитель (повторяет пятый раз свой приказ): Я хочу, чтобы ты сейчас же убрал вещи в шкаф. Ребёнок: Я тебя ненавижу. Родитель (повторяет шестой раз): Я хочу, чтобы ты сейчас же убрал вещи в шкаф. Ребёнок (убирая вещи в шкаф): Мне прямо не верится, что ты такой злой». Автор хвалит себя, что заставил Ребёнка подчиниться воле родителя, и это считает эффектом воспитательного воздействия. Но умалчивает о том, с каким гневом обращался Ребёнок к взрослому и насколько это было воспитательно: «Я тебя ненавижу... ты такой злой». Или же: после упорного сопротивления дочери выключить телевизор (она смотрит «очень хороший фильм» о Шерлоке Холмсе) мама переходит на командование: «Я хочу, чтобы ты немедленно выключила телевизор». Что же делает дочка? Она вскакивает с дивана, выключает телевизор и вылетает из комнаты, хлопнув дверью. Таким образом, мама утвердила свою власть, но девочка хлопнула дверью. В чём педагогическая победа? В том, что мама своей властью не дала девочке досмотреть «очень интересный фильм»?

О том, что девочка хлопнула дверью (это же грубость и неуважение!), автор не говорит ни слова. Он ничего плохого не видит в том, что потом девочка возвращается, но не извиняется перед мамой, а предлагает сыграть в карты, мать же охотно соглашается.

Сравните уровень культуры: смотреть фильм о Шерлоке Холмсе и играть в карты!

Всякие методы, которые применяются для утверждения родительской власти и провоцируют Ребёнка на грубость, недобрые словесные выражения и раздражительность, нельзя называть воспитательными, тем более, новыми методами позитивного воспитания.

Надо утверждать не родительскую власть, а родительскую мудрость и великодушие.

Элегия
ХОДИТ ПО МИРУ МУДРЕЦ

Видит Мудрец: два мужика ранним утром, каждый на своём дворе, бьют палками своих сыновей. Спросил он у мужиков:

— В чём они провинились?
— Ни в чём, — ответили оба.
— Тогда зачем избиваете их?

— День долгий... Чтобы не провинились.

— Вы делаете это каждое утро?

— Да. Причём я секу его правым концом палки, чтобы сильным стал.

— А я секу своего сына левым концом, чтобы он добрым стал.

Сказал им Мудрец:

— Так у вас воспитание не получится. Из твоего сына вырастет мальчик на побегушках, ибо ты выбиваешь из него всю волю. А из твоего сына получится злодей, ибо ты вбиваешь в него злобу. Потому уберегите палки: они пригодятся, чтобы секли самих себя.

Не послушались мужики.

Но получилось так, как сказал Мудрец: один стал игрушкой в руках других, ибо с ним никто не считался, другой же приводил в ужас людей, ибо стал разбойником.

А по утрам мужики выходили во двор и теми же палками секли самих себя.

Сказал тогда Мудрец: «Палка о двух концах, но с какого конца ни секи Ребёнка, конец воспитания будет один — горе».

Интермедия
РЕБЁНОК БАЛУЕТСЯ

Вопрос Синтии:

Если 4–6-летний Ребёнок, бездумно балуясь, вот-вот причинит себе вред или навредит другому, а нашим предупреждениям и запретам не внемлет, как быть? Надо его всё-таки уговаривать?

Скажем, Ребёнок стоит у обрыва, играет, балуется, а обрыв крутой, опасный, один неосторожный шаг — и может произойти беда. Мы находимся на некотором расстоянии от него, так что не сможем сразу его остановить, пресечь опасные забавы.

Если крикнем ему: «Там опасно... Не смей туда ходить... Иди сюда немедленно... Упадёшь, говорю... Ты слышишь меня, я тебе уши надеру» и т.д. и т.п., — мы увидим, что вместо того чтобы послушаться нас, он будет действовать ещё более вызывающе. И тогда, возможно, сами станем причиною беды, ибо нашими строгими предупреждениями и приказами мы просто поощряем и усиливаем его шаловливость.

Как же тогда нам быть?

Подзываем Ребёнка к себе для более интересного занятия (для него, конечно): «Смотри, что я тут нашёл... Беги скорей, а то этого больше не увидишь!» Или же зовём на помощь: «Ой, ногу себе подвернул, помоги, пожалуйста!» и т.д. Обычно Ребёнок отзывается на такой зов, бросает своё опасное занятие и бежит к нам. Но мы действительно что-то должны ему показать, или сесть за землю и показать «ушибленную» ногу. Но не скажем, что нарочно отвлекли его от обрыва, так как там была опасность для него. Это только потом, когда мы возьмём его за руку и подойдём к обрыву, можно с удивлением сказать: «Ой, как тут опасно...»

А если Ребёнок не отзовётся на наш зов, то направляемся в его сторону, только так, чтобы не обращать на себя его внимание, не провоцировать его на более отчаянные и неразумные действия: увидев наше возмущение, поняв, что мы хотим его задержать, он может убежать от нас или, чтобы подразнить нас, ещё больше приблизиться к обрыву. Подойти нужно так, чтобы Ребёнок не догадался о наших намерениях. Можно даже спросить, что он такое интересное там нашёл. Приблизившись к нему, мы берём его за руку и стараемся отвести его от края. Можно спокойно объяснить, почему опасно бегать и играть на краю, близко подходить к обрыву.

Так мы можем уберечь Ребёнка без лишних приказов и повелений, также предупредить возможный конфликт.

Впрочем, конфликт всё-таки может состояться, если Ребёнок, которого мы только что взяли за руку, не согласится пойти с нами, а захочет продолжать свою затею, в которой он не видит никаких опасностей. Но мы должны крепко держать его за руку и уводить дальше. Пусть он протестует, пусть орёт, плачет. Но пусть почувствует, что наше намерение решительное. Выйдя на безопасное место, мы терпеливо, без гнева успокаиваем его, переключаем его внимание на что-то другое, неожиданное. А потом объясняем, почему мы не разрешили ему находиться на краю обрыва, даём наставления.

Возьмём другой случай.

Ребёнок, взяв без нашего ведома и разрешения острый столовый нож, «играет» с ребятами, размахивая и пугая их. Может случиться беда.

Звать Ребёнка, чтобы он немедленно вернул нож, не размахивал им, или гнаться за ним, чтобы задержать его и отнять нож, всё это сделает его затею более опасной. Лучше будет самому «включиться» в игру («Тоже хочу с вами поиграть!») и незаметно или под каким-либо предлогом приблизиться к нему и забрать у него нож. Если он будет протестовать, требовать нож обратно, то услышит от нас решительное «Нет!» Но не ругать и не грозить. Взамен предлагаем другую игру или другой предмет, разумеется, безопасный. Объяснения же наступят позже, когда он успокоится и будет в состоянии выслушать нас.

Когда Ребёнок стоит у пропасти или вредит другому, надо немедленно пресекать возможные осложнения. Не тратим времени на уговоры и объяснения, а отводим его от пропасти, хочет он этого или не хочет; останавливаем его, чтобы он не обижал и не вредил другим, и отводим в сторону. И уже потом разрешаем конфликт.

Когда Ребёнок находится в состоянии аффекта, когда он раздражён, что мы пресекли его неразумные действия, — наши нравоучения в это время он воспринимать не будет. Воспитывать раздражённого, плачущего, орущего Ребёнка то же самое, что бить горох об стенку. Нужно, чтобы Ребёнок успокоился, чтобы конфликт ушёл в прошлое, и тогда только можно дать ему объяснения, наставления и предупреждения.

Интермедия
ИСКУССТВО ОБИЖАТЬСЯ

Вопрос Нинцы:
Некоторые приёмы, которые Вы называли для разрешения конфликтов, требуют от родителей искусного исполнения. Скажем, показать Ребёнку свою обиду, прослезиться и заплакать. Не сделают ли они неестественным воспитательный процесс?

Воспитание, как говорил Константин Дмитриевич Ушинский, есть самое высшее искусство, которое только знает человечество. Он подчёркивал, что мы ещё находимся на подступах этого искусства.

Речь не идёт о том, чтобы мы — родители — сделались артистами. А о том, чтобы мы восприняли нашу с Ребёнком жизнь как романтику. Жизнь тоже нуждается в искусстве. Искусство жить, надо полагать, есть высшая красота.

Что же касается тех конкретных случаев, когда мама проявляет свою обиженность или плачет из-за того, что её обидел Ребёнок, — это не лишает воспитательный процесс естественности. Это потому, что мама действительно может быть обижена поведением Ребёнка. Но в проявление своей обиды пусть вложит мысль о его воспитании. Тогда обида её станет воспитательной, мудрой.

Мы можем обижаться на своего друга, вовсе не думая о его перевоспитании, а думаем о том, почему друг с нами так неуважительно поступил.

Но обижаемся на нашего Ребёнка не столько потому, что он с нами плохо поступил, а в большей степени потому, чтобы он стал лучшим, чтобы он осознал, как надо себя вести, и чтобы в нём развилось чувство сожаления, чувство ответственности за свои слова и поступки.

Конечно, такое проявление обиженности требует искусства, требует мудрости.

Но если мы упустим в своих обидах на Ребёнка воспитательную устремлённость, то получим, может быть, обратный эффект: Ребёнок привыкнет к нашим обидам, и ему ничего не будет стоить обижать нас ещё и ещё. Может получиться и другое: Ребёнок тоже затаит в себе обиду на нас, и эта взаимная обиженность надолго испортит наши отношения и, в конце концов, может перерасти во вражду.

То же самое можно сказать и о материнских слезах и грусти, и по поводу возмущения, а также по поводу радости, похвалы, дорисовывания, исповеди...

Искусство воспитания ведёт нас по пути красоты и изящества воспитательного процесса, по пути искренности и устремлённости. Но этот процесс очень конкретен: он всегда направлен не на абстрактного какого-то Ребёнка, а на нашего Ребёнка, у которого есть свой характер, своя природа, своё окружение. Всё это своё требует и своего воспитательного процесса.

При воспитании мы должны любить не только своего Ребёнка, но и процесс воспитания. Но только через красоту процесса воспитания, которую творим мы, можем утвердить свою любовь к Ребёнку.

Интермедия
ЖЕРТВА МАТЕРИ

Вопрос Синтии:
Не могли бы Вы вспомнить о Вашем каком-либо конфликте с Вашими родителями?

Конфликта с отцом я не помню, наверное, его и не было. Я уже говорил — он погиб в Великой Отечественной войне, когда мне шёл двенадцатый год.

А вот один из конфликтов с матерью.

В школу пришли из военного комиссариата набирать подростков для лётного военного училища. Было это осенью 1944 года. Чувство патриотизма, а может быть, какое-то ещё неосознанное чувство, подтолкнуло меня записаться среди желающих. Таким в школе оказался только я.

Прошла пара недель, и я получил из военкомата повестку, сообщающую мне о призыве в училище. Тогда и узнала мама о моём намерении. Она возмутилась, как я решился на такое, да ещё без её ведома. «Ни в какие военные училища не пущу, — наотрез объявила она мне, — твой отец уже погиб на фронте. Не хочу, чтобы теперь погиб мой сын»... Я настаивал на своём, что хочу быть военным лётчиком. И было неловко брать своё заявление обратно. Натянулись отношения с мамой. Конфликт ещё более обострился, когда я узнал, что мама сама пошла в военкомат и попросила вычеркнуть меня из списка. Доводы матери там сочли справедливыми (она была инвалидом второй группы, воспитывала двоих детей без отца...), и меня освободили от данного слова. Однако то, что мама решила без моего согласия сделать такой шаг, привело меня в ярость.

Конфликт длился несколько дней. Я не хотел говорить с мамой. Она же не раз пыталась объяснить мне, почему не согласна с моей военной карьерой, но я не хотел слушать. Было ещё одно обстоятельство, что делало меня неуступчивым: в школе все знали, что я один записался в лётное военное училище, и я воображал себя неким героем. Знакомые и незнакомые школьники то и дело спрашивали меня, когда меня заберут. А одноклассники с жаром обсуждали этот вопрос. И я воображал, как вся школа будет смеяться надо мной, когда узнает, что мама не пустила меня, всё равно куда — в пионерский лагерь или в лётное училище. Это было для меня делом чести.

Однажды, вернувшись домой из школы, я застал маму плачущей. Мне стало больно. Но как бывает при напряжённых отношениях, я грубоватым тоном спросил у матери, что ещё случилось, почему она плачет.

Вот что она тогда мне сказала: «Сынок, может быть, ты прав, и быть военным лётчиком твоё призвание. Ещё есть время идти в училище. Вот заявление о моём согласии. Ты на мои слёзы не смотри. Иди в военкомат. Мы с твоей сестрёнкой проживём как-нибудь. О нас не беспокойся»...

Только тогда я понял, какой долг единственного мужчины в семье возложен на меня. И ещё я осознал, что военное дело, военный лётчик — это не моё призвание. Понял, что я и не смогу стать хорошим лётчиком, так как точные науки мне давались с трудом. Но я осознал самое главное: жертву матери. Она, моя больная мама, грустно улыбалась сквозь слёзы, как будто просила у меня прощения за свою материнскую ревность.

В ту ночь душа моя страдала: мне надо было набраться мужества и перебороть самого себя, своё подростковое уязвимое чувство самостоятельности, чувство гордыни. Я победил себя: утром принёс маме свои извинения, обнял, поцеловал, сказал, что люблю её и не пойду в военное училище, не брошу её и младшую сестрёнку.

А ребятам в школе сказал, что я сам так решил, мама тут ни причём... Кто-то посмеялся надо мной, кто-то сказал, что я правильно сделал.

С тех пор прошли десятилетия.

То, что я не пошёл тогда в лётное военное училище, конечно, было правильным решением. Каким я был бы военным лётчиком, когда вся моя сущность, тогда непонятная для меня, направляла меня на педагогическую жизнь.

Но спасли меня от необдуманного шага слёзы матери. Не исключаю, что слёзы её были не только слезами горечи и обиды, но и преднамеренно воспитательными.

Фантазия
О ДАРАХ ПРИРОДЫ

Зарисуйте, пожалуйста, круг, и поставьте в нём много-много точек. Круг — это наш Ребёнок. Точки в кругу — это возможности Ребёнка. Ими одарила его Природа. Она очень щедра в отношении человеческого существа: сколько этих возможностей в Ребёнке — мы не знаем. Их очень много. Их столько, сколько нужно будет не только в нашем XXI веке, но и в будущих столетиях и тысячелетиях. Разумеется, эти возможности не однородные, не одинаковые семена, они разные. Ребёнок неограничен в своих возможностях, он всё может. Осмелюсь повторить своё воображение о Ребёнке:

Если Вселенная действительно не имеет начала и конца, а Природа не имеет исчисления в своём творчестве, то единственная модель Вселенной и Природы есть Ребёнок.

Но возможности ещё не есть состоявшаяся действительность, также как косточка винограда не есть виноград. Чтобы из косточки мы получили виноградные гроздья, сперва надо, как в песне Булата Окуджавы, чтобы мы зарыли её в тёплую землю, потом поцеловали лозу и только потом вкусили спелые гроздья.

Однако вообразим: виноградную косточку мы не зарыли в тёплую землю, а бросили её в старый амбар, где разгул крыс, и забыли о ней. Что же станет с косточкой, в которой хранится великое будущее, неповторимая энергия жизни? Станет она скудной добычей крыс.

То же самое может произойти с возможностями Ребёнка, если их не развивать, не воспитывать и не облагораживать. Часть возможностей нам известна. Для ясности назовём некоторые из них: возможность заговорить, возможность запоминать, возможность мыслить, возможность ходить на двух ногах, возможность наблюдать, возможность чувствовать, возможность любить, возможность переживать, возможность сострадать и т.д. В большей или меньшей степени мы заботимся о развитии известных нам возможностей, особенно тех, которые кладутся в основу нравственного становления и познания.

О другой части возможностей мы имеем смутное представление. Их проявляют пока не все дети, а единицы. Скажем, трёх-четырёхлетний Ребёнок извлекает корни из больших чисел или возводит в степень числа. Отдельные дети разного возраста проявляют такие способности, как: видеть и читать закрытыми глазами, «читать» чужие мысли, общаться с тонким (высшим) миром, мыслить космически и получать знания через духовные усилия, через чувствознание, предвидеть будущее, определять любой день любого года, заговорить в шестимесячном возрасте и т.д.

Дети сами не могут объяснить, как они это делают, а мы не можем разгадать природу таких проявлений.

Можно ли считать, что такими возможностями владеют все дети, но только у единичных, в силу каких-то обстоятельств, они проявляются?

Или надо ли полагать, что они есть ошибки Природы, отклонения от нормы?

Но очевидно, что в нынешнем поколении детей такие случаи учащаются. Зачем искать «ошибки» Природы? Что нам мешает допускать, что наступает эпоха, которая затребует от людей именно такого рода способности, которые существуют в каждом, но пока в глубоко сонном состоянии. Тогда то, что мы сегодня наблюдаем, можно считать предвестниками этого будущего.

О существовании третьей части возможностей мы можем только предполагать, как астроном предполагает о существовании невидимого небесного тела в том или ином содружестве небесных тел. Может быть, есть в нас возможность летать, возможность разговаривать между собой и с любым на любом расстоянии без каких-либо аппаратов, возможность «видеть» мысли и общаться с помощью мыслей, минуя языки, возможность слышать и видеть через любые преграды, возможность материализовывать мысли, возможность выходить из тела и странствовать в высших мирах и т.д. Вообще это будет эпоха, когда человек не будет нуждаться ни в каких аппаратах — микроскопах, телескопах, скоростном транспорте, мобильной связи, Интернете, компьютере, телевидении, разного рода чипах и всего того, что принесут в ближайшем будущем нанотехнологии, не будет нуждаться в лекарствах, операциях и медицинских аппаратах... Наши раскрытые возможности вытеснят их.

А что говорить о четвёртой части человеческих возможностей, о которых и не догадываемся! Но настанет время (какое это будет тысячелетие?), когда они обнаружатся, и тогда в человеке откроются другие горизонты жизни и творения.

Все эти возможности уже сейчас присутствуют в Ребёнке, но мы не можем со своей нынешней педагогикой открыть и развить их.

Даже для развития той части возможностей, которые сейчас нам известны, нам не хватает то времени, то терпения, то мудрости, то знаний, то духовно-нравственного совершенства, то педагогического сознания, то понимания необходимости их развития. Может быть, не хватает и чувства долга и желания, чтобы помочь Ребёнку раскрыть свои дары от Природы.

Ода
ПРИРОДА В РЕБЁНКЕ

Какой микроскоп покажет нам ту возможную будущность, которая записана в семени разных растений? Зерно горчичное хотя меньше всех семян, «но когда вырастает, бывает больше всех злаков и становится деревом, так что прилетают птицы небесные и укрываются в ветвях его».

Мы не устанем восхищаться Ребёнком, в котором «изначально посеяны семена его будущей личности», не устанем удивляться тем могуществам, что лежат в нём от Природы как возможности. Они так же реальны, как реальны семена. Но эти возможности будущего могущества могут пострадать так же, как пострадает горчичное семя, если его бросить не в ту почву, которая ему нужна, а в другую, которая вредит ему, и если не поливать и не ухаживать за ним. Тогда сорняки, которые заносит ветер во внутренний мир, погубят их, задавят, не дадут проявить своё прекрасное могущество. А могущество это, если оно проявится, будет состоять из сил умственных и физических, волевых и эмоциональных, чувственных и духовно-нравственных.

Возможности, которые в Ребёнке от Природы, нуждаются в развитии. Что есть Развитие? Это есть процесс перехода природных возможностей в реальные силы. Но этот процесс весьма сложный.

Сам Ребёнок, особенно в первые годы своей жизни, не в состоянии развивать в себе свои возможности.

Но и в последующие периоды взросления он будет не всегда в силах целенаправленно развивать себя.

Ребёнку нужны мы — родители, умные взрослые, воспитатели, учителя, знающие, что есть развитие, что надо развивать и как надо развивать. Психология утверждает:

«Если Ребёнок с самого раннего возраста находится вне общества и созданных обществом условий, то он остаётся на уровне развития животных» (А.Н. Леонтьев).

Развиваться — естественная страсть Ребёнка. Он не может не развиваться. Природа закладывает не только возможность, но и развивающее движение, закладывает импульс к развитию. Но это движение может принимать искажённую форму, если наши мудрость и забота не будут его направлять. Для этого надо знать, перед какими требованиями ставит нас Природа. А требования, в которых суть закономерностей развития, таковы:

— **Развитие природных возможностей в Ребёнке происходит в пределах календарных сроков.**

Это значит: в возрастном становлении Ребёнка есть периоды, когда та или иная группа возможностей развивается особенно интенсивно. Природа не требует от Ребёнка особых (или, вообще, каких-либо) волевых усилий. Если мы будем в состоянии организовать вокруг Ребёнка нужную содержательную среду, то эти возможности (назовём их функциями, как это принято в психологии) найдут наиболее полное раскрытие. После календарных сроков те же самые функции слабеют. Потому в дальнейшем их развитие будет связано с целенаправленной волею, с осознанным устремлением, или даже станет невозможным.

— **Развитие природных возможностей в Ребёнке происходит только в условиях преодоления трудностей.**

Это значит: Ребёнок приобретает ту силу, что преодолевает. Трудность есть ступенька восхождения. Но трудности бывают умные и глупые. Если развитие умное, оно требует умных трудностей, нам следовало бы проявить мудрость, чтобы предъявить Ребёнку такие трудности, которые облагораживают его природу, раскрывают функцию и тут же вливают её в созидательную, творческую деятельность. Трудности, которые мы предлагаем

Ребёнку в процессе его целенаправленного развития, должны превосходить возможности Ребёнка. Но вот вопрос: как же тогда он их преодолеет? Преодолеет он их с нашей помощью, в сотрудничестве с нами. Мы выступаем в качестве посредников между трудностью и силами Ребёнка. Помогаем ему преодолеть трудность: объясняем, намекаем, поощряем, вдохновляем.

— **Качество среды влияет на развитие природных возможностей Ребёнка положительно или отрицательно.**

Среда положительно будет влиять на развитие Ребёнка тогда, когда она создаёт опережающие условия, которые поощряют ещё не созревшие функции для жизнеутверждающей деятельности. Но среда станет помехой для развития, если её условия очень отдалены или очень отстают от сил Ребёнка, или же в том случае, если она предложит пришедшим в движение силам Ребёнка нежелательную содержательную среду и безобразный материал.

— **Развитие природных возможностей в Ребёнке имеет индивидуальные свойства и отклонения.**

Смысл индивидуальных свойств мы связываем с предназначением Ребёнка. Природа щедра в отношении Ребёнка, но душа его извлекает из природных богатств особенно те возможности, полное развитие которых в будущем будет способствовать её деятельности. Отчасти с этим же связаны некие отклонения, которые не соответствуют обычным нормам. Скажем, освоение чтения в раннем — двух-трёхлетнем возрасте. Если же та или иная возможность проявляет себя позднее календарного срока, — это можно объяснить или средой, не соответствующей природе Ребёнка, или же болезнями и нарушениями, которые передались ему по наследству.

Аккорд
ИГРУШКА

Я не ломаю игрушку, правда, не ломаю!
Дайте мне её обратно!
Это вам кажется, что ломаю её, ибо не знаете меня.
Но я разбираю её, чтобы заглянуть вовнутрь, узнать, как она устроена.

Я исследую игрушку и хочу использовать её по-своему.
Это **своё** я принёс с собой, в нём нечто новое, что вам не известно.
Мне нужно набраться опыта, чтобы спустя годы проявить себя, утвердить своё.
Меня не интересует игрушка, и не хочу знать, сколько она стоит.
Но то, к чему влечёт меня моё будущее, будет стоить во много раз дороже, и в нём будет мой дар для всех вас.
Цените во мне, что я «ломаю» игрушку, а не играю по её правилам.
У меня свои правила, и не дам игрушке управлять мною.
Если я подчинюсь всем правилам всех игрушек, которые вы для меня покупаете, скоро сам стану игрушкой, — разве вам это непонятно?
Сегодня «ломаю», а завтра на этом опыте жизнь буду строить.
Не злись, мама!
Не ругай, папа!
Верните мне игрушку, пока она может сослужить мне!
А вам лучше будет наблюдать, куда устремляется моя Природа!

Интермедия
ШАЛУН И ШАЛОСТЬ

Вопрос Синтии:
Не связана ли шалость Ребёнка с его развитием? Как быть с Шалуном?
Развитие есть процесс совершенствования. Оно происходит через преодоление трудностей. Если в данный момент в Ребёнке проснулась та или иная группа природных возможностей, то она нуждается в движении и трудностях.
Преодоление трудностей становится самоцелью. Потому Природа сама направит Ребёнка искать трудности. Если он найдёт в среде организованные нами условия, то он займётся ими, и мы скажем, что Ребёнок играет, развлекается, занимает себя. Всё это мы не будем считать шалостью. А если в среде нет организованных условий, то он воспользуется любыми другими условиями, которые не предназначены для него, создаст из них трудности, чтобы преодолеть их и, таким образом, поможет своим возмож-

ностям в развитии. Эту форму активности мы называем шалостью. И так как такая активность Ребёнка нарушает наш покой и, кроме того, мы опасаемся, чтобы Ребёнок не напортил чего-то и не навредил самому себе, то сразу прибегаем к запрещениям: «Не трогай... Не бери... Не лезь... Не ломай... Отойди... Не делай этого... Что тебе сказали... Угомонись...» Это называется «понукательной педагогикой». Сила потребностей не позволит Ребёнку воспринимать наши предупреждения. Это нас возмутит: значит, он непослушный, всё делает нам назло. И спешим применить санкции: проявляем строгость, не отпускаем, угрожаем, наказываем...

Что такое шалость и кто есть шалун?

Если смотреть на шалость Ребёнка с точки зрения нашего спокойствия и озабоченности, чтобы он что-то не напортил и не навредил самому себе, то шалость для нас будет (как поясняют словари): баловство, своевольничанье, противоестественное и легкомысленное действие.

Но если же посмотреть на шалость Ребёнка с точки зрения движения его природных возможностей к совершенствованию, то слово «шалость» нам очень понравится. Оно будет означать: улавливать совершенное, стремиться к совершенству. Шалость ещё тем прекрасна, что в ней много творчества. Шалун развивает себя, обустраивая окружение, он переделывает условия среды. Шалость есть проявление мудрости детства, шалун — двигатель жизни. Шалун вторгается в завтрашний день, вовлекая его в сегодняшний. Он сам завышает планку своего развития до максимального уровня. Шалуны — будущие творцы жизни во всех её многообразных проявлениях: в культуре, науке, в искусстве, в политике, в экономике, в общественной деятельности. Они обустраивают, перестраивают, обновляют жизнь людей; они — эволюционная сила планеты.

Ребёнок-шалун оживляет наше педагогическое сознание. Только надо отходить от авторитаризма, который, конечно, не потерпит шалости, и мы увидим: шалун принуждает нас ломать авторитарную педагогику. Если мы поддадимся шалуну, то он станет точилкой нашего искусства воспитания.

И какая скука воцарилась бы в воспитании, если бы не было шалунов. Там, где нет шалунов, там, где дети только сознательные, уравновешенные, там и нет воспитания, но не будет и педагогического творчества. Если наш Ребёнок уравновешенный, послушный, спокойный и с лёгкостью подчиняется всем нашим требованиям, то пусть это нас не радует; нам лучше было бы считать это неестественным проявлением и искать пути, чтобы сделать его шаловливым. Может быть, пора, чтобы мы сами — воспитатели — тоже научились шалить вместе с Ребёнком, чтобы дать ему возможность утверждать свои природные дары.

Так что: дайте детям шалить.

Но нам нужно будет:

— бдительно наблюдать за Ребёнком, когда он шалит, чтобы сразу помочь избежать опасности, и чтобы

— шалость не перешла в бесцеремонность и дерзость в отношении других, не ущемляла их;

— надёжно упрятать и убрать из среды предметы, которые могут провоцировать его (спички, зажигалки, ножи, огнестрельное оружие), или боимся, что он их сломает;

— то и дело шалить вместе с Ребёнком, устраивать ералаш;

— направлять энергию шалости на благие деяния.

Нам не стоит возмущаться и, тем более, гневаться, если всё же что-то случится, и он что-то напортит, что-то сломает. Только поможем ему, чтобы в нём родилось чувство сожаления. Но будьте уверены: его труд и творчество в будущем стократно возместит убытки от шалости.

Есть ещё одна ценность детских шалостей. Память о своём детстве мы храним через свои шалости. Они тоже устанавливают в нашей памяти моральный климат. Нам грустно и радостно вспоминать о них. А иной раз расскажешь своему Ребёнку, своим внучатам о своём детстве, о своих шалостях детства и увидишь, как они развеселятся и будут приставать: «Расскажи ещё!»

Почему это так?

Аккорд
«УПРАЖНЯЙТЕ МЕНЯ В НРАВСТВЕННЫХ ПОСТУПКАХ»

Мама, Папа!

Я не знаю, где грань между шалостью и дерзостью, шалостью и злостью, шалостью и хамством, шалостью и вседозволенностью.

Думаю, вы тоже путаете эти вещи и, вместо того, чтобы воспитывать меня, занимаетесь моим оправданием и отдаёте меня стихии моих необузданных импульсов.

Пришёл к вам уважаемый гость. Присел на диван. А я, держа в руке чашку с водой, подкрался сзади и вылил ему воду на голову. Вы начали извиняться перед ним, а он, бедный, бормотал: «Ничего, ничего, он же Ребёнок...» Потом, когда гость ушёл, папа только и сказал мне: «Ах ты, шалун, откуда лезут тебе в голову такие глупости?» Вот и всё папино воспитание.

Вы думаете, шалость терпит хамство?

На днях мы пошли в парк. Устроились на скамеечке, и вы увлеклись разговором. Чем же я забавлялся? Всем прохожим, взрослым и маленьким, высовывал язык. Кто-то смеялся надо мной, кто-то смотрел с жалостью, взрослые с укором глядели на вас. А я смеялся. Мама только говорила мне: «Что с тобой?» Вот и всё мамино воспитание.

Шалость не есть дерзость.

Вы же видите, я не слушаюсь бабушку, делаю ей всё назло, кричу на неё. Она попросила не бить по клавишам рояля со всей силой, а я стал ещё сильнее бить кулаками и отбил несколько клавиш. Почему вы, Папа и Мама, не объясните мне, что поступать назло людям нельзя, и почему не потребуете от меня, чтобы я любил и уважал бабушку? Или считаете, что всё образуется само собою?

Я каждый день свершаю много таких «дел» и чувствую вседозволенность. А она ведёт меня по ложному пути.

Мама и Папа!

Дайте мне понять, как надо вести себя в кругу людей и вещей, что есть хорошо и что есть плохо, что можно и чего нельзя.

Воспитывайте меня по мудрым наставлениям Песталоцци. Он вам скажет:

Всё элементарное нравственное воспитание покоится на трёх основаниях:

— выработать в Ребёнке с помощью чистых чувств хорошее моральное состояние;

— упражнять нравственность на справедливых и добрых делах, чтобы Ребёнок превозмогал себя и прилагал усилия;

— развивать нравственное мировоззрение через размышления и сопоставления правовых и нравственных условий, в которых Ребёнок находится.

Видите, что советует вам великий педагог: «упражнять»! Меня надо упражнять в справедливых и добрых делах, а не оправдывать мою вседозволенность и называть всё подряд детскими шалостями.

Не спускайте с меня глаз, Папа и Мама, ибо найти путь к благородству мне самому с каждым годом будет всё труднее и труднее!

Интермедия
ОПАСНАЯ ШАЛОСТЬ

Вопрос Нинцы:
Не могли бы Вы вспомнить о Ваших детских шалостях?
Расскажу об одной такой шалости — опасной.
Было это летом 1943 года. Шла война.
Мне было тогда 12 лет, и я находился в деревне у дедушки и бабушки.

С Кавказских гор доносились такие мощные грохоты от взрыва бомб, что в окнах домов звенели стёкла.

Иногда над селом, прямо над крышами домов, пролетали маленькие немецкие самолёты. Они летели медленно, и мы могли разглядеть пилотов. Самолёты сбрасывали листовки, а мы, дети, бежали вслед, грозили кулаками, ругали немцев и бросали камни.

Недалеко от дома был кустарник. В поисках прутьев, из которых плёл корзиночки для ежевики, я наткнулся на заржавевший ствол ружья. Забыв о корзинке и ежевике, я тайком принёс ствол домой и спрятал в курятнике.

Ребёнок всегда знает, что есть шалость, и что взрослым не понравится. Потому действует так, чтобы его не заподозрили в чём-то недозволенном. Так поступил и я.

Я знал, где у дяди лежит коробочка с порохом. Коробочку тоже взял тайком и понёс в курятник.

Весь порох засыпал в ствол, а дальше до отказа заполнил его мелкими камушками. Поставил переднюю часть ствола на камень, то есть, поднял его вверх; потом вернулся в дом за огнём в камине и зажёг конец палки.

Бабушка спросила: «Зачем тебе огонь?»

«Сейчас, сейчас», — успокоил я бабушку.

Я вошёл в курятник и запер изнутри дверь.

Зажжённый конец палки я направил к спуску ствола.

Раздался страшный грохот.

Люди, соседи, бабушка не поняли, что произошло. Им показалось, что немцы сбросили бомбу, но не могли понять — где?

И когда взломали курятник, увидели, что я валялся без чувств на земле, а все куры, которые до этого сидели на жёрдочках и наблюдали за моими действиями, тоже валялись на земле мёртвые.

Ствол был разорван на куски.

Я очнулся на коленях бабушки и первое, что услышал, биение её сердца, сильное и учащённое.

Бабушка не отругала меня, и дедушка не стал наказывать. Бабушка плакала и приговаривала: «Слава Богу, что ты живой... Спасибо тебе, Господи!..» А позже дедушка повёл меня в виноградник и спросил: «Сынок, ты хоть понимал, что могло с тобой произойти?.. Ты хоть думал о нас?» Говорил он это, опрыскивая виноградник раствором.

Конечно, я поступил неразумно. Шалости нам такими и кажутся — неразумными. Но она, эта моя детская шалость, дала мне возможность познать многое: сердце бабушки, мудрость дедушки и свою ответственность перед родными. Это осознание произошло не сразу, а спустя годы.

Элегия
ХОДИТ ПО МИРУ МУДРЕЦ

Проходит Мудрец мимо одного дома. Видит: во дворе собралась толпа женщин, одна рвёт волосы у другой, та кричит, остальные шумят — пытаются их разнять. Заметили они Мудреца и подозвали к себе. Помоги, говорят, а то случится беда.

Мудрец подошёл к ним, и те рассказали ему:

— Вот эта женщина, которую мы впервые видим в нашей деревне, — они показали на особу, которая вцепилась в волосы другой, — говорит, что 12 лет тому назад бросила своего младенца у порога этого дома. Хозяйка, мудрая и великодушная женщина, подобрала его и воспитывает его со всей любовью родной матери. Растёт добрый, вежливый и талантливый мальчик, которого любит всё село. А теперь объявляется эта и требует вернуть Ребёнка... Это справедливо?

Обратился мудрец к женщине:

— Ты бросила младенца, потому что он тебе мешал жить свободно?

— Да... — нехотя ответила женщина.

— А сейчас зачем он тебе, прошло ведь 12 лет?

— Хочу дать ему воспитание, — сказала она.

— Но ведь он воспитывается в добром нраве?

— Я перевоспитаю его.

Тогда сказал Мудрец женщинам:

— Послушайте притчу.

Кукушка тайком снесла свои яйца в гнезде Пеликана. Мама-пеликан высиживала их вместе со своими яйцами, а когда птенцы вылупились, она воспитывала пеликанчиков вместе с кукушатами, не различая их друг от друга и любя всех материнской любовью. И когда маме-пеликану не хватало пищи для всех, она раздирала своё сердце и кормила птенцов собственной кровью. Птенцы оперились, выросли и вылетели из гнезда, думая, что все они пеликаны.

Вот тогда Кукушка решила собрать кукушат, воспитанных пеликаном, считая себя их родной матерью, и провела им урок нравственности. Посадила кукушат на ветку дерева, сама уселась повыше и начала оттуда говорить:

— Дети мои, вы уже входите в большую жизнь мира птиц и животных. Запомните, кем вам не надо быть, чтобы не осрамить наш великий род...

— Кто ты? — спросил один кукушонок, — Мы уже знаем, как живут пеликаны!

— Я ваша родная мать...

— А кто же тогда наша мама-Пеликан?

— Она украла вас у меня... Она, давая вам пить свою кровь, заставляла вас забыть обо мне... — и Кукушка прослезилась, — Она вам не дала воспитание, даже слова не вымолвила о том, кем вам не надо быть, чтобы жить в лесу честно...

Кукушата, воспитанные Пеликаном, расчувствовались.
— Бедная мама... — сказала одна.
— Родная мама... — сказала другая.
— Милая мама... — сказала третья.
— Послушаем мамочку, чтобы знать, кем не надо нам быть... — сказала четвёртая.
— Не будьте, дети мои, Мартышкой, не будьте Хамелеоном, не будьте Свиньёй, не будьте Ослом, не будьте Козлом...
— Кто они, мы их ещё не видели? — спросили кукушата.
— Вы их увидите, таких много в лесу. Не будьте ими!
— А Пеликаном?
— Забудьте о Пеликанах, они злые и бесчувственные!
— Кем же тогда нам быть? — хором спросили кукушата.
— Только Кукушкой, настоящей, как я! — сказала им мама.
И ещё не познавшие мир кукушата поверили своей родной маме.
— Зачем, действительно, раздирать сердце, чтобы кормить своей кровью птенцов, ели не хочешь им навредить? Мы чуть было не забыли о своей маме Кукушке... Вот какая она — настоящая мама, свободная и красивая, не то, что мама-Пеликан... — сказали кукушата друг другу. Разлетелись они в разные стороны с мыслью, что отныне они настоящие кукушки, а пеликанами не будут никогда. И вскоре гнездо Пеликана заполнилось яйцами новых кукушек.
Мудрец умолк. Женщины осмысливали притчу, а Мудрец помогал им своими размышлениями вслух: «Воспитание мамы-Кукушки есть педагогика джунглей. Воспитание же мамы-Пеликана есть педагогика Божественная».
И Мудрец поспешил по дорогам Мира.

Симфония
БЕРЕГИТЕ МОЮ РЕЧЬ

Вы готовы помочь мне в развитии?
Сделаете великое благо!
И позаботьтесь сперва о развитии речи во мне.
Не думайте, что речь нужна мне только для общения с людьми. С помощью речи я буду общаться и с вами, и с животным миром, и с растениями, и с камнями, и со звёздным небом, и с Богом.

Через речь я буду постигать и выражать себя, свои мысли, свои чувства, буду воспитываться.

Речь — выразитель нашего духа.

Как вы будете развивать во мне речь?

К чему будете направлять мою речь?

У меня есть для вас советы, есть просьба.

Первое.

Ваша чистая речь есть самое главное условие развития моей речи. Она должна быть чистой не только тогда, когда обращаетесь ко мне, но и всегда.

Что значит чистая речь?

Это не только правильное произношение, грамматически правильное построение мыслей в предложениях. Это не так важно.

Чистота речи определяется её смысловым и чувственным содержанием. Пусть звучит в вашей речи любовь, сострадание, взаимопонимание, уважение, радость, устремлённость. Пусть ваша речь служит утверждению добра, пусть несёт она людям живительную влагу. Ваша речь будет чистой, если она будет искренней и правдивой. Тогда слова и формы их построения станут прекрасными.

Если хоть одним перышком заденет мою невинную возможность к речи ваша лживая речь, речь, которая проходит через ваше раздражение и зло, речь, которая служит вам для унижения и осквернения, — независимо от того, как она внешне будет звучать, — то она, такая ваша речь навредит мне, может исказить мою судьбу.

Второе.

Моя способность к речи просыпается во мне задолго до моего рождения. Находясь в пятимесячном возрасте в утробе матери, я уже воспринимаю внешний звуковой мир. Слышу, как вы разговариваете между собой, слышу музыку.

Если ваша речь добрая, если музыка, которую слушаете, возвышенная — это радует меня, я готов впитывать эти звуковые потоки. Пусть мама читает хорошие книги, слушает хорошую музыку, пусть думает о прекрасном. А папа пусть любит маму и не жалеет добрых слов для неё; пусть обсуждают они мой приход с чувством радостного ожидания. Я умиротворён, когда папа, приложив ухо к животику мамы, разговаривает со мной, говорит, как меня любит, какая у нас красивая и добрая мама. В это время я воспитываюсь, моя речевая способность получает импульсы для моей будущей доброй речи.

Прошу вас, берегите меня, берегите во мне мою будущую речь.

Когда мама с папой ругаются, я пугаюсь.

Когда грохочет индустриальная музыка, мне хочется куда-то спрятаться.

Когда вы включаете телевизор и смотрите фильмы, где кричат, орут, сквернословят, стреляют, взрывают и убивают, я съёживаюсь, мне хочется заткнуть уши руками, мне хочется вернуться обратно на Небеса.

Знаете, что ещё происходит со мной в это время?

У меня от грубых шумовых потоков ускоряется биение сердца, учащается пульс, во мне меняется химический состав крови. Моя речевая способность постепенно привыкает к грубости, хамству, мой характер склоняется к раздражительности. Всё это обнаружится во мне, когда мне будет два-три годика, когда мне исполнится 12-14 лет. Вы будете винить тогда меня, но не будете вспоминать, как сами до моего рождения способствовали искажению моей речи и моего характера.

Прошу вас, не ведите себя так. А как себя вести, чтобы способствовать моему доброму речевому развитию, вы уже знаете.

Третье.

Обогащайте мою речь чувствами, развивайте во мне не просто речь, а доброречие, любовноречие, прекрасноречие, мудроречие. Пусть ваша речь, которой вы будете заполнять окружающее меня пространство, будет тоже доброй, мудрой, наполненной любовью друг к другу и заботой друг о друге. Каждое слово, которое вы будете обращать ко мне, пусть несёт мне вашу сердечность, вашу любовь, вашу ласку, вашу мудрость. Так я научусь выражать своей речью любовь к вам, к людям, уважение, заботу, ласку, признательность, сострадание, сорадость, понимание; так во мне зародится умная речь. Если вы будете сдержанны в своей речи, то я тоже восприму от вас это качество, ваша образная и эмоциональная речь поможет мне научиться говорить образно и эмоционально. Ваша спокойная речь тоже будет для меня примером.

Вам сказано: «Из тех же уст исходит благословение и проклятие. Не должно, братья мои, сему так быть». Сделайте так, чтобы из ваших уст исходило слово, полное истины и благодати. Тогда моя речь тоже порадует вас. Дайте мне знать, что слово несёт созидательную энергию, и что оно несёт также разрушительную энергию. Воспитайте во мне ответственность за свои слова. Научите, когда нужно молчать и когда нужно говорить.

Дайте мне быть в своей речи смелым, но умным, свободным, но сдержанным, справедливым, но щадящим.

Не осуждайте и не учите меня осуждать. Объясните мне заповедь: «Не судите и судимы не будете».

Защитите меня от болтливости, объясните, почему нельзя засорять пространство пустословием.

Не кричите на меня из-за моих проступков. Ваши крики, угрозы и гнев разрушают мою речь так же, как и разрушают мой характер.

Пусть ваши наставления и возмущение духа отведут меня от сквернословия, злословия, от ругани, от мелочности, от придирчивости. Придавайте моей речи благозвучность и мелодичность. Ваша речь есть основа для развития моей речи. Вы несёте ответственность за мою речь. Речь, которую вы разовьёте во мне, станет качеством моей личности и благодетелем моего внутреннего мира.

Я буду всю жизнь вам признателен, если вы сделаете мою речь зажжённой свечой средь бела дня и факелом во тьме.

Четвёртое.

Моя природная возможность к развитию речи имеет свои календарные сроки: до трёхлетнего возраста я приобретаю фундаментальную основу речевой деятельности, далее моя речь способна обогащаться нравственностью, чувствами, мудростью, благородством. До девяти — одиннадцатилетнего возраста всё это будет происходить свободно и естественно, если вы окружите меня возвышенной и чистой речью. Этот дар в дальнейшем меня будет сопровождать всю жизнь. После же этого календарного возраста моя возможность естественного развития речи ослабевает. И если в мою речь закрались сорняки (грубость, сквернословие, неосторожность и др.), вам будет трудно очистить её от них, а мне понадобятся большие усилия воли, чтобы облагородить свою речь.

Берегите во мне этот период речевого развития.

Этот же период хранит в себе ещё одну тайну: я могу овладеть сразу несколькими языками без ущерба родному языку. Найдите возможность, подарите мне, помимо родного, один или два, как вы называете, иностранных языка. Моя природная способность к речи поможет освоить и другие языки естественно, без усилия воли. Вы же не будете меня — младенца, двух или трёхлетнего Ребёнка сажать за парту, раскрывать учебник и проводить уроки родного языка? Вы же видите, как я осваиваю родную речь: вы говорите в моём окружении, говорите со мной, а моя природная языковая возможность сама разгадывает законы языка, и спустя полтора-два года после рождения я начинаю свободно говорить и выражаю свои чувства, переживания и мысли. А потом во мне всё больше и больше раскрывается речевая интуиция, я начинаю творить слова, творить речевые образы, которые вас восхищают.

В таком же природно-естественном порядке я мог бы заговорить на любом другом языке и в те же самые годы (в трёх-шестилетнем возрасте). Что для этого нужно? Надо понять, что я с лёгкостью осваиваю речь человека, создающего мне жизненно необходимую среду. Если мама с папой, которые меня кормят, ласкают, купают, пеленают, играют со мной, ведут меня гулять, и делают всё это в сопровождении русской речи, то я, со своей стороны, подарю им свою русскую речь, восприму эту речь как жизненно необходимое условие для общения с матерью и отцом. Но вот папа с мамой уходят на работу, а я остаюсь на попечении бабушки. Она тоже для меня жизненно необходимый человек: любит и ласкает меня, кормит, купает и меняет памперсы, играет со мной, поёт песенки, читает стихи и говорит. Но говорит она и делает всё это не на мамином языке, а на своём, скажем, французском. Пройдёт то же самое время — года полтора-два — и я заговорю для бабушки на её языке, на французском. Так мог бы заговорить и на третьем языке, скажем, на языке няни, а это уже английский. Сам пока знать не буду, что овладел тремя языками: я просто, увидев маму или папу, заговорю с ними на их языке, увидев в том же пространстве бабушку, я сразу же переключусь (благодаря моей языковой способности) на речь бабушки; то же самое будет и с няней.

Когда я чуть повзрослею, лишь тогда с удивлением открою для себя, что говорю на разных языках.

Какой из них станет для меня родным, то есть, таким, который определит мой духовно-нравственный опыт? Таким станет тот язык, который наполнит меня культурой народа, которому принадлежит этот язык. Если я живу в России, то о чём же родители будут говорить мне, если не обо всём русском? И о чём же мне бабушка будет говорить на своём французском, если не о том окружении, в котором нахожусь? Так же и няня. И получится, что русский, через который я впитываю культуру, станет родным. А по мере моего взросления с помощью других языков я ещё глубже постигну свой родной.

Прошу вас: если только будет такая возможность, дарите мне родной и другие языки в раннем детстве. Здесь они достанутся мне без труда и основательно. А после того как моя языковая возможность исчерпает во мне календарный срок, мне придётся осваивать языки усилием воли: через специальные занятия, через зубрёжку и осмысление правил языка. Конечно, сознание, практика и сила воли сделают своё дело — я научусь говорить и на другом языке. Но было бы лучше эту сознательную и волевую энергию я направил бы на освоение знаний и наук, на творчество.

Прошу вас, подарите мне языки!

Говорят же в народе: сколько языков ты знаешь, столько раз ты человек.

Аккорд
НЕ НАВЯЗЫВАЙТЕ МНЕ ВАШИ МЫСЛИ

Развивайте во мне мышление и воспитывайте ответственность за свои мысли.

Я знаю: и на Земле, и в Мирах Высших мысль есть основополагающая и величайшая творящая энергия. Но она есть такой же мощности разрушительная сила.

Потому думайте, в каком направлении будете развивать моё мышление, и не путайте друг с другом формы мышления и направленность мышления. Если вы держите в руках скрипку и смычок и умеете ими пользоваться, это ещё не значит, что вы будете творить одухотворяющую, а не отупляющую музыку. Всё будет зависеть не столько от хороших инструментов, сколько от вашего сердца и сознания, от того, во что вы верите и к чему стремитесь.

Вы предпочитаете развивать в детях логическое мышление и мечтаете о железной логике. Что вы хотите — чтобы жизненные вопросы я решал железной логикой? Дайте мне логику сердца, и я достигну большего, чем железной логикой. У вас стало модно развивать в детях критическое мышление. Взгляните, пожалуйста, на ваше прошлое: чем люди побеждали на своих судьбоносных перекрёстках — критическим мышлением, которое отрицает, или позитивным мышлением, которое утверждает? Объясните себе и дайте мне тоже постигнуть восточную мудрость: «Утверждающий богат, отрицающий беден».

Устремите меня к общему благу, к красоте, к любви, дайте мне думать о возвышенных вещах, о пользе, о судьбе человечества, о служении и преданности, о духовности, о душе, о Боге. Устремите меня к добромыслию, к прекрасномыслию, к любовномыслию. Объедините во мне сердце и разум, пусть разум мой черпает истину из сердца, облагораживает себя через сердце. Расширьте моё сознание: сделайте единым во мне духовное и материальное, растолкуйте мне понятие духоматерии, сделайте моё мышление многомерным, и устремите моё сознание не только к земному, но и к тому миру, откуда я пришёл к вам. Сознание моё держит зерно космического мышления, хранит чувствознание. Развивайте во мне эти качества восприятия мира. Сделайте из меня мыслителя, а не только мыслящего.

Не навязывайте мне ваши мысли: это опасно для вас, ибо сказано — «Насилие над мыслью есть тяжкое преступление». Опасно будет для меня тоже, ибо я родился со своими мыслями и намерениями, со своей миссией, и вы, навязывая мне свои мысли, можете погубить мои, и тогда я не состоюсь на Земле.

Важной задачей для вас является ещё и воспитание во мне чувства ответственности за свои мысли. Они станут детищами моего духа и такими же бессмертными, как мой дух. Мои мысли будут объединяться с подобными им мыслями в духовном пространстве и влиять на людей и, разумеется, на меня тоже в первую очередь: в зависимости от того, какие они — светлые или тёмные, будут помогать мне и людям или станут помехами в жизни. Потому я ответственен за свои мысли, которые могут нести пользу или вред не только незнакомым мне людям, но и будущим поколениям.

Дайте мне понять, что нельзя множить саранчу мыслей, в которых корысть, злоба, зависть, безобразия. Чувство ответственности за свои мысли способствует духовному восхождению.

Прошу вас, дорогие родители, воспитатели, учителя, объедините ваши усилия в развитии моего сознания и мышления. Дайте моему сознанию крылья, чтобы я смог взлететь выше вас и дальше вас.

Аккорд
ПАМЯТЬ МОЯ ОТКРЫТА ДЛЯ КРАСОТЫ И ИСТИНЫ

Развивайте во мне память.

Но не забудьте, что она для меня есть почва, которая питает мою душу, мой духовный мир, и есть огонь, который устремляет меня в будущее.

Сейте во мне живые знания, которые поведут меня к границам непознанного и объяснят смысл Беспредельности.

Не превращайте мою память в склад, куда можно забрасывать всякие отходы старых знаний, от которых сами не знаете, как избавиться.

Тем более не устраивайте мне всякие экзамены для проверки того, насколько полно храню в себе этот «багаж» изношенных вещей. Проверяйте и закаляйте мою память на жажду к свежим знаниям, устраивайте мне экзамены на созидательную силу моих знаний, выявляйте, насколько удачно я берегу свою память от всякого мусора, который тоже называется знаниями и информацией, и в который втягивают меня средства массовой информации.

Понаблюдайте за избирательным отношением моей памяти к знаниям, чтобы постичь мои природные интересы и помочь мне удовлетворить их.

Цените во мне жизнь, с которой я родился, а не «багаж знаний», который вы взваливаете на мои плечи и заставляете при каждом требовании распаковывать его. Серьёзным людям, которые несут ответственность за моё становление, не подобает заниматься переливанием из пустого в порожнее.

Заселяйте в мою память величественные образы героев духа, строителей культуры, Учителей человечности. Рассказывайте мне о них с раннего детства и сделайте так, чтобы я полюбил их, воспитывался через них — впитывал от них лучшие качества преданности, бесстрашия, самоотверженности, служения.

Оставьте в моей памяти память о вас, чтобы в своей жизни не раз вспоминал вас, восхищался вашим великодушием и благородством, вашей мудростью и пониманием, вашей любовью и заботой.

Станьте для меня образцами человечности, и дайте мне, вспоминая вас, искать в вас убежище для своей души. Так вы станете моими наставниками на всю жизнь, и я буду воспитываться в «моральном климате памяти» о вас.

Старайтесь не оставлять во мне горькие воспоминания и дурные примеры.

Вам надо знать, что моя память избирательна и любит свободу. Не используйте принудительные методы для запоминания тех событий, в которых моя память не нуждается. Объясните мне важность и значимость всего, что вы хотите, чтобы я держал в своей памяти. Пригласите мою память для сотрудничества с вами, и она доверится вам. Память моя открыта для красоты, для истины, для справедливости, для творчества, для блага. Ведите её этими путями.

Моя память — основа моей личности.

А вам доверено развитие моей памяти и воспитание во мне личности.

Пожалуйста, не забудьте, какая на вас возложена ответственность.

Аккорд
ВО МНЕ СТРАСТЬ К ВЗРОСЛЕНИЮ

Я хочу повзрослеть.

Я хочу повзрослеть быстрее, чтобы иметь такие же права, какими пользуетесь вы.

Вы знаете, что есть истинное детство?

Это не пора беспечности или только возраст. Истинное детство есть процесс взросления. Хотите убедиться в моей страсти к взрослению? Вы это можете увидеть ещё в моём дошкольном детстве. Понаблюдайте, во что я играю. Вы видели Ребёнка, который согласен играть в роли более младшего, чем он уже есть? Такая игра не удовлетворит мою страсть быть взрослым. Я буду брать на себя роль врача, водителя, милиционера, учителя, космонавта, мамы, папы. Но играть роль Ребёнка не буду. Люблю играть с вами — с мамой, папой, дедушкой, бабушкой: я стану врачом и сделаю из вас своих пациентов, и вы должны слушаться вашего врача; я стану учителем, а вы будете моими учениками, буду учить вас, а вам надо будет учиться у меня. К сожалению, вы не всегда позволите мне такую роскошь, вам будет некогда, вы будете отмахиваться от меня, скажете — «потом, сейчас не время».

В дальнейшем, когда я стану подростком, моя страсть к взрослению перейдёт в другие формы. Мне захочется, чтобы вы признали меня взрослым со всеми вытекающими из этого последствиями: считались со мной, доверяли, выслушивали, советовались, принимали мои пожелания.

Если вы поймёте мою страсть к взрослению и будете чуткими, то вы сами будете меня втягивать во взрослую жизнь, будете принимать меня как равноправного с вами. И тогда я не буду конфликтовать с вами, буду доверять вам свои переживания.

Но если вы не согласитесь с моей страстью к взрослению, будете напоминать мне, что я ещё маленький, будете запрещать, угрожать, то моя страсть к взрослению не даст мне понять ваши самые мудрые наставления. Мне покажется, что вы посягаете на мои права, что вы несправедливы. Между мною и вами, если так будет продолжаться, возникнет пропасть, мы станем глухими друг для друга. Начнутся конфликты.

А вы знаете, каков закон взросления? Он такой:
Взросление Ребёнка происходит в общении со взрослым. Взрослому необходимо общаться с Ребёнком как со взрослым.

Вы можете заставить меня «не высовываться» до какого-то времени, но этого уже не сможете сделать, когда я перешагну за подростковый возраст. Я совсем уже стану глухим для вас, и бояться вас не буду.

А взросление — это моя страсть. Как бы вы её не заглушали, всё равно, она найдёт выход, но уже не в общении с вами, а в общении с другими. Этими другими могут оказаться более взрослые ребята, которые приманят меня, или чужие взрослые, которые тоже заинтересованы, чтобы я оказался под их влиянием. Так я попаду в дурную компанию, которая примет меня как уже взрослого и научит тем пакостям, которыми занимаются взрослые: курение, наркотики, алкоголизм, воровство.

И когда узнаете об этом, придёте в ужас, попытаетесь вырвать меня из того окружения. Но эти ваши запоздалые педагогические затеи не всегда могут завершиться успешно. Потому:

— общайтесь со мной на равных,
— будьте откровенны со мной всегда,
— прислушивайтесь к моему мнению,
— доверяйте мне дела взрослых,
— доверяйтесь мне и не контролируйте каждый мой шаг,
— никогда не говорите мне, что я ещё маленький,
— не ласкайте меня как маленького,
— говорите, что я уже взрослый и сам могу решать свои проблемы,
— если я сорвусь с пути, приходите ко мне на помощь, но без упрёков,
— дружите со мной, пусть дружба с вами станет для меня дороже дружбы с другими,
— доверяйте мне ваше сокровенное и станьте для меня убежищем,
— принимайте моих друзей как ваших и т.д. и т.п.

Если будете так обращаться с моей страстью к взрослению, с которой я сам ничего не могу поделать, то моя жизнь не будет осложнена неразрешимыми проблемами, мне и в голову не придёт действовать назло вам, бросить родной дом, убежать от вас куда-то далеко или покончить с жизнью. Это есть меры, которыми дети наказывают взрослых.

Моя страсть к взрослению начинена такой взрывчаткой, какой является самолюбие.

Элегия
ХОДИТ ПО МИРУ МУДРЕЦ

Зашёл Мудрец в парк и сел на край скамеечки.

Ждёт.

Пришёл мальчик, сел на той же скамеечке и погрузился в грустные мысли.

Мудрец мысленно обращается к нему: «Спроси, и я отвечу».

— Старичок, скажи мне что-нибудь! — сказал вдруг мальчик.

Мудрец ответил:

— Хорошо, послушай правдивую историю. Увидел сатана отца и сына, играющих вместе в мяч. Они смеялись, обращались друг с другом, как братья.

«Хороший мальчик, — подумал сатана, — давай отобью его у отца и сделаю из него первоклассного чертёнка».

И приставил к нему одного чёрта. Тот преобразился в подростка, ровесника мальчика и, как будто случайно, познакомился с ним в клубе для компьютерных игр.

— Давай играть вместе, — предложил он мальчику и потянул к игровому автомату, — это хорошая азартная игра, убиваешь и убиваешь... И увлёк мальчика игрой: они много стреляли и многих убивали.

— А теперь давай поиграем в ту игру, — и они переместились к другому автомату.

Там играли они в грабителей банка и, конечно, убивали всех, кто пересекал им путь.

— Пойдём теперь к тотализатору, я знаю, как выманить у него деньги.

Действительно, с первой же попытки автомат шумно высыпал гору монет.

— Бери, всё твоё, мы же друзья! — сказал мальчику новый «друг». — Приходи завтра, ещё веселее будет.

Мальчик довольный вернулся домой.

— Откуда деньги? — спросил отец.

И он рассказал, в какие хорошие игры играл и какого нового «друга» приобрёл. Отец нахмурился.

— Сынок, не нравится мне это. Пожалуйста, больше не ходи туда, а эти деньги отдадим бедным.

Мальчик обиделся, но послушался отца.

Сатана приставил к мальчику другого чёрта.

Он сделался красивой девушкой и пошёл кататься на роликах в парк, где катался и мальчик. Вдруг в нескольких шагах от него девушка подвернула ногу и упала. Он помог ей подняться, посадил на скамейку. Они разговорились. Вскоре девушка начала его нежно ласкать.

— Ты умеешь целоваться? — спросила она, — Конечно, умеешь, ты же мужчина! Давай поцелуемся!

По телу мальчика пробежали мурашки.

Потом она достала из сумочки, привязанной к поясу, травку.

— Мы же взрослые, давай покурим, пока вокруг никого нет.

Мальчик смутился, но ради красивой девушки и ради того, что она сказала — «мы же взрослые» затянулся вместе с ней. У него закружилась голова, но было приятно, как шептала ему на ухо девушка: «Ты мужчина, я тебя люблю!» Потом она назначила ему свидание на том же месте и исчезла.

Отец догадался, что с сыном произошло что-то неладное, и предупредил его:

— Прошу тебя, больше не ходи в тот парк!

Мальчик не послушался отца, продолжал встречи с «девушкой» и баловался вместе с ней. «Она» его называла своим мужчиной, бойфрендом.

Отец, видя, что сын становится замкнутым и что-то от него скрывает, в конце концов обнаружил следы его увлечений и немедленно повёл к врачам. Им пришлось потрудиться, чтобы вылечить мальчика, и тот понял, что встречаться с «девушкой» ему опасно.

Тогда сатана поручил третьему чёрту заманить мальчика. Тот стал тренером по дзю-до в том же спортивном клубе, где занимался мальчик. Он делал всё, чтобы понравиться мальчику. Брал его на соревнования, хвалил. А однажды, после тренировки, он оставил его вместе с двумя другими учениками, угостил рюмочкой водки и, как бы невзначай, все они стали играть в кости за деньги.

Так произошло несколько раз, и мальчик, который вначале выигрывал, оказался в долгу перед своим тренером. Тот потребовал от него или заплатить, или выполнить одно его поручение.

Теперь мальчик в тяжких раздумьях — как же ему быть?

Придёт ли он к отцу, как блудный сын, на исповедь, порвёт ли связь с тьмой, украдёт ли деньги у кого-либо, или же, наконец, выполнит страшное поручение своего «тренера»? Есть ещё один выход, о котором он помышляет: кончить жизнь самоубийством.

О, если бы дети знали, какая идёт борьба из-за них между силами Света и силами тьмы!

Если бы они поняли, что отец и мать — их светлые ангелы-хранители!

Мудрец закончил.

Мальчик проговорил сквозь слёзы:

— Это же я!

Мудрец промолвил:

— Всё в твоих руках!

Аккорд
ДАРИТЕ МНЕ ЧУВСТВО СВОБОДНОГО ВЫБОРА

Уважайте мою страсть к свободе.

Свобода — свойство моего духа, ею пронизано всё моё естество.

Новый завет наставляет: «К свободе призваны вы, братья», «Познаете истину, и она сделает вас свободными». А философы поясняют: «Свобода есть познанная необходимость», «Человек обречён на свободу». Николай Бердяев скажет: «Свобода есть внутренняя творческая энергия человека. Через свободу человек может творить совершенно новую жизнь общества и мира».

Берегите мою страсть к свободе.

Я не прошу вас, чтобы вы оставили меня наедине со своей свободой, не хочу, чтобы вы сказали мне: «Делай, что хочешь».

Воспитание вынашивает в себе закон принуждения. Это объективная действительность. Я же не могу организовать своё образование, воспитание, обучение и развитие? Это делаете вы и вовлекаете меня в ваши педагогические процессы.

В чём выражается свобода?

В выборе, в свободном выборе пути, в свободном выборе всего, что перед нами, в свободном творчестве, в свободе совести.

Но что же я выбираю в тех педагогических процессах?

Я не выбираю ваши воспитательные методы, я не выбираю методы обучения в школе, не выбираю, чему меня учить. Всё это вы решаете сами вместо меня. И я стою перед необходимостью подчиниться вашей воле.

А страсть к свободе, которая всё больше усиливается по мере моего взросления, не даёт мне покоя, а я раб своей страсти. Потому и стараюсь защитить себя, а вы это называете нарушением порядка и дисциплины. И опять между нами возникают конфликты: ваши добрые намерения в связи с моим будущим, в силу их авторитарности, я принимаю как агрессию против моей свободной воли.

Я понимаю, что должен принимать необходимость. Но познать эту истину пока не могу, страсть к свободе затмевает моё сознание и даёт волю эмоциям и переживаниям.

Как же быть?

Выход есть. Я подскажу вам путь.

Но сперва попытайтесь понять природу моей страсти к свободе. Во мне как будто происходит вселенское движение от Хаоса к Космосу. В Хаосе, который возник сразу после «первого взрыва», уже изначально был записан тот порядок, тот Космос, который образовался спустя эоны. То Звёздное Небо, которое восхищает нас своей красотой и порядком, когда-то ведь было заложено внутри Хаоса! Помните, как говорил Эммануил Кант: «Меня восхищают две вещи: звёздное небо надо мною и нравственный закон во мне».

Так вот: во мне — хаотическом существе — уже заключён нравственный закон, который приведёт меня в порядок. Только нужна будет ваша помощь: не лишайте меня выбора, а точнее — чувства свободного выбора.

Что это — чувство свободного выбора?

Вам поможет понять это чувство моя игровая жизнь.

Вы знаете — я очень люблю играть. Но знаете ли, почему? Потому что игра доставляет мне чувство выбора.

Представьте такую картину: во дворе играют дети. Вы отпустили меня тоже играть с детьми. Одни играют в кошки-мышки, другие — в прятки. «Давай с нами играть!» — зовут меня ребята из той или другой группы. Силой никто не сможет принудить меня играть. Это будет уже не игра, а неволя. Я один могу решать — во что играть. И я выбираю: меня тянет игра в прятки. А теперь назовите игру, в которой нет правил! Такую игру вы не назовёте, потому что её не существует: игра бывает только с правилами. И раз я выбрал игру в прятки, то готов подчиняться всем правилам, которые действуют в этой игре. Что же будет, если я нарушу хоть одно правило? Будет то, что ребята, с которыми я играю, возмутятся и, в конце-концов, выгонят меня из игры, скажут: «Уходи, ты не умеешь играть, ты нам мешаешь!»

На что я хочу обратить ваше внимание?

На два обстоятельства.

Первое: я выбираю игру; я выбираю из того, что уже есть; во мне страсть к свободе не возмущается, она удовлетворена чувством свободного выбора. Я чувствую себя свободным.

Второе: я вступаю в игру, которая с правилами; я обязан им подчиниться; потому я уже не свободен; но я осознаю необходимость подчинения, это происходит на основе моей доброй воли. Получается, что я обретаю свободную несвободу, и моя страсть к свободе не протестует, она довольна.

Это и есть действие нравственного закона во мне совместно с законом моих актуализированных возможностей.

Какой же я подсказываю выход, чтобы в воспитательном процессе, в котором действует объективный закон принуждения, я не чувствовал принуждения, а ощущал в себе свободу?

Вот выход:

— В воспитательном процессе действует закон принуждения; но вы не усугубляйте этот закон, не стройте методы, которые подкрепляют принуждение; так вы лишите меня чувства свободного выбора, и моя свободная воля восстанет против вас; конфликты, — открытые или скрытые, — будут неминуемы; а конфликты, если они решаются авторитарными способами, станут помехой воспитанию. Этот путь не годится.

— Найдите в себе мудрость сгладить закон принуждения; сделайте так, как будто сам выбираю то, что вам необходимо преподнести мне, уберегите во мне чувство свободного выбора; я не требую самого выбора, а только бережное отношение к моему чувству свободного выбора. Когда я сижу на палочке, как на лошадке, и бегаю по комнатам, вы можете сказать мне: «Это же палочка, это не лошадка!», я отвечу вам: «Сам знаю, это не лошадка, но как будто лошадка!» Вот это «как будто» и есть чувство свободного выбора. Уберегите во мне это чувство, и закон принуждения в воспитании не станет для меня принуждением; я его приму так же, как принимаю правила игры, когда мне хочется играть.

Вот какой я подсказал выход, и надеюсь, что вы не будете этим злоупотреблять, чтобы притупить мою волю и навязывать то, что недостойно для моего воспитания. Воспользуйтесь советами:

— умейте договариваться со мной,
— при необходимости пытайтесь отвлечь моё внимание от соблазнов,
— научитесь просить меня понять вас, следовать за вами,
— если чувствуете, что в связи с вашим намерением во мне может возникнуть конфликт, предупредите меня заранее,
— заинтересуйте меня тем, что вы хотите, чтобы я сделал, усвоил, покажите мне лучшие стороны той деятельности или того предмета,
— сделайте меня соучастником ваших дел, ваших намерений по отношению ко мне,
— призовите мою страсть к взрослению, попросите меня помочь вам,
— «соблазните» красотой того, что предлагаете,
— научитесь искусству общения со мной.

Но никогда не предлагайте «взятку» или какое-либо вознаграждение за то, чтобы я проявил воспитанность, прилежание, честность. Думаю, вы сами поймёте, почему.

Если вы будете стараться уберечь моё чувство свободного выбора, тем самым вы познаете прелесть и романтику моего воспитания.

Вариация
«ОПЯТЬ ДВОЙКА»

Мы прекрасно знаем, что школьные отметки не могут определить личность нашего Ребёнка, они не годятся для гадания судьбы. Тем не менее, им позволяем столько, что те действительно омрачают нашу с Ребёнком жизнь. Можно даже вообразить, как государство само воздвигло идол в виде цифры «5» или в виде таинственных баллов, и велит всем нам, чтобы мы непрестанно, в течение всей школьной жизни, приносили ему в жертву наших детей — их радости, их устремления и свободы, их творчество, приносили в жертву наши добрые отношения с Ребёнком. Главным становится — получить хорошие отметки, ибо только на них можно купить место в жизни.

Отметки за знания?

Кого мы обманываем — себя или других! Неужели серьёзно думаем, что у кого есть аттестаты и дипломы о так называемом образовании (среднем, высшем), только они и есть образованный народ, и знания, набранные ими, превышают гималайские и кавказские горы?

Многие миллионы среди этих аттестатов и дипломов и выеденного яйца не стоят.

Нынешние средства позволяют молодым получать отметки и баллы, не ломая себе голову над учением. А многие учителя в школе, профессора в вузах воображают, что оценивают истинные знания, как будто сами никогда не пользовались шпаргалками и подсказками, дипломными работами, написанными другими для них. В Интернете можно найти любой реферат, решение любой задачи, в книжных магазинах можно купить постыдные для их авторов сборники готовых сочинений и решённых задач.

А какая развилась мощная подпольная сеть репетиторов, которые дают своим подопечным не знания, а учат умениям и навыкам; учат, как из крупиц знаний, которые надо зубрить, — можно получить нужные отметки и баллы. Контрольные проверки, тесты и экзамены превращаются в обман; а государство радуется, когда в этом море обмана где-то восторжествует правда; считает, что это и есть оправдание несуразных реформ; ради этого стоит тратить миллиарды.

Но что же мы теряем, когда гонимся за отметками? Погоня за отметками влечёт за собой образ жизни, в котором не остаётся времени и пространства, когда нам нужно было решать более важные воспитательные задачи. Это есть: духовное и нравственное развитие Ребёнка, это есть духовная общность с ним, это есть забота о его мировоззрении, о его культуре, это есть индивидуальное творчество...

Этих важных задач очень много; наиболее успешно они могут быть решены сейчас, в школьные годы, в годы подросткового и юношеского возраста. Откладывать опасно, их проглотят другие проблемы, которые принесёт смена жизни. Мы можем сколько угодно говорить о воспитании личности в Ребёнке, но в наших воспитательных заботах не умещаются, слабо отражаются дела, связанные с воспитанием личности.

Наш Ребёнок нам кажется ходячей цифрой от единицы до пяти. Какой наш первый вопрос, когда он возвращается из школы? «Тебя сегодня вызывали? Какие отметки получил? Покажи дневник!»

Неужели Ребёнок ради того и ходит в школу, чтобы радовать нас отметками (и ими же огорчать) и дневник показывать?

Беда, если Ребёнок придёт домой с плохой отметкой. Она, как злая ябеда, скажет нам, что, видите ли, ваш Ребёнок плохой! И, конечно, расстроится и рассердится мама, а папа свершит правосудие: он же трудится в поте лица ради него, а тот, видите ли, не ценит родительскую заботу, ленится! Конечно, надо принимать меры, и в зависимости от того, какой у отца характер, какие у него взгляды на отметки, он примет, может быть, вовсе не достойные для воспитания меры.

Стыд и срам учителю, говорит Василий Александрович Сухомлинский, стыд и срам учителю, и повторяет в третий раз, стыд и срам учителю, который ставит Ребёнку двойку в дневнике и тут же приписывает: «Папа, мама, обратите внимание, ваш Ребёнок не учится». И продолжает: ведь знает этот учитель, что тем самым он кладёт в дневник ремень для отца, и отец воспользуется им в тот же вечер.

Ребёнок ходит в школу не только для того, чтобы учиться. Это только одна часть жизни в школе. Школа — мастерская человечности. Ребёнок ходит туда, чтобы облагораживаться, чтобы личностью стать, чтобы иметь друзей, чтобы научиться любить и созидать. Народная мудрость гласит: вражда разрушает, а любовь созидает. Чтобы стать Благородным Человеком — вот зачем он ходит в школу!

Стыд и срам учителю, который забудет об этом и тоже будет смотреть на Ребёнка, как на ходячую цифру, и в зависимости от цифр будет судить о нём: хороший он или плохой, способный или неспособный, развитой или малоразвитой, выйдет из него человек или не выйдет, любить его или не надо любить.

Пройдут годы, и жизнь покажет, что «плохие» ученики стали хорошими, деятельными, добрыми людьми, кто-то из них и талант проявит. А за туманностью отметок учительские глаза сегодня этого не видят. Всё хорошее воспевается в народном творчестве, в творчестве поэтов, композиторов, художников. Но ни народ, ни какой-либо композитор, поэт или художник не вдохновился отметками, контрольными, экзаменами, не сочинил о них ни одну добрую песенку или поэтическую строку. И пусть единые государственные экзамены тоже не ждут, что в будущем кто-либо, кроме министров и начальников, посвятят им хвалебные стихи или одухотворённую музыку. В коридорах образовательной власти торжествует не мудрость, а сила, сама власть. Но не та власть, которая есть проявление Божественной Воли и Любви, а другая, которая стала проявлением самости и принуждения. Власть принуждает, народ покоряется (то есть, покоряемся мы со своими детьми), но это не означает, что он принимает образовательное насилие. Отметками и экзаменами сейчас пересиливается забота о воспитании. Борьба за отметку провоцирует ложь, ухищрения, девальвацию школьной жизни, противостояние, конфликты. Мешает семье, родителям познать своего Ребёнка как личность.

«Опять двойка» — так назвал свою теперь уже в мире известную картину художник Ф.П. Решетников. Написал он её в 1952 году; находится она в Третьяковской галерее в Москве. Стоит в дверях комнаты мальчик в пальто с меховым воротничком. В правой руке он держит свой школьный портфель, набитый до отказа. Это портфель ученика пятого, а может быть, шестого класса. На нём нет пионерского галстука, значит, есть причина. Глаза мальчика опущены. На лице — вина. Вина эта великая. Он опять получил двойку. Потому виноват перед матерью, которая одна воспитывает троих детей; виноват перед погибшим на фронте отцом, перед всеми, перед всем миром. Он двоечник. Опять двойку получил. А мальчик-то какой красивый, светловолосый. Он осуждён. Осуждён грустью матери — она присела на стул у стола, в красном переднике, домашних тапочках; руки беспомощно лежат на коленях. Как много ей пришлось пережить за годы войны, и теперь тоже одной ей нелегко воспитывать и прокормить троих детей, а надежды на сына рушатся, опять с двойкой пришёл сегодня. Как с этим смириться? Мальчик осуждён и младшим братиком. Он пока в школу не ходит, на велосипеде катается. Вот пойдёт в школу и будет учиться только на пятёрки, чтобы порадовать маму. Сейчас стоит он рядом с матерью со своим велосипедом и смотрит на своего старшего брата с насмешливой улыбкой. Ишь ты, тоже называется, брат: лентяй, безответственный, двоечник. Чуть поодаль от матери у стола стоит сестра-пионерка, с бантами на косичках. На стуле лежит открытая школьная сумка с книгами; на столе тоже лежат книги и тетради; она вся прилежная, аккуратная. Или уже выучила все уроки, или сейчас начнёт заниматься и будет учиться и решать задачи до полуночи. Но у пионерки брат вот такой — двоечник. Лицо у неё не сострадательное, а осуждающее. Брат срамит сестру-пионерку в школе, он не понимает, в какое положение ставит маму. Не хочет учиться, опять с двойкой из школы вернулся. Кому такой брат нужен. Бедное убранство комнаты тоже создаёт фон осуждения. Провинившегося сегодня, может быть, и завтра, и послезавтра никто любить не будет, его никто не уважает, с ним можно говорить только снисходительно, но ни на равных. Но нет — есть одно существо, для которого всё равно, с чем друг пришёл — с двойкой, пятёркой — оно любит его и будет любить назло всем учителям, которые ставят двойки и хотят, чтобы близкие недолюбливали двоечников, наказывали их. Существо это — собака, которая, скрутив хвост, бросилась к нему и передними лапами лезет ему на грудь, она улыбается и, высунув язык, облизывает своего друга. Может быть, художник нарисовал эту картину именно для того, чтобы сказать нам об обратном. А что двойки? Стоят ли они того, чтобы мы ожесточали свои отношения с Ребёнком? Какое имеет право пусть даже опять двойка, чтобы провоцировать суд и осуждение, грусть и безнадёжность, унижение и оскорбление в семье? Сегодня двойки, завтра успех. Но не двойки будут стимулировать успех, а радость, сам успех. Потому и сказал Василий Александрович Сухомлинский (у кого есть уши, да слышат): есть всемогущая радость познания, и детей нужно вести от успеха к успеху. Неужели учитель, воспользовавшись своим ложным правом ставить двойки, эту обстановку в семье мальчика сочтёт за победу своих учительских забот?

Не грусти, мама! Из сына выйдет человек честный, добрый, благородный. Только надо отбросить грусть и отчаяние и поступить так же, как эта собака. Скажи мальчику: «Сынок, в жизни всё бывает, я в тебя всё равно верю и всё равно люблю!» Скажи своей дочке-пионерке: пусть спокойно и с любовью поможет своему брату преуспеть, и не надо строить такую эгоистическую мину. Не помогает учитель — пусть поможет сестра. Скажи этому глупышке-сынишке, который ещё не познал школьные недоразумения, чтобы не прыгал, не шумел и не мешал брату, который занимается. Научи его не насмешкам, а состраданиям. Что делать? В школе, где ставят опять двойки — учителя ходят в очках, в которых вместо линз вставлены отметки разного порядка.

Вариация
КАК БЫТЬ С ОТМЕТКАМИ

Один прекрасный психолог Артур Владимирович Петровский портреты отметок обозначил такими меткими штрихами: уничтожающая единица, угнетающая двойка, равнодушная тройка, обнадёживающая четвёрка, торжествующая пятёрка. Тем самым он показал, что если не найти мудрость применения отметок и оперирования ими, мы можем значительно навредить духовно-нравственному миру Ребёнка. Отметки не имеют педагогического и психологического оправдания, они есть факторы принуждения. Дети и так хотят учиться и познавать, это их естество. Но мы не доверяем этому естеству и подменяем природное стремление принуждением, подхлёстыванием, кнутом и пряником. А детская природа не терпит насилия. Даже самое желанное через принуждение становится для Ребёнка нежеланным.

Дети учились бы без всяких отметок, наград, поощрений и наказаний, лишь бы мы сохранили за ними в обучающем процессе чувство свободного выбора, переживание радости. Проблема не в детях, а в учителях, которые верят только в свой авторитаризм, а отметки в их руках нечто вроде жезла, которого дети боятся и потому ведут себя на уроках более или менее сносно.

Но учителя, которые доверяют Природе в Ребёнке и согласно Ей ведут детей по пути познания, могут рассказать, насколько они преуспевают в познании наук, и расширяют свои интересы. Таких учителей мало, а сменить педагогическое сознание приказами не получится. Тем более, что такой приказ пока никто из имеющих власть не издал.

Что же нам остаётся? Нужно строить с Ребёнком отношения так, чтобы отметки не омрачали нашу жизнь. Может быть, пригодится приведённый ниже свод рекомендаций.

— Ребёнок рождается со страстью к познанию, он изначально устремлён к знаниям, учиться и открывать новое — его естественное состояние; мотив познания внутри самого познания.

— Для того чтобы учиться, ему не нужны формальные стимуляторы в виде наград и отметок,

— достаточны наши удивления и восхищения тем, чем он сам интересуется и в чём он преуспевает;

— не надо говорить маленькому Ребёнку, который скоро пойдёт в школу, что он должен учиться только на пятёрки, должен стать отличником.

— Опять двойка не должна ухудшать наши отношения с Ребёнком,

— из-за неё не устраиваем сцен и

— не ставим перед Ребёнком условия — или-или;

— не читаем ему нотации, не устраиваем суд над ним и

— не ограничиваем свободу, которую уже дали ему;

— выражаем надежду, что это поправимо, ибо у него есть способности.

— Стараемся вместе с ним разбираться в причинах и искать условия их устранения.

— Не скандалим с учителем;

— настраиваем Ребёнка на такую активность, чтобы учитель понял его.

— При успехе в учении радуемся, но не раздуваем значимость отметки,

— стараемся вселять в Ребёнка уверенность в свои способности и возможности.

— Не ведём за Ребёнком строгий контроль при выполнении домашних заданий,
— можем предложить нашу помощь, чтобы разобраться в трудных для него вопросах.
— Если сам захочет, охотно выслушаем, как он выучил параграф, стих, можем просмотреть письменные упражнения;
— советуем, но не навязываем своё мнение.
— За успехом Ребёнка стараемся видеть качество знаний, забывая об отметке,
— одобряем мотивы, которые связаны с познанием, а не с исправлением отметки,
— отдаём должное стараниям, прилежанию и творчеству.
— Часто беседуем с Ребёнком на интересующие его вопросы.
— Охотно слушаем его рассуждения, не стесняемся учиться у него. — Какие бы он ни приносил домой отметки — хорошие или плохие,
— их не подпускаем в нашу с Ребёнком духовную общность.
— Хорошие отметки радуют нас, но ради них не организуем праздники;
— принимаем внешние успехи Ребёнка, но интересуемся качеством знаний, его отношением к знаниям, его начитанностью и увлечениями.
— Подчёркнуто радуемся его достойным нравственным поступкам.
— Ни младшего школьника, ни старшеклассника не поощряем гордиться своими хорошими отметками, гордиться тем, что он учится лучше кого-либо из товарищей, что он первый в школе;
— если дирекция школы устраивает стенд с портретами отличников, стараемся, чтобы наш Ребёнок не счёл нужным, чтобы была выставлена его фотография.
— Нашему Ребёнку отличнику советуем быть скромным, не высовываться, не возгордиться, помогать одноклассникам без условностей.
— Если учителя в школе будут раздувать психоз с отметками, мы отнесёмся к этому спокойно и не будем поощрять, чтобы наш Ребёнок втягивался в эту гонку.
— На общих собраниях родителей в школе, где выдаются табеля успеваемости, мы больше спрашиваем учителей, какими

методами воспитания и обучения они пользуются и как обновляют себя, как повышают квалификацию, что читают;

— спрашиваем о причинах, мешающих нашему Ребёнку в продвижении или способствующих успеху;

— и редко задаём прямой вопрос: почему нашему Ребёнку выставлена та или иная отметка по тому или иному учебному предмету.

— Никогда не позволяем преподносить учителю ценные подарки с умыслом, чтобы тот проявил благосклонность к нашему Ребёнку;

— а учителю, который поощряет это среди родителей, надо проявить недоверие.

— Но учителя, которого полюбили дети и который имеет добрый авторитет, мы поддерживаем в его начинаниях и защищаем в случае его конфликта с руководством в связи с нововведениями.

Кульминация
ПЕДАГОГИЧЕСКАЯ АКСИОМАТИКА

Аксиома есть идея до той степени очевидная, что не требует доказательств; принимается в качестве истины, на основе которой можно вести суждения и искать доказательства для других — не очевидных в своей истине — идей. Их в геометрии называют теоремами.

Педагогика имеет свою аксиоматику; она составляет кладезь мудрости, на которой можно строить педагогические теории и практику. Однако, как это обычно бывает, нам не всегда под силу следовать мудрости. А если известна мудрость, но мы противопоставим ей наши предположения и действия, — как их можно назвать? Если они не мудрые, значит они неразумные, а то и глупые. Жить по законам мудрости нам, как правило, становится трудно, потому что мудрость требует сознательных волевых усилий. Мы же, как всегда, ищем лёгкие пути даже в воспитании Ребёнка.

Педагогическая аксиоматика, с одной стороны, подсказывает истинную направленность воспитательного процесса, с другой же, требует от воспитателя устремления к самосовершенствованию. Вот эта аксиоматика. И судите сами.

Любовь воспитывается любовью.

Доброта воспитывается добротой.
Честность воспитывается честностью.
Сострадание воспитывается состраданием.
Взаимность воспитывается взаимностью.
Духовность воспитывается духовностью.
Дружба воспитывается дружбой.
Преданность воспитывается преданностью.
Сердечность воспитывается сердечностью.
Культура воспитывается культурой.
Жизнь воспитывается жизнью.

Аналогично можно было бы перечислять антипедагогическую аксиоматику: ненависть воспитывается ненавистью, злоба воспитывается злобой и т.д. Но лучше не будем этим заниматься.

Говорят: клин клином вышибают, но это в материальном смысле. В духовном же смысле — ненависть ненавистью не вышибешь, злобу злобой не изгонишь, предательство предательством не уничтожишь.

Таким путём всё будет множиться и зло станет ещё сильнее.

Но есть закон, по которому высшие духовно-нравственные свойства в состоянии преобразовать и перевоспитать низшие свойства. Он позволяет преодолеть отрицательное, которое всегда есть низшее проявление, положительным, которое всегда есть проявление высшее. В данном случае мы получим следующие утверждения:

Ненависть преобразуется любовью.
Зло преобразуется добротой.
Бессердечность воспитывается сердечностью.
Бездуховность воспитывается духовностью...

Но не бывает, чтобы низшие свойства воспитывали высшие. Не бывает, чтобы ненавистью воспитывалась любовь, или злобой воспитывалась доброта.

Как же нам быть в том случае, если мы сами несовершенны, но хотим, чтобы наш Ребёнок был совершенным? Есть такое прекрасное понятие — устремлённость. Мы можем быть несовершенными и, как правило, мы такие и есть. Но если мы устремимся к лучшему, в этом устремлении можем воспитать в Ребёнке лучшие качества. Если же мы не хотим себя совершенствовать, наши воспитательные старания то и дело будут терпеть неудачу.

Без нашей устремлённости к самосовершенствованию педагогические аксиомы слабеют, теряют смысл и жизненность. Смысл же их в том. что: Воспитывая — воспитываемся сами. Образовывая — образовываемся сами. Уча — учимся.

Кому-то кажется, что педагогика — наука о воспитании детей взрослыми. Это не совсем так. Подлинная правда в том, что в педагогическом процессе Взрослый и Ребёнок — это единое самовоспитывающееся и саморазвивающееся целое, внутри которого они друг для друга — и воспитатели, и воспитанники, и учителя, и ученики. Разница между ними в том, что Взрослый действует сознательно, а Ребёнок — в силу своей духовной и естественной природы. Однако происходит досадная ошибка, но не со стороны Ребёнка, а со стороны Взрослого. Ребёнку не надо знать, что Взрослый, который его воспитывает и учит, одновременно является его воспитанником и учеником, а он для него — воспитатель и учитель. Но Взрослый, зная, что он для Ребёнка воспитатель и учитель, как правило, забывает, что одновременно он тоже есть для Ребёнка воспитанник и ученик, а Ребёнок для него — воспитатель и учитель. И в этом забвении упускается лучшая и своего рода единственная возможность целеустремлённого, сознательного самовоспитания и самоусовершенствования. Такое забвение ослабляет воспитание Ребёнка тоже — слабеет влияние на него силы устремлённости Взрослого, вместе с которым он является единым воспитательным целым.

Так происходит со многими взрослыми.

Но мы же не допустим ту же самую досадную ошибку?

Элегия
ХОДИТ ПО МИРУ МУДРЕЦ

Сидит Мудрец на камне.

Собрались вокруг него жители села и пожаловались на своих предков:

— Надо же им было думать о будущем, когда строили мост! Сто лет не выдержал! Сегодня он провалился и чуть было не погибли дети, которые возвращались из школы!

Спросил Мудрец:

— Кто есть для вас дети, о которых вы заботитесь?

— Как кто? Наши сыновья и дочери, наши внуки...
Спросил опять Мудрец:
— А ваши пра-пра-пра-пра-внуки тоже вам дети? Вы заботитесь о них?
Люди засмеялись.
— Какие они нам дети! Мы — их не увидим и знать не будем! И зачем нам о них заботиться? У них будут свои родители, пусть они и заботятся о собственных детях.
Сказал Мудрец:
— Послушайте притчу.
Пришёл к людям пророк и объявил:
— Я — пророк.
— Тогда скажи нам пророчество, — сказали люди.
— Я пришёл, чтобы сообщить вам: ровно через сто лет на этом же месте будет большой потоп. Он будет неожиданным для людей, нагрянет ночью и сметёт поселение. Погибнут все, в том числе и дети. Но вы можете их спасти, если построите высокие дамбы у моря...
— Ты нам лучше скажи, что будет с нами спустя три дня, а не что будет с какими-то людьми спустя сто лет... Какое нам дело до них... Тогда никого из нас, из наших детей и внуков, не будет в живых... — стали роптать люди.
— Но они ведь будут вашими потомками, продолжателями вашего рода! Позаботьтесь о них, чтобы они спаслись! — настаивал пророк.
— У нас и так много забот... Пусть они сами позаботятся о себе...
И люди не построили дамбы. Они обрекли на гибель своих отдалённых потомков.
Мудрец умолк.
Люди, собравшиеся вокруг него, задумались.
Один из них сказал:
— Мудрец, объясни нам притчу!
Ответил Мудрец:
— Мосты будут рушиться и впредь и до тех пор, пока вы не поймёте, что каждый из вас есть родитель не только собственного Ребёнка, но всего рода человеческого. И детей своих надо воспитывать с чувством заботы о будущих поколениях.

Последний аккорд
ЛЕТО УЛЕТЕЛО

Думал, что моё деревенское лето нескончаемо: весь июнь, июль и август, 92 дня, разве этого мало!

Но лето улетело. У меня нет больше времени писать. Пора браться за другие дела.

Книга, — маленькая или большая, неважно, — тоже растёт, как дитя: была она в моих мыслях, затем параграф за параграфом сложилась на бумаге. В этом виде она — младенец. Скоро она украсится переплётом и наступит стадия взросления. И когда-либо постареет и уступит место другим книгам.

Лето пролетело...

А у меня остались названия ненаписанных параграфов, к которым, может быть, никогда больше не вернусь, потому что не только лето, но и осень и зима улетают.

Что в этих названиях?

Собирался я написать ещё: о физическом развитии, о воспитании сердца, о подготовке детей к школе, о родительской дружбе с повзрослевшим сыном или дочерью, об отношениях с учителями Ребёнка, о воспитании героя, о первой любви, о мировоззрении молодого человека... Три точки здесь означают, что, как я убедился, вопросам о воспитании Ребёнка нет конца. Вопросы эти не новые, и о них много сказано, но я бы придал им другую окраску, исходя из основ Гуманной Педагогики.

Лето улетело.

Потому допишу ещё страницу и отложу ручку. Простите меня, **Нинца** с **Геги** и **Синтия** с **Дайнисом**! Простите, Дорогие Читатели, За мой скромный и несовершенный Дар для вас! Обращаюсь также к Вам, Милые мои

Тамусики
и
Кришьянис,
И к Вам,
Дорогие Дети Земли!
Пройдёт 20-25 лет, наступят тридцатые годы XXI века.
Вы станете прекрасными молодыми людьми!

Может быть, в библиотеке своих родителей Вы найдёте эту книгу и прочитаете, и мои мысли покажутся Вам устаревшими.

Не забудьте, пожалуйста, что я, педагог XX века, написал её в 2007 году.

Но писал её с нежной и сильной к Вам любовью, мечтою о Вашем лучшем времени.

Я не настаиваю, чтобы Вы воспользовались идеями этой книги в воспитании Ваших детей.

Но прошу Вас крепко держаться за две истинные ценности, которые, по моему глубокому убеждению, станут более важными в Ваш век нанотехнологий:

Это — цель воспитания Благородного Человека и Принципы Гуманной Педагогики.

Бушети, Грузия, Август 2007 года

МОЛИТВА РОДИТЕЛЕЙ

Господи!
От Тебя на Землю Пришёл Ребёнок И сделал нас родителями. Но почему Ты позволяешь нам возомниться, Что сотворили его мы, А не Ты?
Ты вложил в него Путь Светлый, Но почему позволяешь думать нам, Что Путь этот — к нам, А не к Тебе?
Он — Твоё чадо, Но почему позволяешь нам Воспитывать его Для своих благ, А не для возвеличивания Тебя?
Ты вложил в него Истину, Но почему позволяешь нам Навязывать ему наши заблуждения?
Ты устремил его К высотам Космических далей, Но почему позволяешь нам Привязывать его к земле?
Ты возвысил его Духом, Но почему позволяешь нам Приравнивать его к себе,
А не возвыситься самим до него?
Господи!
Открой нам глаза и Дай понять Сердцем, Что Ты присылаешь его Для нашего пробуждения!
Дай увидеть в нём Тебя Самого, И помоги нам Постигнуть Мудрость: Истинное воспитание Ребёнка Есть воспитание самих себя!
Аминь!

Исповедь отца сыну

ДОРОГОЙ ЧИТАТЕЛЬ!

Книга эта была написана и издана в 1980 году, когда моему сыну Паате, перед которым я исповедовался, исполнилось 16 лет.

Я предлагаю вам ее почти без изменений, если не считать редакционную правку и оглавления отдельных частей.

Но вам будет интересно, каков он — мой сын — сегодня и изменились ли наши взгляды на воспитание.

С этой целью я счел возможным дать вам сведения в качестве «дополнительных страниц», которые размещены в тексте.

Спасибо вам, что вы раскрыли эту книгу.

Буду рад, если поможет она вам в воспитании собственных детей.

Перед вами большая жизненная романтика.

Желаю вам удачи.

Искренне,

Ш.А. Амонашвили

ВСТУПЛЕНИЕ

Завтра тебе в торжественной обстановке вручат паспорт, и ты вернешься домой радостный, сразу повзрослевший: ты уже не ребенок, а совершеннолетний юноша, и мы — твои родители, твоя сестренка, бабуля, близкие — будем отдавать этим переменам должное.

А начнем с того, что я преподнесу тебе новую электробритву — пора тебе уже бриться; мама сунет в карман авторучку — ты любишь писать, вот и пиши; сестренка передаст сочиненный ею рассказ о тебе, он красочно оформлен как книжка, там она пишет, как она гордится тобой и если она никого не боится, то только потому, что надеется на тебя; а бабуля попросит тебя сесть на стул, чтобы в таком положении она смогла свободно поцеловать тебя в щечку, и угостит твоими любимыми сладостями.

И все мы вспомним о пройденном пути длиной в шестнадцать лет. Весь твой путь от младенчества до рождения гражданина.

Мы не имеем причин быть недовольными тобой. Возможно, ты не выделяешься в школе своими «однообразными» пятерками, учителя не выражают восхищения по поводу твоей одаренности. Но от многих разных людей (среди них и твои учителя, и наши соседи, и сотрудники по работе) неоднократно слышали мы похвальные слова о тебе: честный, воспитанный, трудолюбивый.

Особенно порадовало нас письмо одного старика крестьянина, прошедшего всю войну и знающего цену человеческим отношениям. После того как ты летом поработал со школьными товарищами на селе, этот старик, по имени Хемзе, написал письмо директору школы: «Уважаемый директор! Прошу прочесть это письмо. Может быть, Вам покажется, что нам делать нечего и потому развлекаемся письмами. Но я люблю хорошо воспитанных юношей. Таким остался для меня Паата. Передайте, пожалуйста, благодарность старика его учителям и родителям».

Какая мать, какой отец не порадуются такому письму? Разумеется, и я, и твоя мама вовсе не думаем, что в твоем воспитании все обстоит благополучно, все уже завершено, ты — само совершенство. Были у нас досадные оплошности и промахи в процессе твоего воспитания, но то, чего мы добились в созидании твоей личности, пока что можно считать хорошей основой для дальнейшего твоего совершенствования.

Мы воспитывали тебя в атмосфере гуманности, а это требовало от нас большого терпения и постоянного поиска путей к твоему маленькому сердцу и душе. Мы стремились привить тебе высочайшие человеческие качества, зажечь в тебе любовь к жизни и страсть к преобразующей деятельности, обогатить идеалами человечества, породить в тебе смысл жизни.

Удалось ли нам направить тебя на путь самовоспитания и самосовершенствования, руководствуясь этими целями?

Проверять все это будет жизнь: она не раз проведет тебя через свои испытания, после каждого из которых могут быть оценены плоды наших стараний.

А пока попытаюсь взглянуть на путь в 16 лет, от младенчества до совершеннолетия, и обрисовать атмосферу, в которой мы стремились созидать в тебе Человека. Это для нас, твоих родителей, имеет двоякий смысл.

Во-первых, нам необходимо оценить наши педагогические убеждения, которые, кстати сказать, развивались и складывались вместе с твоим развитием и становлением. В процессе возникновения наших убеждений ты, сам этого не подозревая, являлся самым активным участником и, как это ни парадоксально, даже воспитывал нас.

Воспитывая тебя, мы сами воспитывались и как родители, и как учителя, и, вообще, как граждане нашего общества.

Ты укрепил нашу семью радостью материнства и отцовства, обогатил наши семейные отношения. И почему многие думают, что воспитываются только дети, тогда как сами дети становятся наилучшими наставниками своих воспитателей?

Во-вторых, мы считаем, что родители обязаны отчитываться перед своими сыновьями и дочерьми, ставшими совершеннолетними, в том, как они воспитывали их, какие воспитательные цели ставили перед собой, какой идеал Человека хотели воплотить в них. Они обязаны говорить им правду: как и с какой ответственностью стремились выполнить свой долг — долг родителей.

Кто-то из родителей может возразить: «Мы воспитали ребенка, а теперь и отчитываться перед ним?» Да, наши дети имеют на это право, и мы обязаны говорить им, чего не успели, не смогли, не додумались дать им в свое время. Такое откровение, я убежден, станет основой для углубления взаимоотношений и взаимопонимания между родителями и их взрослыми детьми, оно поможет и нашим детям осознать себя как будущих родителей.

Вот какие мотивы побуждают меня взглянуть на путь в 16 лет, пройденный нами.

ОТ ПЕРВОБЫТНОЙ БЕСПЕЧНОЙ УЛЫБКИ ДО ПЕРВЫХ СЛЕЗ СОЖАЛЕНИЯ

Ожидание
Ожидание было мучительным. Мы волновались за жизнь матери, и на это было причин предостаточно — анализ крови, кардиограмма. Тем более что, оберегая маму, мы заботились и о твоем будущем.

Что говорить, родители хотят умного, способного, а еще лучше — талантливого ребенка. И вот будущая мама где-то вычитала, как ей казалось, мудрую мысль о проведенных кем-то опытах, доказывающих, что если мать в период беременности начнет увлекаться, допустим, музыкой или, скажем, математикой, то родится ребенок с определенными способностями к музыке или математике или же и к тому и к другому.

В нашей маленькой квартире в течение многих месяцев непрерывно звучали величественные мелодии Баха, Моцарта, Бетховена, Листа, Шопена, Чайковского, Палиашвили. Мама очень хотела, чтобы ее будущий ребенок был наделен музыкальными способностями.

Не знаю, насколько это повлияло на твое стремление к музыке, так как, со временем, ты, учась музыке, проявил довольно скудные музыкальные способности. Зато эти месячники классической музыки оказались высшей школой музыкального образования для меня: я, до того не разбиравшийся в музыке, вдруг начал проникать в глубины ее гармонии, вместе с мамой посещал концертные залы. Я пристрастился к классической музыке. Музыка в нашем доме не стихает и по сей день. Да и ты, признайся, неравнодушен к ней.

В ожидании твоего появления мать решилась еще и на другое: получив отпуск, она засела за научную работу. И так как мы с мамой коллеги, научные проблемы мы обсуждали вместе, искали, обобщали.

Всё это опять-таки служить было призвано главным образом твоему будущему: пусть родится сын со склонностью к научной деятельности.

Я пока еще не обнаруживаю прямой связи между научными пристрастиями в семье до твоего рождения и теми способностями, которые ты проявляешь. Правда, ты увлекся литературой и недавно начал писать рассказы. Но чтобы стать ученым, нужно особое умение. Может, оно у тебя появится в будущем, но до сих пор я его в тебе не замечал. Так что мудрая мысль, вычитанная мамой, пока что помогла нам насыщать духовной жизнью ту семейную атмосферу, в которой ты должен был появиться.

Эти знания сейчас складываются как особая новая наука, которая называется пренатальной педагогикой, то есть педагогикой до рождения. Научно установлено, что ребенок, находясь в утробе матери в четырех-, пятимесячном возрасте, начинает воспринимать внешние звуковые раздражители и реагирует на них. Скажем, если звучит в среде грубая музыка, грубая речь, грохочет что-то, то это вызывает в нерожденном ребенке учащение пульса и сердцебиения, то есть происходит отклонение от нормы. Если же звучит в среде гармоничная музыка и добрая речь, то ребенок не обнаруживает никаких отклонений.

На основе подобных экспериментальных знаний разработаны системы воспитания детей до рождения. Создаются клинические лаборатории пренатального воспитания детей.

Мой сын Паата начал писать рассказы в студенческие годы и публиковать их. В последние годы он серьезно занялся литературным творчеством. Вышли его книги: «Америка — XXI век» (М., Изд., «Беловодье», 2003), «Пучок лучей» (Тбилиси, Изд., «Матрица», 2004). Занимается он и наукой, социологией.

Трудно, конечно, утверждать, что эти успехи связаны с нашими стараниями до его рождения. Но также трудно отрицать это.

Мы очистили, «проветрили» семейную атмосферу от — и этого редких — проявлений нервозности, грубости, раздражающего шума и заполнили чуткостью и любовью.

Нам не терпелось начать твое воспитание; мы захотели приступить к нему еще до твоего рождения, и в конечном счете оказалось, что это мы сами себя готовили к тому, чтобы стать твоими родителями.

Отец
Твое рождение одновременно было рождением мамы и папы, матери и отца. Да, я родился вместе с тобой: ты — как ребенок,

я — как папа. «Я папа, я родитель, я отец!..» В этот февральский день я со всей серьезностью удивлялся тому, что ни по радио, ни в газетах не сообщали вестей о твоем рождении.

Смешно, правда?

Хоть я и готовился к твоему появлению, ты тем не менее потряс меня. Как тебе описать, как тебе дать понять, какие чувства кипели во мне, в новорожденном папе? Я возвысился, возмужал, вдруг я вообразил, что мне поручена судьба чуть ли не всей нашей планеты. Я стал куда серьезнее, чем и удивил моих друзей и товарищей.

Нет, чувства новорожденного папы неописуемы, — просто настанет время, когда и ты переживешь то же самое.

Постепенно я начал осознавать свое новое, изменившееся общественное положение.

Что значит быть папой?

Мало сказать, что папой не становятся, не имея собственного ребенка, что папа содержит семью, помогает маме в воспитании детей.

Папа — не тот человек, который, возвращаясь домой пьяным, приносит из магазина конфеты: «Вот тебе, сынок, проявление моей чуткости!»

Папа — не тот человек, который, заботливо держа в руках завернутого в пеленки младенца, окутывает его густым дымом сигареты.

Папа — не тот человек, который гоняется за сыном с ремнем, дабы свершить свою воспитательную миссию.

Звание папы следует осмыслить не столько с позиции ребенка, ибо ребенок не всегда будет ребенком, а папа всегда останется отцом, — а с точки зрения его общественной деятельности.

Ребенок будет расти, и в один прекрасный день он обнаружит, что вчерашний его папа, которого он так искренне любил, избивает маму, на работе его называют лодырем, он пьяница, распутник. Кем же после этого он станет для своего вчерашнего ребенка и сегодняшнего юноши, если юноша или девушка станут стыдиться своего отца, отвергнут его.

Так какой же он — настоящий папа?

Настоящий папа — труженик во всех сферах жизни. Он может быть рабочим шахт и мартеновских печей; машинистом железнодорожных составов и электричек в метро; матросом танкера дальнего плавания и летчиком пассажирских самолетов; ученым и поэтом; артистом и политиком; предпринимателем и крупным бизнесменом. Он может быть учителем школы и врачом больницы. Но кем бы он ни был, всюду его уважают, почитают, с ним советуются. Он хороший друг, хороший коллега. Готов помочь нуждающимся, умеет сопереживать и радоваться. Он общественник, защитник прав человека, своих прав свободы. Не даст никому унизить себя и не унизит никого.

И, конечно же, настоящий папа — тот, кто, широко раскинув руки, бежит навстречу своему ребенку, бросающемуся в его объятия с оглушительными и радостными возгласами: «Папа пришел!»

Папа всегда проявляет нежность к жене, любовь и уважение к родителям, несет в дом радость и заботу. Он держит в своей правой руке руку сына с молотком, в левой — левую руку с гвоздем, и так, вместе, они забивают гвоздь в доску, мастеря скамейку для садика. Он хмурит брови и огорчается при детской шалости ребенка, а в другой раз упрашивает маму снять или облегчить наказание: «Он больше не будет!»

Я убежден, что с воспитанием своих детей успешно могут справиться только такие папы (и, разумеется, такие же мамы). Мы обязаны, мы должны дать моральное право нашим детям гордиться своими папами и мамами, ведь мы знаем, как им этого хочется. И папа, одержимый созидательной и преобразующей деятельностью, честный, справедливый и отзывчивый, остается папой для своих детей на всю жизнь. Он не перестает воспитывать и напутствовать их даже после своей смерти, даже в тех случаях, когда дети знакомятся со своим погибшим отцом по фотографиям.

Мне так и хочется крикнуть: «Папы, берегите свою честь, ибо это самое ценное наследство, какое мы можем оставить детям!»

Нарисовав себе такой образ папы, я повседневно старался уподобляться ему, я шлифовал себя, я спешил успеть это до того, как ты смог осознать своего отца как человека, как гражданина. Я должен был сотворить себя настоящим папой для тебя.

Чего греха таить, я мечтал стать для тебя другом, достойным подражания.

Имя

Как тебя назвать? Думаешь, это было просто?

Конечно, есть специальные справочники, в которые занесены тысячи имен, распространенных в мире. Можно выбрать, что душе угодно. Но — нет.

Я не сомневаюсь в том, что ни один человек нашей планеты не носит имя, которое не было бы выбрано родителями специально для него.

Однако следует оговориться: наши родители назвали нас тем или иным именем, исходя из разных мотивов и соображений. Среди них были и есть такие, как сохранение родовых имен в память о предках или заслуги близкого человека. Эти традиции очень хороши и достойны того, чтобы их сохраняли впредь. Разве не достоин похвалы поступок родителей, назвавших своих детей именем Леван, в честь того заботливого и талантливого врача, который разработанным им способом оперировал ребенка сразу же после рождения, исцелил от врожденного порока сердца более двухсот мальчиков и столько же девочек и тем самым спас их от неминуемой гибели!

Наши родители выбирали для нас самое красивое, самое модное, самое подходящее, самое распространенное или же, наоборот, самое редкое имя. И вот живем мы с этими именами, может быть, теперь уже вовсе не модными, вовсе не редкими и вовсе не красивыми. Но мы привыкли к своим именам, мы уже вступили в широкое общение и широкие связи с людьми, которые нас знают по этим именам.

Можно ли упрекать наших пап и мам за то, что они так старались украсить нас достойным по их представлениям именем?

Вся беда в том, что мы, родители, не можем ждать того времени, когда ребенок вырастет и сам выберет себе имя по своему вкусу.

Не можем потому, что ребенок сразу же после рождения становится членом общества людей, а связи в нем не могут быть осуществлены, если у человека не будет своего имени.

Но случается такое, когда взрослый человек конфликтует со своим именем, пытается избавиться от него, переименовать себя, заменить паспорт.

Действительно, как быть человеку, отец которого (конечно, из любви к сыну, из желания украсить его достойным именем, да к тому же еще из стремления ознаменовать свою эпоху) назвал его Трамваем, а сам Трамвай, ставший отцом и побуждаемый теми же чувствами и мотивами, называет своего сына именем, отражающим его профессиональную принадлежность

— Пантограф. И ходит теперь Пантограф Трамваевич со своим именем и отчеством, конфликтуя с ними. Он боится назвать их незнакомому человеку, так как предвидит, как тот удивленно уставится на него и поинтересуется, не шутит ли Пантограф Трамваевич. В кругу знакомых и товарищей он уже привык к насмешкам.

Как после этого не выразить ему глубокое огорчение близким людям, которые так легкомысленно отнеслись к величайшему делу — присвоению имени. В конце концов, он заменит паспорт, в котором назовет себя по-новому, но ведь в общественных кругах, где его знают, никогда не забудут его старого имени и часто будут путать с новым.

Вот какая беда. Мы с мамой хотели назвать тебя таким именем, которое ты счел бы за честь носить. Оно не должно было тебе мешать входить в общество; люди, обращаясь к тебе, знакомясь с тобой, не должны были направлять на него особое внимание, ломать себе язык, произнося его. Оно должно было быть звучным и легким.

Но было у нас и более важное намерение, а именно: имя твое должно было стать твоим добрым советчиком, в нем ты должен был находить постоянный зов родителей — не забывать, кто ты и ради чего ты живешь.

В родильный дом, куда меня не пропускали, я послал твоей маме следующее письмо:

«Дорогая, любимая моя!

...Теперь о том, какое имя дать нашему сынишке. Мы должны решить это сегодня-завтра, так как надо зарегистрировать мальчика и взять свидетельство о рождении. Я предлагаю три имени: Гиви — имя твоего отца, Александр — имя моего отца и Паата. Согласен на любое из них. Решай, пожалуйста. Ты его родила, ты и назови его... Целую».

Спустя некоторое время мне принесли ответное письмо. Оно и решило проблему:

«Любимый!

Мы ведь уже много раз говорили об этом. Назовем его Паата. Звучит красиво, и содержание его благородное. Целую тебя...»

Почему мы выбрали именно это красивое, мелодичное сочетание нескольких звуков? Потому, что оно отражало наше общественное кредо, наш идеал, главнейшую цель нашего воспитания.

Думаю, ты понял нас еще в прошлом году, когда мы дали тебе почитать интересный роман Анны Антоновской «Великий Моурави».

Был у грузинского народа яростный враг, может быть, самый коварный и злой из всех врагов — Шах-Аббас. В Грузии тогда царствовала междоусобица, и вражда феодалов друг с другом заставила великого Моурави, героя, полководца Георгия Саакадзе покинуть родину и искать прибежище именно у злостного врага своей родины. Шах-Аббас, жаждущий окончательно покорить Грузию, поручил великому полководцу осуществить свой замысел: дал ему большое войско и отправил против своего же народа. И чтобы тот не осмелился предать его, в качестве заложника оставил при себе любимого сына полководца, красивого юношу Паату. Паата был посвящен в намерения отца, он знал, что Шах-Аббас, как только узнает, как обернулись дела, отрубит ему голову. Но юноша, преданный своей родине, с нетерпением ждал вестей из Грузии. Узнав о приказании шаха отрубить ему голову, он обрадовался — значит, отец не дал врагам растоптать родину, уничтожить и сжечь ее. Вскоре великий полководец получил шахский «подарок» — отрубленную голову своего горячо любимого сына. Это было в 1625 году. С тех пор имя Паата стало у нас символом преданности родине, своему народу, символом высокой гражданственности. Народ полюбил погибшего юношу, а имя Паата у нас переходит из поколения в поколение.

Эта легендарная история и побудила нас назвать тебя именем, которое ты носишь.

Надеюсь, что тебе не придется быть заложником, пусть всегда небо над тобой будет мирным. Но Пааты нужны нашей родине не для того, чтобы оставлять их врагам в качестве заложников, а чтобы они строили наше будущее, ковали счастье своего народа и свое личное счастье.

Прошу тебя, сын мой, почаще задумывайся над своим именем. Зов твоих родителей будет звучать в нем и тогда, когда нас не будет. Прислушивайся к этому зову.

В разное время мы называли тебя разными ласкательными именами. Когда тебе было полтора года, мы звали тебя Бупой: садясь на лошадку, ты любил бубнить — «бупа-бупа». Мы звали тебя и Бубликом: ты любил грызть бублики. Были у тебя и другие прозвища. Но Паата — твое единственное и, я надеюсь, настоящее имя.

Человек должен вживаться в свое имя, задумываться над ним и постоянно прислушиваться к зову предков, через этот зов ощущать теплоту и любовь своих родителей.

Так должен поступать и ты, мой друг!

Чудо

Мы только что распеленали тебя, ты весь запачкан, мокрый. Ты лежишь на спине, болтая ножками и ручками. На лице у тебя ярко, определенно и выразительно написано удовлетворение. И если бы ты смог запомнить тогда мое лицо, наверное, передал бы теперь, как я был удивлен.

Я уже давно привык к тому, что в природе много удивительных явлений, а разум и руки человека создают не менее удивительную действительность.

Но вот я смотрю на тебя, современного акселерата весом 4200 граммов, и меня охватывает глубокое удивление. Есть единственное чудо в мире, действительно удивительное явление — младенец. Это беспомощное существо без самоотверженной заботы взрослых сразу гибнет. Но если воспитать его как следует, из него выйдет человек, способный украсить и обогатить жизнь.

Возможно, миллионы пап и мам, в порыве своих чувств, не задумывались над тем, перед каким величайшим явлением оказались: перед ними не просто их ребенок, а самое удивительное создание природы. Нельзя не задумываться над этим. Нельзя потому, что она, природа, загадочна: она не совершает чуда до конца, возлагая это на нас.

Если ребенок — чудо, то кто же тогда мы — папы и мамы? Рискну сказать — мы, миллионы пап и мам, ровно как миллионы пап и мам, которые жили до нас и которые придут после нас, все мы —

уполномоченные природой завершить чудо. Так пойми же это, каждая мама, каждый отец, и ты сразу почувствуешь, кто ты такой!

Кто же он — наш ребенок?

Тогда, в 60-е и 70-е годы, мои педагогические воззрения были еще в стадии формирования. Кроме того, в эпоху тоталитарной идеологии говорить открыто о духовной сущности человека было опасно. Сущность ребенка в книге я приписывал земной природе. Считалось, что это и есть материалистический подход. Но было у нас в семье некое чувство духовности, что сопровождало воспитание сына. Это чувство духовности в дальнейшем сложилось в следующей концепции.

Я принял допущения:

Высший мир, Мир духовный, Мир Абсолюта существует реально.

Душа наша есть бессмертная сущность и устремлена к вечному совершенствованию.

— Земная жизнь есть отрезок пути восхождения в совершенствовании. Из этих допущений я делаю вывод:

— Ребенок есть явление в нашей земной жизни.

— Он, есть носитель своего предназначения, своей миссии.

— В нем заключена неограниченная энергия духа. Это есть духовный аспект ребенка.

В чем же заключается аспект земной природы?

Природа дарит ребенку тело, которое есть инструмент души. Вообразите, что перед вами лежит скрипка, сотворенная самим Страдивари. Мы знаем, что в ней лежат все прекрасные звуки и мелодии, даже те мелодии, для которых еще не родились композиторы. Но сама скрипка, которая совершенна, озвучивать мелодии не может. Нужен исполнитель, который без скрипки тоже ничего не сделает. Он возьмет скрипку, приложит к подбородку, закроет глаза, и с помощью правой руки, в которой будет держать смычок, и пальцев левой извлечет из божественной скрипки божественную мелодию. Так вот, этот исполнитель есть душа, а скрипка — тело. И чтобы тело могло стать совершенным, так же как дерево, из которого мастер творил скрипку, земная природа заложила в ребенке три мощнейшие естественные страсти:

страсть к развитию,
страсть к взрослению,
страсть к свободе. Вот кто есть наш ребенок. И не земная природа доверяет нам ребенка на воспитание, а Творец всего. Потому воспитатели детей есть соработники у Бога.

Поверить Локку, что он «чистая доска», на которой можно написать все, что вздумается взрослому? Или же, может быть, предпочесть точку зрения Руссо, гласящую, что ребенок — это воск, из которого можно вылепить человека любой формы и сути?

Этому теперь могут поверить только наивные. Не был и не существовал живой Эмиль, вылепленный из воска, как нет и детей — чистых ходячих досок. Будь это так, без труда придали бы мы миллионам мальчиков и девочек нужную форму, воспитание не стало бы для нас особой проблемой.

Ребенок — не аморфная масса, а существо, таящее в себе силы, равных которым не сыскать на всей нашей планете.

Сила низвержения Этны?

Сила Ниагарского водопада?

Сила движения Земли вокруг Солнца?

Не надо перечислять: только одна сила, затаенная в ребенке, сила духа, разума и сердца, если ее довести до совершенства, станет сверхсилой, способной преобразовывать, обогащать, украшать все вокруг — и на Земле, и в Космосе, и в себе.

Дремлющие в ребенке силы будут пробуждаться постепенно: сперва он начнет ощущать, затем — узнавать, а далее и одновременно — радоваться, ходить, говорить, запоминать, наблюдать, общаться, усваивать и, как величественный венец всему этому — мыслить, преобразовывать и созидать.

Но суть в том и заключается, что ребенок сам, какие бы силы ни таились в нем, ничего не сможет развить в себе, не сможет встать даже на ноги, не говоря уже о возвышении до человека. Совершить чудо: сделать, воспитать, создать из него человека — дело рук самого человека, и в первую очередь пап и мам...

Улыбка есть загадочное явление в жизни людей. Недавно я написал маленькую книгу — «Улыбка моя, где ты?». Позволю себе привести здесь сочиненную мною легенду об улыбке.

Я смотрю на своего сына, которого только что распеленали, мокрого и испачканного. Он болтает ручками и ножками и весь измазался. «Фу!» — говорит мама и боится дотронуться до него. Я отворачиваю нос. А бабуля, сияя от блаженства, берет его на руки и нежно опускает в ванночку с теплой водой. Она уже приступает к воспитанию внука. Какое там «фу» — я засучиваю рукава и тоже приступаю к воспитанию, мама включается тоже — стелет постель, а затем садится в кресло и готовится накормить своего первенца.

Улыбка
Мягко сказано — готовится.
Ты когда-нибудь пил молоко, смешанное с кровью? Не удивляйся, не торопись отрицать.

Мать готовится — она стискивает зубы, глаза наполнены слезами; дрожащими руками она достает грудь, сосок которой как бы рассечен ножом, из раны выступает кровь.
Маленький акселерат, только что наслаждавшийся в теплой ванночке, завернутый в чистые пеленки, теперь начинает пищать: он голоден, как волчонок, ему надо есть, ему надо прибавлять в весе каждый день, он повышает голос и сразу, как только вцепится губами в сосок, умолкает. И вскоре из надутого рта начинает сочиться красновато-желтая жидкость. Мама стонет, кусает себе губы, из ее глаз теперь уже потоком льются на твое личико слезы, все ее тело начинает вздрагивать от приступа. Но руки ее как бы приобрели сознательную и самостоятельную жизнь, бережно тебя качают и отирают твое мокрое от маминых слез лицо.
Ты насытился и заснул. Руки укладывают тебя в постель.
Ты чуть потягиваешься. На твоих губах, как бы изнутри, появляется удивительно мягкая, удивительно нежная первобытная улыбка. Она играет в течение всего секунды — двух, а затем опять возвращается вовнутрь и исчезает. Как будто она у тебя единственная, и ты ее бережешь.
Об этой улыбке известно очень немногое. Утверждают только, что она, эта первая улыбка, так неожиданно и беспричинно озаряющая лицо младенца, тоже унаследована от природы, от матери.
Во что она нас посвящает? А что если она намекает, как строить воспитание? Загадка. Я лично принимаю ее как символ права детей радоваться жизни.

Догадки наши не рассеивают таинство Первой Улыбки младенца, она остается загадкой. И пока она есть загадка, пока наука не в состоянии ее разгадать, воспользуюсь случаем и сотворю миф о происхождении Улыбки.

Вот мой миф.

Это было давно, очень, очень давно, когда люди еще не умели улыбаться...

Да, было такое время.

Жили они грустно и уныло. Мир был для них черно-серым. Блеск и величие солнца они не замечали, звездным небом не восторгались, не знали счастья любви.

В эту незапамятную эпоху один добрый ангел на Небесах решил спуститься на Землю, воплотиться в тело и испытать земную жизнь.

«Но с чем я приду к людям?» — задумался он.

Ему не хотелось прийти к людям в гости без подарка.

И тогда он обратился к Отцу за помощью.

— Подари людям вот это, — сказал ему Отец и протянул маленькую искру, она светилась всеми цветами радуги.

— Что это? — удивился добрый ангел.

— Это Улыбка, — ответил Отец. — Положи ее себе в сердце и принесешь людям в дар.

— И что она им даст? — спросил добрый ангел.

— Она принесет им особую энергию жизни. Если люди овладеют ею, то найдут путь, по которому утверждаются достижения духа. Добрый ангел вложил удивительную искру в сердце свое.

— Люди поймут, что рождены друг для друга, откроют в себе любовь, увидят красоту. Только им нужно быть осторожными с энергией любви, ибо...

И в это самое мгновение добрый ангел спустился с Небес на Землю, то есть воплотился в тело, то есть родился, и он не дослушал последние слова Отца...

Новорожденный заплакал. Но не потому, что испугался темной пещеры, угрюмых и еле различимых лиц людей, с недоумением глазевших на него. Заплакал он от обиды, что не успел дослушать, почему людям надо быть осторожными с Улыбкой. Он не знал, как быть: подарить людям принесенную для них Улыбку или утаить ее от них.

И решил — извлек из сердца лучик искры и посадил его в уголке своего ротика. «Вот вам подарок, люди, берите!» — мысленно сообщил он им.

Мгновенно пещеру осветил чарующий свет. Это была его Первая Улыбка, а угрюмые люди увидели Улыбку впервые. Они испугались и закрыли глаза. Только угрюмая мама не смогла оторвать глаз от необычного явления, сердце ее зашевелилось, а на лице отразилось это очарование. Ей стало хорошо.

Люди открыли глаза, их взгляд приковала к себе улыбающаяся женщина.

Тогда младенец улыбнулся всем еще, еще, еще.

Люди то закрывали глаза, не выдерживая сильного сияния, то открывали. Но наконец привыкли и тоже попытались подражать младенцу.

Всем стало хорошо от необычного чувства в сердце. Улыбка стерла с их лиц угрюмость. Глаза засветились любовью, и весь мир для них с этого мгновения стал красочным: цветы, солнце, звезды вызвали в них чувство красоты, удивления, восхищения.

Добрый ангел, который жил в теле земного младенца, мысленно передал людям название своего необычного подарка, но им показалось, что слово «улыбка» придумали они сами.

Младенец был счастлив, что принес людям такой чудодейственный подарок. Но иногда он грустил и плакал. Маме казалось, что он голодный, и она спешила дать ему грудь. А он плакал, потому что не успел дослушать слово Отца и передать людям предупреждение, какую им нужно проявить осторожность с энергией Улыбки.

Так пришла к людям Улыбка.

Она передалась и нам, людям настоящей эпохи.

И мы оставим эту энергию последующим поколениям.

Но пришло ли к нам знание, как нам нужно относиться к энергии Улыбки? Улыбка мощь несет. Но как применять эту мощь только во благо, а не во зло?

Может быть, мы уже нарушаем некий важнейший закон этой энергии? Скажем, улыбаемся фальшиво, улыбаемся равнодушно, улыбаемся насмешливо, улыбаемся злорадно. Значит, вредим самим себе и другим!

Нам нужно немедля разгадать эту загадку, или же придется ждать, пока не спустится с Небес наш добрый ангел, несущий полную весть об энергии Улыбки.

Лишь бы не было поздно.

Вулкан

Может быть, ты живешь вне времени? Может быть, вокруг тебя создано особое, неизвестное нам доселе время и пространство? За несколько месяцев, за три-четыре года ты совершаешь титанический марафонский бег. Каждый день, каждая минута и секунда, действующие в твоем поле развития, сулят удивительные изменения и новообразования.

Так прессуется время только на киноленте, только во сне, только в воображении: секунды равняются часам, минуты — дням, часы — месяцам, а дни — годам.

Однако моя фантазия, чувствую, подводит меня: эти первые месяцы, первые три-четыре года развития ребенка в действительности равны миллионам лет развития человечества. Ведь я, глядя на своего сына, становлюсь свидетелем удивительного явления, дошедшего до меня из тысяч горизонтов времени. Я свидетель того, с какой гармонией природа-мать за миллионы лет бесконечных стараний заложила в первые три-четыре года жизни ребенка суть своего кропотливого созидательного труда, суть самой себя.

Уму непостижимо!

Можно ли переставать восхищаться этим зрелищем, сколько бы миллионов раз ни повторялось оно перед нашим взором!

Я — как часть природы, ее суть, ее венец, я как папа, как мама, как творец и человек среди подобных мне людей, спешу стать соучастником природы — созидать Человека, превосходящего меня и предназначенного людям.

В тебе пробуждаются силы.

Так же начинает пробуждаться вулкан.

Вокруг тебя все начинает сотрясаться, как вокруг вулкана.

Люди боятся землетрясения, извержения вулкана.

Папы и мамы тоже боятся, когда их ребенок начинает извергать свои силы.

Из многих квартир можно услышать несуразные вопли разболтанной педагогики: «Нельзя... нельзя... не трогай... угомонись... не бросай... не ломай... вылезай немедленно... угомонись... угомонись... Ой!»

Тысячи детей в тысячах квартир как бы сговорились между собой: они одновременно могут зацепиться за скатерти, накрытые в честь гостей, потянуть их за собой, и в доме раздастся такой грохот, что соседи этажом ниже с ужасом схватятся за головы. Мамы придут в отчаяние, папы раскроют ладони правой руки, готовясь свершить правосудие, бабушки и дедушки мигом встанут на защиту своих внуков. А те в это время могут ликовать, торжествовать, хохотать до упаду.

«В ребенке злое начало», — поспешат прокомментировать некоторые.

«Надо заглушить это начало», — поспешат посоветовать другие.

Я не могу представить себе, что случилось бы с вулканом, если бы люди закупорили его в кратер и лавина не смогла бы извергаться из него. Но я вполне отчетливо могу предвидеть, основываясь на научных знаниях, что может произойти с ребенком, если папы и мамы будут воспитывать его, предварительно связав ему руки и ноги. Силы, стремящиеся к извержению, приглушатся, бессильными станут не только руки и ноги, но и ум. Развяжи года через два воспитанного таким образом ребенка — и ему, возможно, никогда не вздумается кубарем скатиться с горы или усовершенствовать жизнь.

Какое там злое начало! Ребенок стремится, сам этого не понимая, развивать свои возможности, умения, способности, которыми так щедро одарила его природа.

Он ищет среду, заполненную трудностями. Он чувствует — ему необходимы трудности, именно трудности. Он неугомонен. И вдруг...

Он кладет игрушку в рот. — «Брось, тьфу-тьфу!»
Он лезет под кровать. — «Вылезай!»
Он залезает на диван, чтобы спрыгнуть с него. — «Слезь!»
Он пытается опрокинуть стул. — «Не смей!»
Он бегает по комнатам, ведя за собой паровоз и пыхтя, как паровоз. — «Хватит!»

Пытается разобрать заводную игрушку. — «Нельзя!»
Задает вопрос за вопросом: почему? кто? что? — «Замолчи!»
Как быть с бабочкой? Может быть, оторвать ей красивые крылышки, чтобы она не утомляла себя своими полетами от цветочка к цветочку и не портила эти цветы?
Меня пугает и индифферентность некоторых пап и мам, разрешающих ребенку делать все, что ему вздумается — «Пусть!».
Ребенок рвет красочно оформленную книгу. — «Пусть!»
Ломает красивую вазочку. — «Пусть!»
Отрывает голову кукле. — «Пусть!»
Дергает маму за волосы и визжит. — «Пусть!»
И воспитываются дети в очень многих семьях под давлением всезапрещающей императивности взрослых или всеразрешающей хаотической дозволенности.

«Дети оказались в империализме взрослых. Надо их спасать!» — негодуют некоторые теоретики и призывают к священным крестовым походам за освобождение детей. Да, империализм надо ломать и низвергать. Но нужно остерегаться и того, чтобы взрослые не оказались под диктатурой детей.

Диктатура взрослых, царящая во всезапрещающем волевом воспитании, или диктатура детей, расцветающая во всеразрушающем хаосе, несут одинаково горькие плоды — разрушенную судьбу ребенка. Тут нельзя искать золотую середину. Между императивным и вседозволяющем воспитанием середины нет. Есть только единственно правильный подход к воспитанию — гуманный.

Развитие
Зачем ребенку трудности?
Как зачем? Чтобы преодолевать их.
Зачем же создавать трудности, а затем преодолевать их? Нельзя ли без них?
Нет, нельзя.
Трудности в физическом, умственном и духовно-нравственном развитии ребенка — это ступени, преодолевая которые он поднимается на пьедестал человечности. Ребенок чувствует — ему необходимо укреплять свои силы и задатки в преодолении трудностей. А нам необходимо готовить ему эти

ступени, каждая из которых будет побуждать к деятельности его физические и духовные задатки.

Я расстилаю ковер, и мы с сыном садимся на него. Я выбираю цветную пластмассовую игрушку и кладу ее на ковер подальше от него. Он без особого труда подползает к ней, мигом овладевает ею — и тут же сует в рот. Затем забрасывает ее под кровать.

Я беру другую игрушку и кладу ее еще дальше, чтобы труднее было до нее добраться. Но расстояние оказалось слишком уж большим, и у него, возможно, пропал бы всякий интерес к игрушке, не придвинь я ее чуть ближе. Он возобновляет наступление, а я измеряю расстояние от первоначального его места на ковре до игрушки. Это «зона ближайшего развития» в ползании за овладение игрушкой. Так постепенно я буду отодвигать игрушку все дальше и дальше...

Сын подрастает — ему полтора года. На том же ковре мы боремся. Он любит борьбу с отцом. Потеет, пыхтит, но не отступает. Я чувствую, как напрягаются его мышцы, заставляю крутиться, падать, может быть, причиняю даже боль. Он ликует, он победил, но ценой каких усилий, знаю лишь я. С каждым разом я усложняю его путь к победе. Он огорчается, когда падаю сразу. Нет, он не хочет, чтобы победа досталась ему без труда, без усилий...

«Ну, прыгай, прыгай же, не бойся!» Он стоит на диване. С маленького стульчика он уже прыгает свободно, но спрыгнуть с дивана пока не осмеливается. «Прыгай же, не бойся!» Он спрыгнул и упал. «Ничего, ничего. Давай еще!» Он опят падает, но радуется. Рекорд повторяется. Надо увеличить высоту... А может быть, дать ему попробовать завтра-послезавтра спрыгнуть со стола?

«Давай побежим, кто быстрее!» Парк большой. Места хватает. Мы бежим, то я обгоняю его, то он меня, попеременно. Вижу, он устал. Мы падаем на травку и начинаем кувыркаться. Завтра-послезавтра надо будет усилить темп и удлинить расстояние.

«Не хочешь залезть на дерево?» Ему пять лет. Он пробует. Не получается. Я помогаю. Каждый раз, проходя в парке мимо того дерева, он пробует забраться на него. Победа!

У нас поход в ущелье. Там много камней, больших и маленьких.

«Давай строить башню!» Он рад. Мы тащим камни, большие и маленькие, аккуратно укладываем друг на друга, чтобы четырехугольная башня не развалилась. Устали. Надо пообедать. В другой, в третий раз возвращаемся туда же достроить башню. На вершине устанавливаем флажок. Высока и красива наша башня, она нравится всем, кто проходит мимо.

Гонзик
Очень сожалею, сын мой, что мы из-за нашей безалаберности потеряли одну интересную книжку, которая так сильно повлияла на тебя. Я не помню автора и названия книги, зато помню ее героя, подружившегося и породнившегося с тобой. Он сходил со страниц книги, играл с тобой, вы вместе устраивали в квартире ералаш или же помогали маме, бабушке полить цветы, переставить стул, принести корзину, достать стакан.

Этот чешский мальчуган, этот Гонзик не давал тебе покоя.

Мы садились обедать. Ты звал Гонзика. Бабушка раскрывала книгу с чудесными, захватывающими, смешными похождениями забавного шалуна. Они были все в красочных картинках. Бабушка начинала читать тебе надписи под картинками, ты смеялся, радовался, слушал внимательно.

Гонзик тоже сидел за столом.

«Видишь, как он аккуратно ест! — говорит бабушка. — Ешь и ты аккуратно. Давай покажем Гонзику, как мы раскрываем рот... жуем...»

Да, надо показать Гонзику, что мы тоже умеем сидеть за столом, благодарить за обед.

«Видишь, как твой Гонзик умывается! — продолжает бабушка. — Смотри в зеркало, на кого ты похож. Давай умоемся, а то Гонзик обидится».

Да, нельзя обижать Гонзика, надо умываться.

«Смотри, какой он вежливый, будь таким!»

Надо поблагодарить за обед так же, как Гонзик.

Но Гонзик ведь был и пиратом, он завладел необитаемым островом.

Ты из стульев устраиваешь в квартире корабль, это и есть необитаемый остров.

Хотя тебе объясняют, что забираться на застеленную кровать нельзя, это тебе уже непонятно — ведь Гонзик тоже забрался на кровать!..

Бабушка привела тебя из парка, ты промок до ниточки. Осень. Холодно.

В чем дело? Разве дождь на улице?

«Объясните вашему сыну, что он Паата, а не Гонзик... Нельзя же делать все, как Гонзик... Он взял и прыгнул в бассейн, как Гонзик!»

Тебе холодно и ты жалеешь, что прыгнул в бассейн, обещаешь, что больше не будешь.

А когда наступает ночь и пора ложиться, ты начинаешь протестовать.

«Но Гонзик ведь тоже ложится спать в это время!»

Железная логика. Ты ложишься и укрываешься, как Гонзик, и зовешь к себе Гонзика. Ты забираешь книгу под одеяло и скоро засыпаешь. Жизнь продолжается и во сне, и поэтому в другой комнате до нас доходит твой отчетливый тихий голос: «Гонзик... Любимый... Я люблю тебя, Гонзик!»

Поэтому мама и прозвала тебя Гонзиком, и ты долго играл в Гонзика: был умным и глупым, как Гонзик, добрым и озорным, как Гонзик, вежливым и диким, как Гонзик.

Наверное, все экземпляры книг о Гонзике давно уже протерлись, тысячи детей десятки тысяч раз переиграли своего героя, сдружились с ним.

Нет таких книг в магазинах? Трудно их достать? Поищите хорошенько, папы и мамы, обойдите книжные магазины, и букинистические тоже, а то ваши дети обеднеют без хороших книг с героями-озорниками!

Буратино

Как я мог представить, что эта маленькая куколка для самодеятельного кукольного театра внесет в твою детскую жизнь столько радости? Как я мог предвидеть, что она станет нашим добрым союзником в твоем воспитании?

Я ее купил просто так, не думая о том, что она может куда успешнее и внушительнее воздействовать на тебя в некоторых исключительных случаях, чем наши, пусть даже хоровые, наставления.

Если бы я все это мог предвидеть, то, не затруднив себя хождением по магазинам, взял бы кусок дерева, вырезал бы из него веселое личико с длинным носом, с помощью красок сделал бы его еще более веселым, затем, сшив и прилепив обычную красную рубашонку, надел бы на правую руку и приступил к воспитанию.

Я принес купленного Буратино домой, и под вечер, когда тебя начали кормить кашей, решил устроить представление. Тогда тебе было два с лишним года.

Надев на правую руку рубашку, я сунул указательный палец в отверстие шейки, большой и средний пальцы — в рукава, залез под стол и начал импровизировать содержание первого акта первого в своей жизни спектакля собственной постановки.

А в это время за столом происходило следующее. Ты начал выкидывать свои обычные номера, размахивая кулачками и отвергая пищу. И, конечно же, как часто случалось в таких напряженных ситуациях, сунул руку в глубокую тарелку с кашей. Она тебе показалась очень горячей, и ты, стало быть, собирался заорать что было мочи, измазав одновременно лицо бабули, а бабуля приготовилась принять ответные меры — промыть тебя теплой струей наставлений. На этом все и застыло.

Откуда бабуле было знать, что папа сидит под столом, обдумывая свой спектакль. А ты и не представлял, что папа дома.

Вдруг из-под угла другого конца стола неожиданно вылез Буратино, весело сияя, в своей красной рубашке, и заговорил тонким голоском:

«Мальчик, как тебя зовут?»

Бабушка забыла о своем измазанном лице и о своих воспитательных намерениях. Ты забыл о том, что тебе следовало заорать. Оба изумленно уставились на необычное зрелище.

«Как тебя зовут, мальчик?» — продолжал тонкий голосок. Буратино, подпрыгивая и пританцовывая, весело махал руками.

Зрители очнулись от первого изумления. Разумеется, на секунду раньше пришла в себя бабуля: «Ну, отвечай, он к тебе, наверное, пришел!»

«Паата!» — все твое изумление звучало теперь в твоем голосе.

«Я — Буратино. Повтори, пожалуйста, мое имя!»

Пришлось поупражняться в произнесении этого сложного имени.

«Ты хочешь дружить со мной?»

Ты кивнул головой.

«А ты отвечай голосом. Скажи так: рад с тобой дружить, Буратино!»

Ты повторяешь.

Буратино медленно, танцующей походкой движется к тебе, напевая одновременно песенку.

«Дай пожать руку!» — Его короткая рука потянулась навстречу твоей, но, увидев, что твоя рука измазана, дернулась назад.

«Пожалуйста, прошу тебя, помой руки, а то я боюсь испачкаться твоей кашей!»

Ты протягиваешь руку бабуле. Она уже успела вытереть себе лицо, а теперь принялась чистить твои руки. Ты не спускаешь глаз с Буратино. Происходит рукопожатие.

«Ты обидел бабулю, извинись, пожалуйста!.. А теперь ешь. Вкусно, правда?.. Ты хочешь, чтобы я приходил к тебе?.. Только если ты не будешь обижать меня... Кончил кашу?.. Поблагодари, пожалуйста, бабулю!..»

Мама, почуяв необычное, тоже включилась в действие, начала объяснять Буратино, что Паата умный и сдержанный мальчик. Буратино рад этому.

Попрощавшись с тобой и пожав руку, Буратино отдаляется от тебя, двигаясь вдоль стола.

Ты тревожишься. «Буратино! — кричишь ему вслед, — Приходи еще!»

Вскоре «приходит» папа, и ты, с помощью мамы и бабули, объясняешь ему, какой к тебе пришел человечек.

Папа серьезно начинает обдумывать сценарий, способ выступления, содержание общения.

Буратино появляется один-два раза в день, в заранее назначенное время, иногда совершенно неожиданно, когда возникает особо напряженная ситуация. Его появление восстанавливает атмосферу взаимоуважения, разряжает обстановку возникновения конфликтов.

К приходу Буратино ты готовишься как к празднику. Он может сесть тебе на плечо, на голову, ущипнуть за щеку, подать ложку. Он несет тебе конфету, печенье. Он говорит с тобой обо всем, что тебя интересует. Рассказывает сказки, учит стихам, приучает тебя быть вежливым, сдержанным. Он всегда знает о твоих каждодневных поступках, радуется твоим добрым делам, огорчается дерзостям. Полон надежд, что ты умный и хороший. Буратино может убаюкивать тебя, и хотя колыбельная в его исполнении звучит не так уж мелодично, ты все же засыпаешь.

Я готов поклясться, я уверен, что ни один воспитатель не смог бы так сильно повлиять на нравственно-этическое и умственное развитие моего Пааты, как его общение с Буратино, продолжавшееся всего 8—10 месяцев.

По моему плану Буратино должен был насовсем попрощаться с тобой и уехать далеко-далеко, как только мы обнаружили бы, что его влияние на тебя начинает слабеть. Но произошла досадная ошибка.

Прошло с тех пор почти сорок лет.

Вы думаете, мы где-то потеряли эту живую игрушку? Вовсе нет! Мы поставили Буратино на длинную палочку и поместили в книжный шкаф.

Зачем вам это? — спрашивали меня гости. И я объяснял им педагогику с участием Буратино. Эта игрушка сыграла свою добрую роль в воспитании дочери. А потом долго ждала, кого еще воспитать.

Но вот родилась дочка у самого Пааты — Нинца.

В тот день мне показалось, что Буратино на палочке заулыбался и потер руки.

Паата, ставший отцом, снял Буратино с палочки, надел его на правую руку и в более совершенной форме повторил педагогику с участием этого человечка.

Потом Буратино вернулся на свое место.

Он член нашей семьи. Мы его очень любим. И радуемся, когда вспоминаем прошлое с его участием. В этом прошлом много поучительных историй.

Буратино на палочке стоит в книжном шкафу. И иногда мне кажется, что ему не терпится стать соучастником воспитания нового ребенка.

Когда это будет? — спрашивает Буратино.

Будет, будет! — успокаиваю я.

Однажды, вернувшись домой с работы, мы с мамой застали тебя сидящим на диване и льющим горькие слезы. Перед тобой лежал неподвижный Буратино. Ты его нашел в самом потайном углу шкафа, куда мы прятали его от тебя, надеясь, что ты никогда не проникнешь туда. Однако, напрягая все свои силы, ты залез в шкаф и, роясь, вдруг наткнулся на Буратино.

«Буратино!» — закричал ты радостно. Ты думал, что, увидев тебя, Буратино сразу подскочит, запоет своим тоненьким голоском, залезет тебе на плечо, начнет шептать сказку.

«Буратино, встань... Буратино, ты спишь?..»

Ты горько заплакал: «Буратино не хочет со мной разговаривать... Буратино не хочет проснуться!..»

Мы, конечно, могли мигом воскресить Буратино. Но было ясно: он уже никогда не смог бы стать твоим воспитателем. Ты начал бы сдирать его с руки, и он, этот человечек, создавший тебе особый, сказочный мир, превратился бы в жалкую игрушку. Поэтому мы уложили его в коробку и сказали тебе: «Да, Буратино больше не проснется!..»

Хотя это не совсем правда. Буратино проснулся для тебя уже на всю жизнь, когда тебе принесли в подарок книгу о Буратино.

Шалость

Ты становишься озорником, неуловимым, неудержимым. С тебя нельзя сводить глаз.

Бабушка разыскивает тебя через каждые 2-3 минуты: ты можешь быть одновременно и в шкафу, и во дворе, и на столе, под столом. От тебя несколько раз спасали старинную швейную машину системы «Зингер», которой так дорожит бабуля. Ты сбросил с высокой подставки вазу с цветами, и если бы не наш с мамой уговор, был бы ею крепко отшлепан за это. Ты опрокинул огромный таз, наполненный виноградным соком, и на полу образовалось озеро, и если бы опять не наш уговор, за это последовало бы нравоучение папы.

Ты жил бурной жизнью мальчика, рос таким, о каком пишет английский писатель Алан Бек: «Мальчик — это правда с грязным лицом, красота с порезанным пальцем, мудрость с вареньем в волосах и надежда будущего с лягушкой в кармане.

Когда вы хотите, чтобы он произвел хорошее впечатление, его мозги превращаются в желе, или же он становится дикарем, садистом из джунглей, стремящимся уничтожить весь мир и себя вместе с ним... Мамы любят их, маленькие девочки ненавидят, взрослые игнорируют, а небеса защищают».

Неужели педагогика в конце концов не обнаружит надежный метод, применив который станет возможным донести до твоего понимания и до понимания миллионов мальчишек, тебе подобных, — как опасно для жизни делать глупости на каждом шагу?

Жизнь на волоске — вот какая жизнь у мальчиков.

Ты шаришь в ящиках. Слышишь мамин голос: «Что ты там делаешь?» — «Ничего!» Ты достаешь ножницы. «Что ты там ищешь?» — «Ничего!» Идешь с ножницами к аквариуму и пугаешь ими рыбок. «Что ты там стучишь?» — «Ничего!» Затем суешь ножницы в штепсель, раздается страшное «ткац», выключается электричество, в квартире становится темно. Мама вскрикивает и бежит к тебе, задевая по дороге стулья и с грохотом отбрасывая их, у бабули сердце уходит в пятки, она начинает кричать, бегут соседи. Кто-то смог включить электричество. Ты, весь синий, лежишь на полу, приходишь в себя, жжет руку, начинаешь плакать, а мама теряет сознание...

Соседка ведет тебя в школу (ты уже начал ходить в подготовительный класс) вместе со своей дочуркой. Надо пересечь узкую улочку. Но вдруг, увидев на другой стороне улицы своего товарища, ты вырываешь руку и с радостным криком перебегаешь улицу. Надо же было: тут же из-за угла вывернула машина. Раздаются крики прохожих. Слышится страшное шипение внезапно заторможенной машины. Выскакивает водитель и бросается к тебе. Ты лежишь на спине, ноги раскинуты, правое колесо машины заторможено посредине ног, выше колен, оно только задело штанишки и кожу на левой ноге...

Но тебя оберегали не только небеса.

Дядя пригласил нас к себе показать нам реку Алазани. Она небольшая, но быстрая, в некоторых местах глубокая. Мы идем вдоль реки. Мы любуемся цветами, фазанами, ты собираешь камешки. «Не подходи близко к берегу, иди рядом с нами!» Эти приказы раздаются время от времени. Ты как будто подчиняешься. Но вдруг сползает край берега под твоими ногами, и через секунду быстрый поток реки захватывает тебя. Дядя сразу же бросается в воду и спасает тебя, испуганного и наглотавшегося воды.

Был и такой случай.

Раз ты взял раскрытый зонтик, который лежал на балконе, и собрался спрыгнуть со второго этажа. Для тебя зонтик был парашютом. «Стой, не смей!» — закричала бабуля. Ты поспешил выполнить намерение, но бабуля подоспела, вцепилась в тебя. «Глупый мальчик... Глупый ты мальчик!» — рыдала она. В то время ты увлечённо рисовал парашюты. Только на шести твоих рисунках, которые ты мне подарил и которые хранятся у меня до сих пор, я сосчитал тридцать раскрытых парашютов. Вспоминаю ещё, с каким удивлением ты наблюдал в парке, где было много развлечений, за прыжками с вышки на парашюте. Было ли это причиной твоего несостоявшегося полёта — прыжка со второго этажа?

Вместе с небесами тебя хранили бдительность бабушки, возгласы матери и мужской разговор отца, спасали тебя бдительность и незамедлительность людей, которые приходили на помощь.

Сколько у тебя жизней? Трудно сосчитать. У каждого мальчика, мне кажется, по крайней мере два-три десятка жизней. И пока нет в нашем распоряжении универсального способа внушить им, детям, быть предусмотрительными, так и хочется крикнуть во весь голос, чтобы услышали все-все: «Дорогие взрослые, нет чужих детей, все дети наши! Пожалуйста, заботьтесь о них, спасайте от возможных прискорбных последствий их шалостей!»

Друзья

Во дворе много детей. Ты тоже рвёшься во двор поиграть. Но там старшие мальчики отняли у тебя велосипед и не дают покататься. Ты начинаешь орать, возвращаешься домой, жалуешься: «Все они плохие... я не хочу играть с ними!»

Что нам делать? Отнять у мальчишек велосипед и вернуть тебе, а им пригрозить, чтобы больше не смели?

Бабушка так и готова была поступить, но я — против.

«Чего ты орёшь? Ты же мужчина!»

«Они отняли мой велосипед!»

«А почему ты сам не предложил им покататься на твоём велосипеде?»

«Не хочу... я сам хочу кататься...»

«Так, значит, виноват ты: сам хочешь много кататься и не хочешь поделиться с ребятами этим удовольствием. Я не могу защищать тебя такого. Если я отниму у них велосипед и верну тебе, они не захотят дружить с тобой. А дружба важнее велосипеда!..»

Я предпочитал отпускать тебя во двор с такими игрушками, игра с которыми заставляла тебя знакомиться и дружить с ребятами. Конечно, неинтересно играть в мяч одному. А от мальчика, который играет один, ребята могут отвернуться, начнут дразнить. Я отпускаю тебя во двор с хорошим футбольным мячом и внушаю: «Мяч любит, когда его ударяют многие, за ним весело гоняться всем желающим».

Какой смысл играть в кегли одному, если никто на твою игру не будет смотреть? А если играть коллективно, с товарищами, то вокруг играющих соберутся зрители, они станут поощрять играющих, поднимется такой веселый гул, что ни одна строгая соседка не посмеет нарушить его.

Я внушаю тебе: «Если больше не захочешь играть, не отбирай у товарищей кегли, пусть они поиграют без тебя!»

Игра с «летающими тарелками» тоже требует друзей и товарищей: ты забрасываешь свою тарелку в сторону партнера, а он отправляет в твою сторону свою. Надо поймать ее и быстро отправить обратно. От тебя требуются ловкость, быстрота.

«Не ссорься ни с кем. Играй со всеми!»

Но ссоры все же вспыхивали иногда. Порой дело доходило до драки.

И мы приучили тебя: не жди от нас защиты; мы заберем тебя, драчуна, и станем осуждать.

Знаю я вас — петушков-драчунов. Не думаю, чтобы хотя бы одному взрослому хоть раз удалось установить истинную причину возникновения вашей драки. Обе стороны с такой страстностью будут утверждать свою правоту, что в конце концов станет понятной беспричинность Драки. После драки вы без особых дипломатических переговоров возобновляете дружбу, может быть, даже более прочную, но мы, взрослые, до этого добрые соседи, вмешавшись в «разборку», можем навсегда испортить наши добрые отношения.

Наш домашний совет, в составе папы, мамы и бабушки, обычно давал тебе наказ, соответствующий нашей морали: «Дружи со всеми, малыш, плохих детей нет, дружи со всеми!»

Речь

Ты начал ходить, а вскоре заговорил. Ты резко перешел от детского лепета к членораздельному произношению и так ошеломил нас фейерверком применяемой тобой лексики, что мы никак не смогли вспомнить, какое слово ты произнес впервые.

Я утверждаю, что первое слово, которое ты произнес, было «мама», а мама говорит, что это было «папа».

Но, наверное, ни то и ни другое. Твои первые слова, скорее всего, означали: «Я человек!»

Ты заговорил одновременно на двух языках: на грузинском и на русском.

Как это произошло?

Я сторонник той научной точки зрения, которая считает, что ребенок наследует от Природы некую способность речи. Спустя несколько месяцев после его рождения она начинает в нем просыпаться: ребенок впитывает в себя речь окружающих, произносит нечленораздельные, но смыслообразующие звуки, научается выражать свои требования, протест, радость с помощью отдельных слов. Одновременно в голове ребенка происходят сложнейшие «вычисления», с помощью которых весь хаотический поток речи, воспринятый им, вдруг начинает из его уст течь ручейком прозрачной, ясной, содержательной, полной эмоциями речи.

Эти внутренние задатки речи, по моему представлению, имеют то же значение для ребенка, что и ракетоноситель третьей ступени, выводящая корабль на орбиту. Ребенок за самое короткое время (ибо что значит несколько месяцев в сравнении с тем скачком, который проделывает он, овладевая опытом тысяч поколений) выходит на важнейшую орбиту своей жизни — орбиту общения с помощью речи.

Ребенок начинает говорить. У него своя система и направленность общения. Сперва он бесконечное множество раз спрашивает всех: «Что это?» Далее следует такое же бесконечное множество «почему?».

Он приступает к осуществлению процесса познания действительности, однако смотрите, как мудро он это делает: он сам сокращает себе путь к овладению опытом человечества, требуя от нас, чтобы мы коротко, ясно и доступно объяснили ему, что это и почему это так, какие существуют связи между предметами и явлениями.

Разумеется, он с большой охотой прибегает и к другим путям присвоения знаний: ставит ежедневно несколько десятков беспокойных «опытов», дающих ответы на вопросы — «Смогу ли я сам?», «Как это делается?», «Почему это так?», «А что если?..» и так далее.

Но общение через говорение, познание через речь, радость и огорчения, выраженные с помощью слов, занимают все больше места в его повседневной жизни, в его очеловечивании.

Прирожденная способность заговорить не имеет долгой жизни. Она вроде шелковичной бабочки, которая выползает из кокона только для того, чтобы отложить потомство, а сама погибает.

Вы не задумывались над тем, с какой легкостью научается ребенок говорению на двух-трех языках и с какими трудностями сталкивается взрослый при изучении иностранного языка?

Что это значит?

Вот что: внутренние задатки с трудом поддаются консервации; напротив, наука располагает определенными фактами, свидетельствующими о том, что мышление, речь и другие виды деятельности человека имеют строго определенное возрастное время для своего возникновения, развития и завершения. Приостановить, отложить их развитие на потом — значит расписаться в собственном невежестве, допустить грубую педагогическую оплошность, а ребенка обречь на непоправимую отсталость.

Но ребенок может заговорить только в общении с говорящими людьми. И вся проблема заключается в этом: как говорим мы, папы и мамы, взрослые, между собой и со своими малышами?

Если речь наша бедна, искажена, груба, если бранные слова не задерживаются на устах домашних, окружающих ребенка, он, возможно, всю свою жизнь будет страдать от своей искаженной, несовершенной, грубой речи, а возможно — от бедности мышления.

Зная все это, не могу не стать сухим дидактом. Папы и мамы! Не находится ли ваш младенец, ваш ребенок в окружении искаженной речевой действительности? Это очень плохо! Не находится ли он в атмосфере взаимной грубости взрослых? Это еще хуже! Сами того не подозревая, вы, возможно, задерживаете, навсегда и безвозвратно приостанавливаете речевое развитие и общение ребенка, вы искажаете его будущее! Думайте об этом!

Эта сухая дидактика служила и нам, воспитателям Пааты. Прирожденная способность к речи, по моему убеждению (меня подбадривают и исследования специалистов), дает возможность ребенку одновременно усвоить несколько языков.

Мое убеждение не исключало и некоторой тревоги: ведь царит пока еще в педагогике предостережение, что учить ребенка сразу двум языкам — это то же самое, что и учить его ездить на лошади до того, как он научится ходить. И все же мы решились. Мама и папа говорили с тобой только на грузинском языке, а бабушка — только на русском.

Мы твердо придерживались своего решения, и когда ты начал говорить, обнаружили, что у тебя для мамы и папы возник один язык, а для бабушки — другой. Ты переключался с одного языка на другой, в зависимости от того, с кем имел дело.

Знал ли ты тогда, что говоришь на двух языках? Конечно, нет. Ты только общался на этих языках, не имея никакого понятия о своем билингвизме.

Шли годы, и мои опасения рассеялись полностью. Ты мыслишь нормально. В твоей речи я нахожу реальное подтверждение идеи Л.С. Выготского о том, что человек лучше постигает родной язык, если он владеет другими языками.

Нас радовало каждое твое новое речевое изобретение. Мы всегда старались давать тебе ясные, правильные ответы на все твои «что это такое» и «почему». И еще мы старались приучать тебя к вежливым формам обращения: учили говорить «здравствуйте», «доброе утро», «спокойной ночи», «пожалуйста», «если можно», «спасибо», «извините», «с радостью».

Учили всему этому в процессе общения, а не только одними требованиями и наставлениями. Ты с детства привыкал к нашей вежливости по отношению к тебе: «Если можно, принеси, пожалуйста, стул!»; «Можно попросить тебя пересесть на диван?»; «Извини, пожалуйста, это случайно!»; «Спасибо, дорогой, какой ты добрый!» Поощряли быть ласковым, добрым по отношению к людям, окружающим тебя.

И все-таки в твоих выражениях проскальзывали грубости, которые, видимо, ты усваивал вне дома. Но каждый раз, когда ты грубил, обижал окружающих, мы прибегали к приемам народной педагогики — заставляли тебя прополоскать рот, лишали на время удовольствий общения.

А как иначе?

Недавно в одной семье я наблюдал, как двухлетний ребенок ругался, употребляя нецензурные выражения, а взрослые, даже мама, в адрес которой и были направлены эти слова, безудержно смеялись. Я был возмущен. А родители меня успокаивали: «Он же не понимает, что говорит!»

Разве это оправдание? Пусть не понимает, но ведь его натура склоняется к грубостям!

Какое мы, взрослые, имеем право, как мы смеем засорять речь ребенка, заставлять его природную способность к речи расходовать на тренировку в грубости и брани? Тот, кто этим занимается, должен знать: он искажает не только и, может быть, не столько речь ребенка, сколько его судьбу, так как с детства лишает его красоты и радости подлинного общения.

Не знаю, есть ли в педагогике термин «речевое воспитание». Думаю, он мог бы носить глубокий смысл. Я лично вкладываю в него не узко методическую, а общечеловеческую идею: воспитание в ребенке умения и потребности доставлять людям радость с помощью речи, сопереживать, сочувствовать им в беде, облегчать страдания, сеять правду и доброту. Речевое воспитание — это воспитание сердца, воспитание любви к человеку, глубокого уважения к нему.

Слово может и убить, и исцелить человека.

Ребенок унаследует от Природы огромное количество возможностей, их не сосчитать. Нам известна только малая часть. Психологи называют возможности функциями. Речевая возможность является одной из таких функций, но она самая важная, сложная и таинственная. Физиологи знают, в какой части мозга зарождается речь, но никто не может сказать, как это происходит. Научными исследованиями доказывается, что в ребенке изначально присутствует некая общечеловеческая речевая матрица, некая, я бы сказал, вселенская грамматика. Она не привязана к какому-либо конкретному ребенку. Говоря иначе, ребенок-грузин (или русский, или англичанин) несет в себе матрицу не грузинской грамматики, а общеязыковую. На ее основе, оказавшись в языковой среде, зарождается конкретная речь.

Но эта способность, как мне представляется, имеет три особенности.

Первая особенность в том, что общеязыковая матрица (функция языка) не является пассивной данностью, она активна сама по себе.

Вторая особенность — активность ее имеет свои календарные сроки. То есть речевая функция просыпается в ребенке не после рождения (как я полагал тогда, в 60-е годы), а задолго до рождения. Потому взрослые обязаны следить за чистотой и добротой своей речи, находясь в окружении беременной женщины. И завершает она свою работу до 9-летнего возраста. Если речевая среда будет усилена, то жизнь функции можно искусственно продлить еще на пару лет. Потом она покинет ребенка. Это означает, что после 9–11-летнего возраста ребенку будет трудно с такой же легкостью, как ранее, изучать новый язык. На этот раз понадобятся специальные усилия, которые в синтезе называются организованным обучением.

Третья особенность языковой функции — ее открытость к одновременному восприятию двух, трех и, может быть, более языков. Говоря иначе, функция не затрудняется, если, условно говоря, мама будет общаться с ребенком только на грузинском языке, папа — только на русском, а бабушка — только на французском. Важно, чтобы все они составляли ребенку жизненно необходимую среду — кормили, купали, играли с ним, выводили гулять, любили, рассказывали и т.д. В такой действительности, спустя года два, ребенок сразу заговорит на всех трех языках — для мамы, папы и бабушки. И сам не будет знать, что говорит на трех языках. Об этом узнает чуть позже. Пострадает ли какой-либо язык из этих трех? Не пострадает. Какой язык будет родным? Родным для него станет тот язык, с помощью которого он впитывает культуру. Если для ребенка общее окружение грузинское, то получится, что он будет впитывать в себя грузинскую культуру не только через грузинскую речь, но и через русскую и французскую речь. Такие явления в психологии известны. Таким образом, золотая пора для усвоения языков есть детство до 9—11-летнего возраста. Далее для изучения языков понадобятся огромные усилия воли.

Процесс освоения речи в то же самое время есть процесс духовно-нравственного развития и воспитания ребенка. Необхо-

димо соблюсти условия, чтобы ребенок находился в окружении добрых речевых потоков. Ребенок развивается не только тогда, когда взрослые обращаются к нему непосредственно, но и тогда, когда взрослые в присутствии ребенка обсуждают свои жизненные вопросы, общаются друг с другом.

Ребенка надо уберечь от сквернословия, как от огня, от хамской, грубой речи, от речи, в которой не звучат уважение, сочувствие, любовь, готовность помогать.

Сестренка

Тебе было три годика, когда в семье поселилась новая радость: у тебя появилась сестренка, и назвали ее Ниной.

Возникли новые заботы.

«Пойдем, принесем молока для Нинульки!» И мы шли в ближайший магазин купить молоко. Ты нес маленькую корзиночку с бутылками. Мы по дороге говорили, какая у нас хорошая сестренка, какая она забавная и смешная, как за ней надо ухаживать.

«Пора готовить кашу для Нинульки. Помоги мне. Достань, пожалуйста, кастрюлю!» Бабушка налила манную кашу на тарелку, а ты важно несешь её сестренке.

«Давай поведем Нинульку на прогулку!» На улице ты не хочешь подпускать меня к коляске, везешь ее осторожно, без шалостей.

«Не шуми, пожалуйста, она только что заснула!» И мы показываем тебе, как на цыпочках надо выходить из комнаты, где растет во сне твоя маленькая сестренка.

«Поиграй с Нинулькой, пока я занята!» На тахте ты начинаешь забавлять ее, смеша разными манипуляциями. Сестренка визжит и прыгает от восторга.

«Посмотри, пожалуйста, за ней, пока дома никого нет!» Ты остаешься один с сестренкой на 10—15 минут, а может и дольше, а затем докладываешь обо всех ее малейших проказах.

«Приведи, пожалуйста, Нинульку из детского сада!» Ты тогда был уже в первом классе, детский сад находился рядом, и ты с радостью ходил туда за сестренкой. Гордился этим поручением.

Но я рассказываю не о том, как воспитывали девочку, а о том, как воспитывали в тебе заботливого, чуткого мальчика.

Мы с тобой готовили сюрпризы маме, бабушке, сестренке к дням их рождения. Порой, оставшись одни, убирали квартиру, мыли посуду, готовили обед, чтобы порадовать маму.

На тебя возлагали заботу о комнатных цветах. Мы радовались каждому новому лепестку и бутону. «Это плоды твоих забот!» — говорила бабушка. Во дворе мы посадили дерево, и ты поливал его.

В нашем аквариуме раз произошла беда: рыбки съели одного своего собрата. Это всех нас очень огорчило. А когда ты увидел, как гуппия рожала живых рыбок и тут же съедала своих детенышей, которые не успевали сразу же после рождения уплыть от мамы, бабушка не замедлила прочитать тебе мораль: «Вот видишь, как гуппия ест своих детей! А твоя мама не съела тебя, она вырастила тебя!» Ты негодовал на рыбку-мать, съедающую своих новорожденных рыбок, и чтобы спасти их, терпеливо ждал появления каждой новой рыбки и палочкой отгонял от них маму.

Упрочить доброту, чуткость, отзывчивость в ребенке, породить в нем чувство сопереживания — дело не из легких. Среди других способов, которые мы применяли с этой целью, был и довольно распространенный. Суть его выражена в пословице: «Говорю тебе, кувшин, но ты, бутылка, слушай!» Мы им пользовались примерно в следующих формах.

«Мама, ты не замечаешь, какой Паата становится добрый!»

«Да, я сама хотела сказать, вчера он так помог мне!..»

Мама и бабушка говорят в другой комнате, тебя только что уложили, и ты должен уснуть, но суть разговора задевает тебя...

«А вы знаете, как мой внук вчера порадовал меня!» Бабушка разговаривает в парке с женщиной, сидящей рядом с ней на скамейке.

Они познакомились здесь. Ты играешь тут же и готов повторить те же доблестные поступки, которыми она так гордится.

Было ясно, как поощряли тебя такие «случайные» разговоры без твоего участия, за «твоей спиной» — о твоих хороших делах и поступках, о твоей чуткости и отзывчивости.

Но, может, в этом была доля тщеславия, может, ты немного играл в отзывчивость, доброту, хорошие поступки?

Что ж, не плохо, если даже в игре (пока в игре) ты усваиваешь и проявляешь некоторые нормы нашей морали. В игре, как теперь склонны говорить, моделируется будущая социальная жизнь ребенка.

И все же мы с нетерпением ждали такого проявления твоей чуткости и сопереживания, которых нельзя было приписать игре. Чувство сопереживания — это частица твоего сердца, твоей души, твоей жизни, которую ты преподносишь человеку в дар.

Я не забуду тот прекрасный день, когда обнаружил в тебе рождение такого чувства. Нет, не думаю, что я переоцениваю это событие, не смог вникнуть в его психологическую суть. Это действительно было сопереживание, чувство своей вины перед другими, чувство сожаления. Вот как оно родилось.

Слезы

Стоял теплый майский день, тебе было тогда чуть больше пяти. Мы отправились в поход на близлежащие горы. Была с нами Мака, твоя двоюродная сестра, на год старше тебя. Вы бегали, собирали цветы, смеялись. И вдруг умолкли. Я увидел вас сидящими на корточках, вы что-то внимательно рассматривали. Я подошел. На стебельке полевого цветка сидел кузнечик, прозрачно-зеленый, с тоненькими длинными крылышками, с усиками. Он неожиданно раскрыл крылышки и сделал длинный скачок. Вы весело погнались за ним и опять, сидя на корточках, долго изучали его. Он, видимо, решил поиграть с вами: скок — и вы за ним, опять скок — и опять вы за ним. Вместе с кузнечиком вы бегали по всему полю и смеялись. Наконец кузнечик сел на асфальтированную дорогу. Теперь мы втроем окружили его.

«Какой ты красивый... Что ты ищешь?» — начала задавать ему вопросы Мака. Но кузнечик раскрыл крылышки и собрался было сделать прыжок, как ты ни с того ни с сего накрыл его ногой. Мака вскрикнула: «Не смей!» Ты поднял ногу — и мы увидели раздавленного кузнечика. «Зачем ты это сделал?» — спросила Мака, обиженная до слез. Ты молчал.

«Да, сегодня мама уже не дождется своего кузнечика. Она, наверное, будет горько плакать!» Я был огорчен, но не бранил тебя. «Кузнечик уже никогда не будет прыгать и шалить... И цветы напрасно будут его ждать!..»

Мы поднялись и пошли дальше. Я предложил вам сесть в тени под деревом и позавтракать. И как будто все уже было позади, как ты вдруг вскочил и побежал обратно на дорогу. Ты сел на колени перед кузнечиком, лежавшим на асфальте. «Кузнечик больше не будет прыгать... Мне жаль кузнечика...» Ты рыдал. Мака успокаивала тебя, но ты не слушал ее. «Почему я раздавил кузнечика?.. Мне жалко его... Пусть он оживет...»

Я еще не видел такого обилия слез, не слышал, чтобы ты когда-нибудь так плакал. Мне действительно было очень жаль кузнечика, но я радовался твоим горьким слезам, слезам сожаления. «Ничего, сынок, плачь... Может быть, именно сейчас ты рождаешься как человек!» — думал я, всматриваясь в тебя.

Ты жалел о своем поступке, ты хотел вернуть время назад, чтобы исправить свершенное. И мне показалось тогда, что только в том сердце может поселиться бескорыстное чувство сопереживания, в котором уже возникло раскаяние в своих необдуманных поступках, чувство вины, чувство ответственности.

В школу

В доме суета. Завтра первое сентября, и ты пойдешь в школу, в подготовительный класс для шестилеток. Бабушка заканчивает гладить твою рубашку и короткие штанишки, мама собирается искупать тебя, готовит ванную. Нина не отходит от тебя и умоляет взять ее тоже в школу.

Ты важничаешь. Еще бы! Ведь в школу пойдешь ты, а не кто другой из нашего дома.

«Какое стихотворение ты расскажешь, если предложит учительница?» — спрашивает мама. У тебя наготове два-три десятка стихотворений.

«А если будете рисовать, то нарисуй закат солнца. Это у тебя хорошо получается». Бабушка уверена в этом.

А я советую тебе подружиться сразу со всеми ребятишками и с первого же дня полюбить свою учительницу.

Ты уже знаком с некоторыми буквами. Можешь написать свое имя. Ты этому научился в детском саду, у своих товарищей. Возвращаясь из детского сада, ты приставал к маме или папе с просьбой научить тебя читать. Тогда я решил научить тебя способу звукового анализа слова.

Сперва я обратил твое внимание на отдельные звуки: «Скажи, пожалуйста, как шумит ветерок в листьях деревьев?» — «Шшш!..» — «А как жужжит пчела?» — «Жжж...!»

Затем научил медленному и растянутому проговариванию слов: «дууууб», «мммааамммааа». Порой задавал тебе задачи: я говорил предложение или слово неестественно растянуто и медленно, а ты должен был догадаться, что я сказал.

Потом я дал тебе фишки — маленькие квадратики из картона и предложил «написать слово»: проговорить какое-нибудь слово медленно, выделить в нем последовательные звуки и для обозначения каждого из них положить фишку. Этот прием, разработанный известным психологом Д.Б. Элькониным, помог тебе усвоить способ звукового анализа и «написания» слов.

Так ты научился всем звукам грузинского языка.

Считать до десяти не составило для тебя большого труда. Но вот преодолеть так называемые феномены Пиаже ты затруднялся.

По моему заданию ты пересчитывал десять фишек и клал слева, столько же — справа. И справа, и слева фишки лежали кучками. «Сколько здесь фишек?»

— «Десять» — «А здесь?» — «Десять» — «Где больше фишек, тут или там?» — «Нигде, они равны».

Пока все правильно.

Тогда я раскладываю кучку фишек справа, фишки слева остались в прежнем положении.

«Скажи, пожалуйста, где теперь больше фишек — здесь или там?»

Ты, не задумываясь, отвечал: «Здесь!» И указывал на разложенные фишки.

Было достаточно собрать их опять в кучу, и ты говорил, что теперь фишки равны.

А вот другой опыт. Я брал два стакана, один из них был низким и широким, другой — узким и высоким. Наполнял низкий стакан. «Смотри, теперь я эту воду перелью в узкий стакан!» И переливал. Естественно, в узком стакане вода поднималась выше. «В каком стакане больше воды — в низком или узком?» Опять ты, не задумываясь, говорил, что воды становится больше в узком.

Скажу еще об одном опыте. «Вот шарик из пластилина. Смотри, из этого шарика я сделаю лепешку. Скажи, пожалуйста, когда было больше пластилина — когда он был шариком или когда он превратился в лепешку?» — «Когда превратился в лепешку...»

Повторение этих опытов в разных вариантах, рассмотрение результатов с разных точек зрения в конце концов привело тебя к пониманию того, что количество фишек не может меняться в зависимости от того, расположены они врозь или кучкой.

Я ценил такие задачи прежде всего потому, что они заставляли тебя мыслить, наблюдать, замечать, связывать, выделять. Развитие этого умения в ребенке, готовящемся пойти в школу, мне кажется куда важнее, чем развитие умения считать, пусть до миллиона...

Ты встал рано утром и разбудил всех дома. Идти до школы минут пять. Но тебе не терпится. И мы все направились к школе. В школьном дворе много детей и родителей. Проводится митинг. Затем раздается первый звонок, и дети оживленно входят в школьное здание.

В школу родителей не пускают. Ты входишь в школу вместе с ребятами, большими и маленькими, вместе со своей первой учительницей.

И начинается твоя школьная жизнь. Она будет длиться две тысячи дней.

Как ты примешь школьную жизнь? Будешь «отбывать» ее или радоваться ей?

ОТ ПЕРВЫХ СЛЕЗ СОЖАЛЕНИЯ ДО ЧУВСТВА ДОЛГА

Идеал

Годы правда летят.

Они летят как журавли — все вместе.

Порой хочется, чтобы они летели еще быстрее и несли тебя навстречу к твоей заветной цели, хочется перепрыгнуть через время, чтобы мигом оказаться в своем будущем, удостовериться, что оно есть, оно действительно ждало тебя, увидеть, какое оно, и прожить его.

Порой же страшно хочется приостановить настоящее, окунуться в него полностью, насытить его сутью своего существования, запечатлеть в нем следы своего пребывания, раздвинуть его узкие грани и вместе с ними радость, охватывающую тебя.

Но случается и так, что время уплывает бесследно, годы летят без связи с прошлым и будущим; они не воспринимаются как реальность, как суть неповторимой, необратимой действительности, они прозрачны, как чистое стекло.

Самое страшное, когда человек не жалеет о прожитом дне, не стремится к завтрашнему дню, а сегодняшний день тает у него на ладони, как снежинка.

Но к чему эта, не такая уж новая, философия?

Я просто хочу сказать, какие меня порой охватывают радость и удивление прожитых лет, когда я смотрю на тебя, 16-летнего юношу, поглядывающего на меня, на маму, особенно же на бабушку и сестренку с высоты своего 180-сантиметрового роста. Тогда я и воскликну: «Боже, как летят годы, как все вместе и сразу улетели эти шестнадцать журавлей в края теплых воспоминаний... А все как будто было вчера!»

Нет, ни один день, ни один час никогда не таял у нас на ладони, как снежинка. Каждый день, каждый час были заполнены, переполнены заботами в разрешении частных задач — больших трудовых месяцев и больших жизненных целей. Говорю больших, имея в виду цели, которые для нас, твоих родителей, приобрели жизненный смысл.

Мы не хотели, не стремились перепрыгнуть через годы.

Мы не жалели и о том, что невозможно приостановить время.

У нас просто не было времени, чтобы отдаться таким пустым мечтаниям.

Мы работали для будущего, стремились переносить его в настоящее.

Увлекаясь своей педагогической деятельностью, своей работой с детьми в школе, поисками современных форм гуманного воспитания школьников, мы, вместе с нашими друзьями — коллегами по работе, самозабвенно трудились для того, чтобы прожить завтрашнюю педагогику сегодня, прожить сегодня нашу профессию так, как надо будет прожить ее завтра.

День, прожитый в соответствии с завтрашними идеалами, как я убедился, становится куда более интересным, насыщенным творческим трудом и счастьем, чем любой обычный сегодняшний день.

Будущее, которое человек проживет в настоящем, возвысит его, даст ему возможность полнее проявить свои задатки.

Наше отношение к людям, делу, к самой жизни, наши конфликты, поражения и победы, наши радости и горести, приобретения и потери друзей, наша борьба с кем-то и чем-то, утверждение наших профессиональных позиций — все это до краев заполняет нашу жизнь, и мы не успеваем оглянуться, как пролетают годы.

Вся эта программа воспитания исходила из главной цели, к чему мы хотели подвести нашего сына. Она заключалась в одном емком и прекрасном понятии — Благородство. Разве будет кому-либо из родителей трудно определить смысл этого понятия? Благородный человек, конечно, возвеличивает в своей жизни благо, которое всегда обращено на других. Благородный — он и духовно-нравственный, доброжелательный, спешащий на помощь; он и добромыслящий, чистомыслящий, сердечномыслящий; он и заботливый, чуткий. Он не может быть эгоистом, алчным, злобным. В общем, мы сегодня не знаем более высшего человеческого качества, чем благородство. А благородство воспитывается благородством. Вот в чем была наша трудность: нам самим нужно жить по всем нормам благородства, чтобы педагогика благородства могла восторжествовать в нашей семье. А жить так означало: идти наперекор многим обстоятельствам в жизни.

Ты воспитывался в атмосфере, которая, по моему убеждению, дышала будущим. Тебя воспитывали не только специальные воспитательные меры, которые мы предпринимали; главным твоим воспитателем, становился весь наш образ жизни, наши семейные, общественные отношения, наши убеждения, страсти и устремления. Они не проходили мимо твоих сознательных и подсознательных сфер восприятия, они и тебя вовлекали в орбиту наших жизненных перемен, смысл нашей жизни окружал тебя на каждом шагу.

Мы не могли и не хотели жить двойной жизнью: отгородить тебя от действительной жизни, которая творилась не без нашего участия, и строить искусственную воспитательную жизнь для тебя, в которой мы могли противостоять самим себе.

Мы попытались определить отношения, которые стали для нас желательной программой воспитания твоей личности в семье:

к людям — доброжелательное, сопереживающее;
к жизни — радостное, созидательное;
к труду — потребностное, творческое;
к действительности — преобразующее;
к своему долгу — ответственное;
к самому себе — требовательное;
к родителям и родным — заботливое;
к товарищам — преданное.

Мы определили и основные принципы жизни, которые также намеревались внушить тебе: духовность, справедливость, самостоятельность, коллегиальность, честность, убежденность, скромность, непосредственность, смелость.

Когда мы обдумывали этот возможный ориентир твоего воспитания в семье, мы задумывались вот над чем: придерживаемся ли мы сами в нашей повседневной жизни тех же самых принципов? Тогда бабушка, полушутя, полусерьезно, сказала нам: «Вам придется воспитывать сына, а заодно и самих себя!» Мы приняли это со всей ответственностью.

Книги

Школьные дни радовали тебя. Изменилась жизнь, появились новые товарищи, новые заботы. Твой статус в семье стал другим — ты школьник, ты ученик, ты уже взрослый. Твой статус изменился не столько формально, сколько по существу: мы отдавали должное тому, что ты у нас уже школьник, и обращались с тобой как с серьезным мальчиком, имеющим свои обязанности...

В школе праздник «подготовишек». Ты принес нам красочно оформленный пригласительный билет, в нем ты сообщал нам: «Мои любимые мама и папа! Мы закончили изучение всех букв. Теперь я смогу сам читать книги и буду много читать. Приглашаю вас на наш праздник Букваря».

Праздник получился на славу. Было много мам, пап, бабушек и дедушек, сестер и братьев. Ваши танцы, песни, декламация очаровали нас, и мы аплодировали с восхищением.

Дома торжества продолжались. Все соседи узнали, что наш Паата научился читать и писать, они поздравляли и тебя, и нас. Мы с благодарностью принимали поздравления, и ты видел, ощущал, как мы гордились тем, что наш сын перешагнул первый важнейший, может быть, самый важный рубеж в познании.

Что значит уметь читать и писать? Нельзя смотреть на это величайшее открытие человечества упрощенно. Письмо и чтение придумано вовсе не для развлечения. Оно такое же орудие в жизни человека, какими были впервые укрощенный огонь, первые каменные топоры, первый деревянный плуг, первое колесо, первый паровой двигатель, первая вспышка электрической лампочки, первый трактор, первый телевизор, первый атомный ледокол, первый спутник Земли, первый космический корабль.

Умение владеть грамотой — это универсальное умение для постижения всех наук, оно — наука о хранении и обогащении культуры и цивилизации, о пользовании их плодами. Оно — крылья для человека, помогающие ему залетать в прошлое и будущее, общаться с поколениями прошлого и грядущего. Оно — глаза человека, направленные на постижение своей души, собственного «я». Чтение — опора духовной жизни людей, письмо — форма проявления заботы о будущих поколениях.

Современный человек, человек будущего не может жить без книги. Чтение в его жизни — это важнейший способ восхождения, самосовершенствования, самообразования.

Так я смотрю на умение читать и писать, потому и радовался тому, что ты овладел этим волшебным даром человеческой природы. Но владеть даром — это еще не все, надо уметь пользоваться им, надо уметь любить и ценить его. И у нас в семье возникла особая забота — приобщить тебя к чтению, к книгам, дать почувствовать радость познания через чтение, счастье общения через чтение; пристрастить тебя к книгам и дружбе с ними.

Как это сделать?

Завалить тебя многочисленными красочными книгами?

Требовать от тебя, чтобы ты в обязательном порядке читал по несколько страниц каждый день?

Приводить тебе недвусмысленные устрашающие примеры, к чему через годы может привести недружелюбное отношение к книгам?

Втолковать тебе, что чтение необходимо для твоего умственного развития?

Это верно — полноценное, многостороннее развитие становящейся личности невозможно без чтения духовно обогащающих книг.

Может быть, прибегнуть к рафинированным традиционным приемам вроде такого — начать читать тебе увлекательный рассказ и прекратить чтение на самом «интересном месте» с надеждой, что хоть теперь ты сам возьмешься за чтение?

Наша воспитательная практика не смогла опровергнуть все эти пути воспитания потребности и интереса к чтению. Мы и не намеревались это сделать. Может быть, следует оправдать всякую методику, которая будет способна в какой-то степени пристрастить ребенка к чтению. Но мы предпочли воспользоваться ими лишь в той мере, в какой они могли стать полезными в более общей системе. А этой общей системе, этому главнейшему методу воспитания потребности и интереса к чтению мы подчиняли семейную атмосферу чтения, атмосферу культа книги в семейной жизни.

Я убежден: ребенок легче пристрастится к чтению, если вся семья, все взрослые члены семьи проникнуты этим пристрастием; если родители постоянно разыскивают новые книги, радуются приобретению интересной книги, ведут разговор о прочитанных книгах, заботятся о скорейшем возвращении одолженных им книг, тревожатся о книгах, которые дали почитать другим сами, берегут книги, любят стоять у своих книжных полок и вновь возвращаются к некоторым из них, устраивают семейное чтение книг. Чтение должно царить в семье, и, надышавшись этой атмосферой, ребенок без особого труда, без болезненных переживаний настроится на чтение.

Почему ребенок, так безудержно стремящийся к школе, объявляя своим чуть ли не единственным мотивом учения чтение и письмо, после овладения грамотой вдруг начинает отказываться от книги? Мамы и папы отчаиваются: «Ребенок не любит читать!» Принимаются принудительные меры. И порой случается, что ребенок настраивается враждебно против книги на всю жизнь.

Причина тут проста: ребенок пока еще не почувствовал вкуса к чтению, он знает буквы, но не умеет читать. Он может прочесть слова и предложения, но не умеет понять читаемое. Озвученные буквы пока еще не приобретают для него смысла.

И вот в этой общей семейной атмосфере чтения мама и папа должны найти время, чтобы посидеть со своим ребенком минут пятнадцать и в спокойной обстановке помочь ему прочесть страницу-две из детской книги, книги сказок. В спокойной, подчеркиваю я, ибо не так уж трудно потерять самообладание, слушая, как ребенок читает медленно, какие он допускает «элементарные» ошибки, как он «не способен» понять прочитанное. И чем больше мамы и папы будут терять равновесие и изливать свой гнев, тем больше оттолкнут своих детей от чтения. Нельзя научить ребенка читать, одновременно укоряя его за то, что он не может читать.

В семейной атмосфере чтения, обстановке крайней доброжелательности мы смогли воспитать в тебе потребность к чтению книг. А с помощью подбора книг развили в тебе вкус к высокохудожественной литературе и разносторонние познавательные интересы к научно-популярной литературе.

На это потребовались годы.

Мы радовались, когда ты предпочитал остаться без игрушки ради покупки интересной книги; мы радуемся, видя, с каким вниманием ты рассматриваешь книги в книжных магазинах, как осторожно их выбираешь.

Ты создал свою библиотеку и дорожишь ею.

Люди многому радуются, и многое их огорчает. Они радуются, видя сердечного друга, радуются, достигнув успеха, радуются своим добрым делам. Они огорчаются своим неудачам, потере друга, болезни близкого.

Книгу же может радовать только одно: когда ее читают; и огорчать тоже только одно: когда ее не читают. Книга безгранично рада, когда переходит из рук в руки. Она радуется доброму отзыву о ней, о ее авторе, спору о вопросах, поднятых ею. Значит, она приносит пользу людям, помогает им в жизни, в укреплении веры, личной позиции.

Безгранична скорбь книги, если ее забывают на полке; стоит она с неразрезанными еще страницами и напрасно ждет того, кто раскроет ее, прочитает, вникнет в ее душу, извлечет из нее из сокровища мудрости, знания и опыта поколений.

Лежит такая книга на забытой полке и медленно умирает.

Книга приобретает жизнь, когда ее читают до поздней ночи, кладут под подушку, на письменный стол; радуется, когда кладут ее в карман, достают и раскрывают в любое свободное время, читают в метро, в трамвае. Она радуется тому, что, сопровождая тебя, заполняет твою духовную жизнь.

Книга огорчается, когда рассматривают ее невнимательно, оценивают поверхностно, не вникают в ее суть, не следуют ее добрым советам. Огорчается и тогда, когда ты не хочешь вынести из ее содержания то, ради чего она и появилась на свет.

Книга радуется, когда, работая над ней, делают на ее полях пометки, подчеркивают карандашом строки, берут ее в свидетели для того, чтобы подтвердить или развить ту или иную мысль, идею.

Книга с болью в сердце переживает за своего необразованного владельца и гордится образованным и начитанным хозяином.

Книга предпочитает постареть и потрепаться в чтении, чем умереть на красивой полке, прожив много лет в ожидании своего читателя.

Книги, как преданные гвардейцы, всегда готовы бороться за победу добрых идей людей, бороться против тьмы и невежества. Но вести этих гвардейцев в бой должен человек, стремящийся овладеть вершинами наук и властвовать в «царстве мысли».

В начале 70-х годов в нашей жизни не было еще компьютеров. Сейчас компьютер — особая сфера педагогики. Компьютер начинает входить в каждую семью, он все больше становится необходимым в трудовой деятельности человека. С помощью компьютера и Интернета человек может войти во всемирную информацию и непосредственное общение с людьми на расстояниях. Конечно, это великое благо.

Но будет ли благом, если ребенок, наученный пользованию компьютером и Интернетом, применяет эту технику для дурных развлечений, для извлечения грязной информации?

Сейчас педагогика компьютера и Интернета сводится к выработке навыков их применения. Но забывается самое важное — культура их применения. Культура отведет человека от использования современной мощной техники во вред самому себе и другим.

Культура отношений ко всему была самой важной задачей для нас в воспитании сына.

— Что тебе привезти из Германии? — спросил я сына, когда мы с женой уезжали во Франкфурт-на-Майне в командировку. Было ему уже 25 лет.

— Купите компьютер, если будет возможность! — сказал он.

Мы купили самый дешевый компьютер.

Кстати, произошла забавная история: немецкие таможенники объявили нам, что вывозить компьютеры из ФРГ в СССР запрещено. Пока мы упрашивали таможенников, обслуживающий багажным отделом просто взял два незарегистрированных ящика с компьютером и бросил на конвейер. Мы подумали, что ящики конфисковали. И грустно направились к самолету. Буквально перед вылетом в салон вошли двое работников спецслужбы и остановились перед нашими креслами. Потребовали билеты и паспорта и долго их рассматривали. Потом вернули их и вышли.

А когда мы прилетели в Москву, то увидели, что наши ящики с компьютером прибыли вместе с нами.

Сын встречал нас в аэропорту Шереметьево.

Культура к вещам, которую мы воспитывали в нем, сделала свое: компьютер помогал ему — молодому социологу — обрабатывать результаты опросов и исследований, строить разные модели, готовить тексты. На компьютере он начал писать свои повести, романы, фантастические рассказы.

«Дэда эна»

Ты раскрываешь свой первый учебник — «Дэда эна» («Родная речь»). Чего ты от него ждешь? Кого ты там будешь искать? Мало сказать — ты начинаешь новую жизнь.

С раскрытием своего первого учебника ты начнешь входить в безграничный мир знаний, мир чудес. Как хорошо жить на свете, когда есть что узнавать, к чему стремиться, что делать! Как хорошо жить, когда можешь радовать людей!

А ты знаешь, кто создал твою первую книгу? Да, конечно же. О Якове Гогебашвили мы тебе многое рассказывали, о нем говорили тебе и в детском саду. В Грузии его знают все. Это он, великий педагог, провел много бессонных ночей, чтобы сотворить для тебя чудо — учебник который приобщит тебя к радости познания, зажжет в тебе любовь к родному языку и к учению.

«Дэда эна» выведет тебя на большую дорогу, ты проникнешь в глубины прошлого, познаешь сегодняшний день, шагнешь в наше завтра.

Мы, взрослые, листая страницы «Дэда эна», всегда восхищаемся теми «тропинками», по которым великий педагог вот уже более ста лет вводит поколения юных в царство мысли, восхищаемся тем богатством красок природы и человеческих отношений, которое с жаждой ты будешь познавать.

По этим «тропинкам» ты пройдешь через леса, реки, поля и горы своей Родины. Ты увидишь, как трудятся люди, строя новые дома, мосты, заводы, фабрики, выращивая виноград, собирая чайный лист. И в тебе тоже зажжется искра желания стать рядом с твоими близкими и родными, с людьми труда, работать и учиться, помогать друг другу.

На этом пути ты встретишься с маленькой Нуцой, которая посадила своих кукол, как в школе, и учит их читать. Ты похвали ее, скажи ей доброе слово, она будет рада.

Ты увидишь доброго Сандро, который хочет, чтобы его больная сестра как можно скорее избавилась от недуга, и делает все ради ее выздоровления.

Ты увидишь Гиглу, которого солнце упрашивает бросить уроки и выйти поиграть во двор. Но он верен себе и отвергает приглашение. Значит, есть с кого брать пример!

С тобой повстречается Вано, который мучает пойманную птицу и даже хочет убить ее. Возмущайся, пожалуйста, его поступками, дай волю птичке.

Ты прочтешь о злом мальчике, который обижает маленьких. Защити их от него.

Где-то в поле ты увидишь отару овец и услышишь голос маленького пастуха, который ради балагурства поднял тревогу, будто его окружили волки. Но когда волки действительно напали на его отару и он позвал крестьян на помощь, они ему не поверили. Ты, сынок, конечно, осудишь и его поступок.

Усердно следи за страницами «Дэда эна». Это мудрый учебник, потому что великий педагог его создавал «умом и сердцем своим...».

Так я размышлял тогда, десять лет тому назад, наблюдая, как ты впервые приступил к чтению рассказов и стихотворений в своем первом учебнике.

Тебе было трудно читать, ты читал по слогам, медленно, порой не понимая смысла прочитанного слова и предложения. Это пугало тебя, и ты бывал не прочь бросить чудеса интеллектуальных похождений и отдаться радостям игры. Но терпеливое требование взрослого — довести дело до конца и помощь в понимании сути читаемого в конце концов сделали свое.

Ты нашел золотой ключик с таким же трудом, как Буратино, и вошел в мир удивительной действительности с таким же нетерпением и радостью, как Буратино.

Познание
Пока ты учился в начальных классах, занимаясь с тобой, мы больше заботились о твоем общем развитии. Ум, сердце, руки — это то же самое, что и решать, переживать, делать. В этом треугольнике, по нашему мнению, заключена суть общего развития, но, разумеется, этим не исчерпывались другие стороны целостности твоей личности, которые тоже находились в поле нашего воспитания.

Твои «почему» и «а что, если» удесятерились после первых же школьных уроков. Мы принимали это за усиление твоей любознательности, которую надо было не только удовлетворить, но и развить дальше. Но я, право, не могу утверждать, что все наши «потому что» действительно служили стимулом возникновения следующих серий «почему».

«Почему у человека одна голова?»

Что мне тебе ответить?

«А что, не хватает тебе одной головы? Хочешь иметь две-три головы?»

Конечно, это не ответ. И ты продолжал: «А почему бы и нет? Когда одна голова начнет читать, другая в это время может петь, третья решать задачи! Это было бы здорово!»

«Но ведь эти разные головы на одном теле будут разными людьми? Одна радуется, другая — плачет... Ты нарисуй, пожалуйста, мальчика с несколькими головами. И, наверное, каждая голова захочет иметь свои собственные руки и ноги. Интересно, что получится, если одна голова прикажет ногам пойти в школу, другая захочет забраться на дерево, а третья будет спать в это время крепким сном!»

Тебя веселит такая несуразица, и ты начинаешь сам воображать более конфликтную ситуацию: «Они могут разорвать свое тело, если одна захочет побежать вправо, другая — влево, третья захочет прыгать, а четвертая не сдвинется с места!»

«А ты знаешь, в мире пока не обнаружено ни одного существа, имеющего две или больше голов, если не будем считать отдельные отклонения. Как ты думаешь, почему?»

Твое «почему» теперь рикошетом возвращаю тебе же, и ты объясняешь мне: «Может быть, ученые еще найдут... Но нет, не будет такого существа, двухголового, — к чему это?»

На этом мы исчерпали вопрос, целесообразно ли иметь несколько голов. Ты еще раз вернулся к нему, чтобы окончательно уяснить его для себя: нарисовал забавное существо — на одном теле три головы мальчиков, шесть рук и шесть ног; руки и ноги дерутся между собой, одна голова выражает радость, другая заливается слезами, третья же показывает язык. Мы с тобой много смеялись над этой фантасмагорией...

«В школе одна девочка сказала, что существуют растения-хищники. Я ответил, что таких растений не может быть. Как может растение схватить кого-нибудь и съесть?» Ты доволен своей логикой и хочешь, чтобы я подтвердил твои доводы: «Ведь правда?»

Но, право, я не знаю, существуют ли в действительности такие растения. Не могу же я все знать!

«А может быть, и вправду существуют такие растения? Почему, по-твоему, они не могут существовать?»

«Не могут, потому что у растений не бывает рук, чтобы что-либо схватить, и еще у них нет зубов, чтобы съесть схваченное. Не будет же растение гоняться за зайцем, чтобы схватить и съесть его?»

«Ты так и доказывал своей подруге?»

«Да, и она согласилась, сказала, что, наверное, ошиблась...»

«Может быть, было бы лучше проверить все это? А вдруг она права?»

«А как проверить?»

Мы шли из школы. По дороге детская библиотека. Мы зашли в библиотеку и объяснили доброй тете библиотекарше, какой нас интересует вопрос. Она предложила нам поискать ответ в детской энциклопедии «Что такое? Кто такой?». В третьем томе мы и наткнулись на «что такое» «растения-хищники». Стало ясно, что кто-то девочке из этого тома вычитал или рассказал о растениях, которые вправду умеют ловить и охотиться за комарами и мошками и подкармливаться ими.

Мы с тобой с большим интересом прочли статейку о растениях-хищниках, долго рассматривали цветные рисунки этих растений.

«Как теперь быть? Ведь девочка оказалась права!» Ты молчишь.

«Как ты думаешь, как бы я поступил на твоем месте?»

«Завтра, когда увижу ее в школе, скажу, что она была права. Она еще не все знала о растениях-хищниках, я расскажу ей!»

Я одобряю такое намерение.

На твои «почему» и «а что, если» ты редко получал от нас прямой ответ. Мы или направляли твои суждения, чтобы ты сам нашел его, или учили тебя пользоваться справочной литературой...

Ты очень любил играть в морской бой. Мне нравилась эта игра: она развивала в тебе точность, сообразительность, развивала твои эмоции. Мы брали два листка из тетради в клетку, и каждый для себя очерчивал на нем водные границы своих кораблей: 10 х 10 квадратов. Вертикальную линию мы нумеровали цифрами от одного до десяти, горизонтальную — буквами от «а» до «к», внутри зарисовывали корабли, количество и водоизмещение которых мы заранее обговаривали, и начинали бомбить.

«В4», — твой «снаряд» взорвался впустую, не попал.

«Д8», — мой «снаряд» тоже взорвался, минуя твой кораблик.

Постепенно мы обнаруживаем местонахождение кораблей «противника» и точными ударами снарядов топим их. Но часто получалось так, что ты на один выстрел «опережал» меня и торжествовал свою победу. Эта игра развивала в тебе также терпеливость и сосредоточенность. Больше часа ты мог находиться в бою, не уставая и не ослабляя внимание...

Задачи

Мы предлагали твоему уму разные познавательные задачи: загадки, ребусы, кроссворды, занимательные примеры по языку и математике. Я искал их в методических книгах, детских журналах, придумывал сам. Из класса в класс задачи усложнялись. Вот некоторые из них.

Мы находимся в лесу. Осень. Солнце.

«Давай измерим, каждый для себя, сколько шагов между этими деревьями. А потом скажем, у кого сколько получилось!»

Ты согласен. Мы выбираем точки от и до и начинаем мерить.

У меня получается десять шагов, у тебя — пятнадцать.

Ты в подготовительном классе, до шести лет не хватает еще трех месяцев. И поэтому твой ответ не удивил меня: «Ты, наверное, ошибся... Вот, смотри!» Ты начинаешь шагать и громко считать: «Раз, два... десять... пятнадцать! Вот видишь?» Я поступаю так же: «Раз, два, три... десять! Вот видишь?»

Ты задумываешься. «Измерим вместе!»

Мы становимся бок о бок у дерева и начинаем одновременно шагать. Ты считаешь громко: «Раз, два, три, четыре...» Но получается, что я оказываюсь впереди, а ты отстаешь, и когда ты сказал «десять», я уже был у второго дерева.

«Почему ты бежишь! Иди вместе со мной!»

Опыт повторяется еще несколько раз.

«Почему ты делаешь такие длинные шаги?»

«А у меня такие шаги!»

«Я понял... ты измеряешь длинными шагами, а я — короткими, поэтому и получается такая путаница!» Ты радуешься своей догадливости.

«Но какое расстояние между этими деревьями, неужели нельзя установить?» Я еще не вполне «пониманию», в чем дело.

Ты объясняешь: «Моими шагами расстояние между этими деревьями пятнадцать шагов, твоими же шагами — десять... у тебя же большие шаги, понимаешь?»

«Ага, да-да, понял!» И тут же предлагаю тебе измерить то же самое расстояние другими мерками — палками, у которых длина разная...

Ты знал всего шесть или семь букв, когда я предложил тебе следующего рода задачи: на листке бумаги рисовал два кружка, а в них записывал по 10–15 букв, среди которых 3–4 были тебе знакомы, остальные же — еще не изучены в школе, а затем давал тебе разные задания.

«Вот тебе карандаш. Перечеркни в этих кружочках все буквы, которые ты еще не знаешь». Или же: «Соедини красными линиями знакомые тебе буквы из первого кружка с теми же буквами из второго... Соедини синими линиями незнакомые тебе буквы из первого кружка с теми же буквами из второго».

Тебя увлекали такие задания. Ты начинал сам разгадывать значение незнакомых букв или же заставлял нас всех дома учить тебя буквам, и получалось так, что ты научился грамоте на полтора месяца раньше, чем это полагалось по школьной программе.

Забавная история получилась у нас и в связи с письмом. Мы условились с тобой, что кружочками будем обозначать любую букву, а тонкими полосками четырехугольника — любые слова. И так как ты уже владел способом звукового анализа, то сразу овладел и способом записи слов. Ты мог проговорить слово медленно, выделить последовательные звуки и записать кружочки вместо самих слов (пока ты их не знал); постепенно ты начал писать слова, смешивая в них кружочки, обозначающие незнакомые буквы, и сами буквы, которыми ты уже владел. Очень скоро мы заметили, как кружочки были вытеснены из записанных тобой слов, их место заняли буквы.

Примерно так же ты «писал» предложения: ты чертил на листке, вдоль горизонтальной линии, узкие прямоугольники, одновременно раскрашивал каждый из них и проговаривал слово, которое оно обозначало. Но тебе часто приходилось самому читать нам свои слова и предложения, ибо кроме тебя никто их, наверное, не смог бы разгадать.

У меня сохранилось несколько таких листков. Там написаны слова и предложения: часть из них продиктована мною, большую же часть придумал и записал ты сам. Много чего было написано тобою на этих пожелтевших уже страницах, вырванных из ученической тетради. Содержание каждого упражнения я записывал сразу, когда ты «читал» их мне. Кроме того, разгадать твои ребусы мне помогали и твои рисунки, отражающие предметное содержание слов и предложений...

Среди сочиненных мною задач тебя и твоих товарищей особенно позабавила одна из них, которую ты решал в течение нескольких дней. Ты был тогда во втором классе. К тебе пришли двое одноклассников поиграть. Я тоже играл вместе с вами в настольный футбол. В доме стоял гул, какой бывает на стадионе, когда забивают гол в ворота «противника». Во время перерыва я рассказал вам историю, она привлекла ваше внимание, и вы все потребовали карандаш и бумагу, чтобы заняться вычислениями...

«Знаете ли вы, что, оказывается, сын может стать старше своего отца? Такое, конечно, вы никогда не слыхали, разве что в сказках. Поэтому к моему заявлению отнеслись недоверчиво: «Такого не может быть никогда!»

Я должен был поколебать вашу уверенность.

«Очень даже может быть. Вчера я встретился в троллейбусе со своим другом, математиком, Паата его знает, и он рассказал мне, что один ученый-математик с помощью расчетов пришел к выводу, что сын может догнать и перегнать в возрасте своих родителей. Так что могут появиться маленькие папы и взрослые сыновья».

Вы все уже заинтригованы. Я рассказываю вполне серьезно, ссылаюсь на науку и авторитет друга. Это правдоподобное введение в мою задачу насторожило вас. Вы забыли о том, что истекло время перерыва между таймами нашей игры. Пользуясь этим, я продолжаю:

«Вот смотрите: если отцу 19 лет, а сыну один год, то выходит, что отец старше своего сына в 19 раз. Правда? (Вы, разумеется, согласны.) Через год отцу будет 20 лет, сыну — два годика. Отец теперь уже будет старше сына в 10 раз, а не в 19. Тоже верно? (У вас, конечно, не возникают сомнения, что это действительно так, но я замечаю, как вы удивлены.) Проходит еще год — отцу уже 21 год, сыну — 3 года. Значит, во сколько раз теперь отец будет старше своего сына? («В семь раз!» Вы уже включаетесь в вычисления!) Спустя 15 лет сколько лет будет отцу? («36!») А сыну? («18».) Так во сколько же раз отец будет старше своего сына? («В два раза!» Вы уже верите в мою задачу!) Видите, как сын догоняет отца... Надо теперь вычислить, когда они станут равны по возрасту и когда сын перегонит своего отца!..»

«А что сказал дядя математик, спустя сколько лет это наступит?»

«Он не успел рассказать историю до конца, он сошел с троллейбуса раньше!»

Вы бросаетесь к карандашам и бумагам и приступаете к вычислениям. Построили длинные столбики чисел. Ясно видно: разрыв в возрасте сокращается катастрофически. Вы начинаете путаться в своих вычислениях, пробуете начать все заново — и расходитесь с намерением продолжить решение задачи дома.

Все это время я вместе с вами вычислял разрыв в возрасте отца и сына, я тоже путался в цифрах и тоже выражал решимость поработать вечером.

Ты и твои товарищи были заняты вычислениями и на другой, и на третий день, вовлекли в это дело и других в классе. И, разумеется, в конце концов все пришли к выводу что надо вычислять, не во сколько раз «молодеет» отец а на сколько лет он старше своего сына. Вот эта разница никак не может измениться.

Вся эта затея, по моим наблюдениям, напрягла твои умственные способности и дала тебе еще одну возможность пережить радость познания.

А когда ты был уже в третьем классе, я задал тебе очередную задачу, достаточно известную из книжек по занимательной математике. Ты, конечно, ее не знал.

«Могу поспорить, что ты не сможешь справиться с одной задачей!»

Ты в это время занят рисованием.

«А какая задача? Почему не смогу справиться?»

«Да потому, что она потребует от тебя большого терпения, точности, внимания».

«Скажи, пожалуйста, какая твоя задача!»

Слушай. Встретился в поезде один богатый человек с нищим математиком и начал хвастаться, как много у него денег. «Хоть я и не знаю столько наук, сколько ты, но какая же польза тебе от твоей математики, раз ты такой нищий? — сказал он ученому. — Я разбогател, зная только простую арифметику сложения и вычитания». «А вы уверены, что хорошо знаете сложение и вычитание?» — спросил математик. «Еще бы!» — ответил тот. «А не хотите ли вы, чтобы в течение месяца каждый день я приносил бы вам сто тысяч рублей, а вы взамен в первый день дали бы мне одну копейку, на другой день — две копейки, на третий — четыре копейки, на четвертый — восемь копеек...» «То есть ты будешь приносить мне каждый день сто тысяч рублей, а взамен будешь брать у меня копейки?» — удивился богач. «Да, буду приносить сто тысяч, а вы взамен давайте мне сумму вдвое большую, чем накануне». Богатый не хотел упускать случая нажиться и тут же заключил пари. «Давайте начнем с первого марта» — «Согласен» — «Будем держать пари до марта включительно», — пожадничал богатый. «Согласен». И они приступили к выполнению своих обещаний, как договорились.

Тебя заинтересовала эта история: «А дальше?»

«А что дальше? Как ты думаешь, кто мог выйти победителем в этом пари?»

«Конечно, богатый... Он ведь каждый раз получал сто тысяч рублей и давал взамен копейки!»

Но задача заключается в том, чтобы высчитать до последней копейки, кто сколько получил, сколько выдал и сколько осталось чистой прибыли.

Прошла неделя, и ты со своими одноклассниками в конце концов решил задачу. Ты аккуратно переписал два столбика цифр. В конце листка твоим крупным почерком было написано: «Ура математику! За 31 день он отдал богачу 3 100 000 рублей, получил же 20 774 836 рублей 47 копеек. Чистый выигрыш составляет 17 574 836 рублей 47 копеек. Ура математику!

Учение

Какое оно — учение?

Легкое? Трудное?

Конечно, учение — дело не из легких. Оно и не должно быть легким.

Если бы учение стало процессом времяпрепровождения, игрой, ребенок вырос бы умственно хилым, безвольным существом и к тому же еще беспечным.

Но нельзя, чтобы трудности учения стали заведомо непосильным для ребенка грузом. Не зная, как справиться с этой тяжестью, поднять которую так пытаются заставить его все, ребенок начинает ухитряться избегать его. И растет он опятьтаки умственно хилым и безвольным существом.

«Наши школьные программы перегружены!» — слышу я повсюду, читаю в газетах. Мой опыт склоняет меня вместе с другими возмущаться толстыми учебниками, объемистыми домашними заданиями. Вместе с другими я жалею детей, которым так трудно успешно усваивать все школьные предметы.

Почему школьники все больше тяготятся учением?

Почему многие из них считают, что учение — одно мучение?

Неужели детей пугают трудности умственной деятельности, трудности познания?

Нет, дети не из пугливых. Они не могут, они не хотят избегать трудностей, они ищут их и сами преодолевают.

Но они не хотят, я убежден в этом, чтобы их учили в школе так же, как учили детей в прошлые века. Они не хотят, действительно не хотят, чтобы им преподносили готовые знания и им оставалось бы только раскрыть рот и глотать их порциями.

Чего от них требуют учителя?

Внимательно слушать, безошибочно повторять, говорить наизусть, пересказывать в точности, списывать с доски, отвечать на вопросы, вспоминать пройденное, не переглядываться, не списывать у товарища.

Но может ли ребенок научиться думать самостоятельно, если нет того, над чем можно думать, если нельзя поспорить с педагогом о «научных» проблемах, да никто и не даст повода поспорить. Так проходят годы, и, приученный повторять, подражать, заучивать, ребенок постепенно оказывается не в состоянии самостоятельно познавать, созидать и преобразовывать.

Мы как будто этого и ждем, чтобы еще раз ахнуть и мудро проговорить: «Какое пришло время — учащиеся не хотят учиться... А вот когда мы были школьниками, тогда, знаете, как мы учились!...» И как истинно заботливые взрослые, решаем ради будущего благополучия самих же детей принуждать их к учению.

«Детей надо принуждать к учению!» Что это, педагогическая аксиома?

«В ребенке злое начало, и его нужно подавлять силой». И это тоже педагогическая закономерность?

Нет, в современных учебниках по педагогике этих формулировок я нигде не прочел. Но, мне кажется, они трансформировались в другие формулировки.

Испокон веков существует уверенность в том, что только сила способна укрощать строптивый нрав ребенка. Рассмотрите, пожалуйста, поучительный альбом немецкого ученого Роберта Альта, в котором собраны репродукции рисунков, фресок, барельефов, росписей, оформления учебников, отражающих типичные сцены процесса обучения и воспитания, начиная с античной эпохи до позднего феодализма. Они вам объяснят, какое конкретное и разнообразное воплощение приобрела эта уверенность.

Раздетого мальчика силой удерживают двое его сверстников. Еще двое избивают его пучками прутьев. Рядом, среди мраморных колонн, учитель преспокойно продолжает свое занятие.

Бородатый учитель с чувством глубокого удовлетворения на лице тянет за ухо мальчика с искаженным мучительной болью лицом.

Мальчик со спущенными штанишками просунут между ступеньками лестницы, приставленной к стене, а учитель бьет его пучком прутьев по ягодицам.

Мальчика, на голову которого надета маска ослика с длинными ушами, посаженного на осла задом наперед, высмеивает весь класс, а педагог, довольный своим воспитательным приемом, размахивает палкой, пугая ребенка.

Мальчик, стоящий перед учителем на коленях, зубрит что-то по книге.

Педагог учит своих учеников, держа в левой руке раскрытую книгу, а в правой — пучок прутьев или палку.

Это последнее и есть суть портрета средневекового педагога: в левой руке — раскрытая книга, а в правой — пучок прутьев. Его нельзя представить без палки, без прутьев, без ремня, без других средств наказания.

Выросли из этих корней ростки некоторых современных способов обучения. Изменилось, конечно, очень многое, причем резко, бесповоротно. Однако для многих учащихся учение все же не превратилось в страстное увлечение, многие дети не находят в нем свой жизненный смысл.

Мне кажется, педагоги больше умеют заставлять детей учиться, чем побуждать их к учению, больше знают, как передавать знания, нежели — как вводить учащихся в «царство мысли». Почему так получилось? Не в той ли дотянувшейся до нас уверенности, что ребенка можно обучать только путем принуждения, следует искать причину?

Перечитываю один за другим учебники по педагогике, ищу в них пытливых, веселых, неугомонных шалунов, ищу в них малышей, сдружившихся с Карлсоном, с Питером Пеном со своей шумной компанией, Пеппи Длинныйчулок, с Томом Сойером и Гекльберри Финном, устраивающими ночные прогулки на кладбище, ищу наших девочек и мальчиков, юношей и девушек, спорящих о философии жизни в узких подъездах домов и укромных уголках дворов. Я знаю, их много, очень много, они составляют треть нашей страны. Хочу прислушаться к их звонкому голосу и песням, их шепоту. Хочу узнать об их стремлениях, радостях, огорчениях. Хочу заглянуть в их духовную жизнь. И, наконец, хочу получить от них откровенный ответ на вопрос: «Ради чего на свете отдались бы вы со всей свойственной вам страстью учению, этому необходимому, обязательному и высочайшему делу?»

Ищу я этих мальчиков и девочек, юношей и девушек в учебниках педагогики.

Но почему в этих храмах воспитания так холодно и зябко?

Почему здесь такое безмолвие?

Почему в них разгуливает педагог, нахмурив брови, в сопровождении легиона отметок?

Почему в этом саду, где круглый год должна царствовать весна, постоянно господствует зима?

Где птички, цветы, дети?

Где дети, ради которых создан этот сад и написаны эти учебники?

Мне кажется, что я нахожусь в саду Великана-эгоиста, оградившего от детей свой сад высокой изгородью и повесившего на ней вывеску: «Вход строго воспрещается». И только потому, что Великан изгнал из своего сада всех детей, в этом саду весны и радости вдруг воцарилась зима, замерзло все, далеко улетели птички. За изгородью кипела обычная жизнь, шалили дети, пели птички, менялись времена года. В саду же Великана властвовала мертвая зима. Раз Великан, грустивший о весне и не ведающий о причине вечной зимы, услышал пение птички и увидел поразительное зрелище в своем угрюмом саду: в стене ограды в одном месте дети обнаружили маленькое отверстие и через него пробрались в сад, и только на этом месте вместе с детьми заиграла весна, каждое дерево, на которое удалось детям взобраться, начало цвести прекрасными цветами, на них сидели птички и заливались радостным пением. Но как только дети заметили подкрадывающегося к ним Великана, они страшно перепугались и сразу же убежали из сада, и в нем вновь воцарилась зима. Только один маленький мальчик не успел покинуть сад, ибо не увидел Великана.

В этой чудесной сказке Оскара Уайльда все кончается оптимистически. «Вот, оказывается, какой я злой!» Великан расчувствовался до слез. «Теперь-то я понимаю, почему весна не приходила сюда. Я посажу на дерево этого беднягу малыша, а потом разрушу ограду, и дети у меня в саду будут веселиться всегда».

Великан горько раскаивался о прошлом. Он подкрался к мальчику сзади, нежно поднял его и посадил на дерево. Дерево сразу покрылось цветами, и птицы слетелись к нему и начали заливаться песнями. А маленький мальчик протянул ручонки, обнял Великана и поцеловал. Остальные дети, увидев, что Великан больше не злой, вернулись, а с ними пришла и весна.

«Теперь это ваш сад, мои милые детишки!» — сказал Великан. Он взял огромный топор и разрушил ограду.

Так брали топоры и разрушали ограды великаны мировой педагогики.

Витторино да Фельтре в начале XV века построил для детей «Дом радости».

Ян Амос Коменский в XVII веке строил «Великую дидактику», гарантирующую учителям и учащимся приятное, радостное обучение и основательные успехи.

Иоганн Генрих Песталоцци в XVIII—XIX веках в своих воспитательных учреждениях в Нейхофе, Станце, Бургдорфе и Ивердоне стремился к возбуждению ума детей, к активной познавательной деятельности, этому учил он родителей.

Константин Дмитриевич Ушинский в XIX веке призывал к обучению, в котором серьезные занятия стали бы для детей занимательными, советовал учителям завоевать любовь своих учеников, изгнать из класса скуку и не оставлять ни на одну минуту ни одно дитя без дела.

Яков Семенович Гогебашвили создал увлекательные учебники и книги для чтения, до сих пор являющиеся одним из светлых источников духовного мира нации.

Януш Корчак продемонстрировал суть и огромное значение истинной педагогической любви к ребенку в его преобразовании и воспитании, возможность направления детей на самовоспитание и самосовершенствование.

Василий Александрович Сухомлинский своей «школой радости» вселил в нас веру во всемогущую силу радости познания, во всемогущую силу утверждения в каждом школьнике успехов в познании, чувства доверия к своим способностям.

Каждый день в газетах пишут о творческих педагогах, о них рассказывают по радио и телевидению, — учителя эти творят современные чудеса на своих сорокаминутных уроках, они вводят детей в глубь науки, разжигают в них страсть к постоянному самообразованию, возбуждают в них любовь к учению.

И как было бы хорошо, если бы были созданы учебники по педагогике, в основе которых лежали бы принципы гуманного воспитания и обучения. Они, наверное, были бы пронизаны пафосом педагогической любви и уважения к детям, пафосом утверждения в них радости познания, пафосом нашего доверия к ним, нашего сотрудничества, совместного поиска, совместных открытий.

Я верю в силу воспитания и обучения, то есть воспитания и обучения с позиций самих же детей, с позиций гуманистических начал.

И еще верю, что в таком образовательном процессе, в котором ребенок окажется и в школе, и в семье, он полюбит учение, и трудности в учении и познании приобретут для него совершенно иной психологический смысл — они станут условиями переживания радости успеха.

Карлсон

Первое письмо от Карлсона, который живет на крыше, ты получил в день твоего рождения, 20 февраля. Ты был тогда во втором классе.

О захватывающей дружбе Малыша с Карлсоном, живущим на крыше, ты уже знал. В течение двух-трех недель, пока мы читали тебе книгу о них, ты жил жизнью Малыша и мечтал иметь друга с пропеллером. Ты готов был верить, что Карлсон действительно существует, что он живой человечек.

В семье в твои обязанности входило открывать наш почтовый ящик и доставать оттуда письма и газеты. На этот раз твое внимание привлек необычный конверт, раскрашенный в красный и желтый цвета. С его лицевой стороны на тебя смотрел веселый человечек с пропеллером на спине. На конверте крупным и нескладным почерком было написано: «Паате. Секретно! Секретно! Секретно! Карлсон с крыши».

Дома была только бабушка, и это облегчило твое положение: ты положил газеты на обычное место и со своим письмом от Карлсона залез под письменный стол.

Карлсон писал тебе: «Я Карлсон. Хочу дружить с тобой. Как только найду возможность, прилечу к тебе. Я же самый занятый человек в мире. Поздравляю с днем рождения. Вчера я решил поступить в первый класс, прямо без прохождения нулевого. Я же самый талантливый, самый умный в мире. Хочешь, проверь: пришли три самые сложные задачи, я их сразу решу и пришлю обратно. Жду от тебя письма. Напиши, какую сказку ты читаешь. Пусть нашим паролем будет «Плим». Письмо я должен получить послезавтра. Положи его в такой же красочный конверт, как мой. Заклей его, напиши сверху адрес: «На Крышу. Карлсону. Секретно. Паата». А теперь до свидания. Карлсон. Плим».

Слова были написаны разноцветными фломастерами, строки шли зигзагами, буквы были то крупные, то мелкие, искаженные.

Спустя полтора года переписка с Карлсоном прекратилась. Он сообщил тебе, что срочно улетает далеко-далеко по очень важному делу. «Я вернусь когда-нибудь. Я ведь возвращаюсь всегда!» Некоторое время ты скучал по своему другу, по своей засекреченной и увлекательной игре.

Ты, конечно, вовсе не думал, что имеешь дело с настоящим Карлсоном, хотя как-то мы, напуганные твоим внезапным исчезновением со двора, нашли тебя на крыше нашего дома. Ты не открыл нам тогда своего секрета — зачем поднялся на крышу, что тебе там было нужно. «Так. Хотел посмотреть, что там!»

Ты мечтал иметь Карлсона — друга, тебе нужны были происшествия с секретами и паролями. Ты знал, что вся игра, длившаяся полтора года, — игра воображения.

Но могу поклясться, ты переживал все как настоящее и со всей серьезностью относился к каждому письму с Крыши, аккуратно отправлял Карлсону-невидимке свои письма.

Если тогда сказали бы тебе, что все это — шутка, и показали, кто бросает в наш почтовый ящик письма от Карлсона и достает оттуда твои письма Карлсону, ты огорчился бы, наверное, не на шутку, обиделся бы до глубины души.

Почему ты получал письма именно от Карлсона?

Зачем засекреченная игра именно с паролями?

И вообще, какова была цель всей этой затеи?

Эти вопросы ты никогда не задавал нам и, может быть, до сих пор думаешь, что мы просто баловали и развлекали тебя. Но это не так. Мы в эту игру заложили часть целей нашей семейной педагогики. Теперь, уже спустя десять лет, я открою тебе наш секрет игры, переписку с Карлсоном.

Нам надо было развивать в тебе вкус к познанию и зародить мотивы учения.

Надо было развить потребность и интерес к чтению.

Надо было научить тебя способам познания, учения, добывания знаний.

Надо было воспитать еще многое другое — вежливость, волю, верность своему слову, увлеченность...

Стать школьником — это еще не значит, что ты уже овладел своей профессией ученика. Как учиться и ради чего — ты не понимал. Все дети вначале тянутся к школе. Еще бы — меняется социальный статус. Но через несколько лет, может быть, спустя три-четыре года, обнаруживается, что у многих из них звонки на урок вызывают смутные ощущения тревоги, недовольства, скуки, страха; а звонки, возвещающие об окончании уроков, — чувство облегчения, радости, свободы. А ведь надо, чтобы все было наоборот.

Поэтому нам и надо было спешить воспитать в тебе радостное, доверчивое отношение к школе, учению, стремление к трудностям познания и учения. Бабушка, мама, я — все мы вместе и каждый в отдельности внушали тебе важность положения школьника, давали тебе наставления, как учиться, помогали разобраться в тех случаях, когда ты затруднялся. Но все это была сухая, прямолинейная дидактика. Мы призывали тебя к тому, что было не под силу твоей воле. Да разве легко сесть за выполнение домашних заданий, когда из соседней комнаты доносятся до тебя знакомое «Ну, заяц, погоди!» — и заразительный смех сестренки. Ты то и дело вскакиваешь со своего рабочего места, но бабушка удерживает тебя: «Сиди, сиди, занимайся. Смотреть телевизор ты еще успеешь, а вот учиться будет поздно!» В конце концов ты начинаешь плакать: «Хочу посмотреть мультфильм!..» Тебе опять напоминают о твоих важных делах, но эти внушения не доходят до тебя. «Вот и не буду учиться, не буду учиться!» Ты начинаешь бунтовать.

Сейчас тебе хочется смотреть телевизор. Но надо решить задачу. Этого требует твое будущее.

Именно сию минуту хочется поиграть с товарищем. Но надо выучить стихотворение. Это тоже очень важно для твоего будущего.

Именно сегодня хочется пойти в цирк. Но надо написать сочинение. Без него будет страдать твое будущее.

Именно сейчас хочется пойти в парк и развлекаться на новых аттракционах. Но надо выполнять грамматические упражнения. Это тоже ради будущего.

И в твоем представлении это смутно осознаваемое светлое будущее становится невыносимым. Ты восстаешь против него, ты протестуешь, ты не хочешь принести ему в жертву действительно светлое настоящее, которое манит тебя фейерверком удовольствий.

Так сталкиваются в твоих переживаниях настоящее и будущее.

Ты выбираешь настоящее.

Настоящее и будущее сталкиваются и у взрослых, только на совершенно другом уровне — в самых верхних слоях сознательности. И они отдают предпочтение будущему ради своего же благополучия.

И вот какая получается ситуация: заботу взрослых о твоем будущем, о котором ты не имеешь понятия, ты принимаешь как покушение на свое настоящее, которое так тебе дорого и ясно. Говоря более обобщенно — добро, творимое людьми для тебя, ты принимаешь как зло против тебя.

Вот какая досадная ситуация, может быть, даже трагедия воспитания!

Позиция
Как можно выйти из этого положения?
Может быть, дать детям волю? Пусть делают, что хотят и как хотят. Пусть бегают и прыгают до усталости, пусть смотрят телевизор, пока не начнут слипаться глаза, пусть, наконец, займутся учением, когда вздумается. И все это мы можем подкрепить такими патетическими возгласами, что перед ними немногие смогут устоять: «Какое право мы имеем отнимать у детей детство! Ведь оно дается раз в жизни и длится всего несколько лет! Им нужна свобода!»

Но это ни больше, ни меньше как преступление перед детьми: мы будем губить их, оставляя в плену собственных импульсов и не направляя процесс развития способностей. Я не желаю дальше разбирать такой вариант, с позволения сказать, воспитания, приводящий к абсурдам.

Может быть, тогда выберем другую крайность: заставлять, принуждать детей подчиняться воле своих воспитателей, воле взрослых? Мы ведь будем так поступать, побуждаемые нашими добрыми намерениями. Мы накопили огромный жизненный опыт, овладели науками и потому прекрасно понимаем, какими жизненными качествами и знаниями они должны быть вооружены. В нашем воображении созданы модели того, какими совершенными мы бы захотели видеть каждого из них. Да разве есть у нас столько времени «цацкаться» с ними, упрашивать и умолять, чтобы они делали то, что так необходимо для будущей жизни их самих же!

Такая точка зрения тоже имеет свои опоры в многовековой практике миллионов воспитателей. И здесь мы могли бы патетически воскликнуть: «Люди добрые! Да не видите ли вы, что дети ни на йоту не могут осмыслить собственное будущее! Не станем же мы поддаваться их капризам! Беритесь за них построже и не давайте волю вашим эмоциям. За вашу сегодняшнюю строгость и тумаки они горячо вас отблагодарят в будущем!»

Такая стратегия воспитания тоже не вызывает во мне особой симпатии. Я не могу принять ни хаотическое, было бы вернее сказать, безответственное воспитание, ни авторитарное, тем более императивное воспитание.

Я выбираю другую позицию. Она не золотая середина между предыдущими, а совсем другая — гуманная. И основывается она на мудрой классической формуле: «Ребенок не только готовится к жизни, но он уже живет».

Он живет настоящим, доставляющим ему радости и удовольствия. И только через эти радости и удовольствия он может увидеть смутные контуры будущего. Будущее является для него смутным потому, что оно окутано парами кипящего настоящего. Порой нам удается частично рассеять глубокие слои этого пара с помощью совершенной педагогической техники, и тогда надо спешить, чтобы ребенок умом своим успел заглянуть сквозь них в свое возможное будущее, увидеть себя таким, каким он может стать, будучи благоразумным и восприимчивым к советам взрослых и проявляя устойчивость к удовольствиям, манящим его в настоящее. Но такая педагогика ненадежна, она сможет добровольно направить ребенка на «путь истины» только на очень короткое время, после чего он забудет, каким он, оказывается, может стать.

Нет, лучше не так. Самую лучшую, радостную, жизнеутверждающую педагогику, как мне это представляется, мы получили бы, если бы нам удалось поселить будущее в настоящем, в настоящую жизнь ребенка впустить струю его будущей жизни, сделать так, чтобы цель нашего воспитания, скрытая за тридевять земель, поселилась бы на цветущем поле жизни ребенка.

Что у нас тогда получится?

Получится то, что настоящая жизнь детей будет насыщена сутью их будущей жизни. Получится то, что мы будем воспитывать детей с позиций самих же детей. А самое главное — мы будем располагать их к воспитанию. Истинная гуманная педагогика — это та педагогика, которая способна добровольно расположить ребенка к воспитанию, способна возбудить в нем стремление, бессознательное и сознательное, воспитываться, быть воспитуемым.

Взрослые часто сочиняют за детей тексты их выступлений перед публикой, а затем дети зачитывают их с высоких трибун. Зачитывают бойко. Мы радуемся глубоким мыслям, горячо аплодируем. Но стоит нам только освободиться от первых эмоций, как нас охватывает недовольство тем, что из уст детей лились мысли взрослых. Дети выпустили на нас струю нашей же мудрости. Мы возмущаемся: «Пусть дети сами говорят за себя! Пусть говорят, что думают! Пусть воспримут они наши мысли сердцем и умом своим, а не кончиком языка!»

Пусть, давно пора.

Но я все-таки решил сочинить короткое выступление представителя детского парламента, обращенное к взрослым. Хотя оно сочинено мною вместо детей, думаю, его сочинил бы любой ребенок, дай ему счастливый случай хоть на секунду осмыслить заботы воспитателей, взглянуть на свое будущее глазами своих воспитателей, пережить чувство любви своих воспитателей так же, как переживает его сердце этих воспитателей.

Тогда бы загорелось его маленькое сердце, и его осенила бы мысль, и он с детской искренностью произнес бы следующее от имени миллионов своих сверстников:

«Дорогие наши воспитатели, мамы и папы, учителя, милые люди, любящие нас и заботящиеся о нас!

Берите нас такими, какие мы есть, и сделайте нас такими, какими должен стать каждый из нас!

Мы будем сопротивляться, шалить, прятаться, хитрить, мы будем радоваться жизни и стремиться к удовольствиям. Ибо это в нашей натуре.

Зачем возмущаться тем, что у нас пока нет здравого смысла? Он придет к нам с помощью ваших добрых забот, может быть, не сразу и не очень скоро.

Не надо видеть в нас взрослых, себе подобных, а затем удивляться тому, как мы недогадливы, непонятливы, неблагодарны.

Лучше принимайте нас с нашими недостатками и помогите нам преодолеть их. Только уважайте наше чувство радости, которое мы находим в наших шалостях, неустанных играх, сопротивлениях, сиюминутных удовольствиях.

Принимайте все это как наши детские болезни, против которых вы никогда не сможете найти вакцины, и лечите нас так, чтобы не было нам очень больно, то есть не лишайте нас наших радостей.

Если окажется, что в нас мало усидчивости, мы ленивы, не желаем учиться, не надо ставить нам это в вину. Это не вина, а беда наша. Не будете же вы ругать человека за то, что он находится в яме, сам не понимая, почему и как он туда попал? И не будете же вы ругать его за то, что он не может выбраться оттуда, а может быть, вовсе не догадывается, что надо выбраться? Скорее всего, вы проявите к нему доброту души, спустите ему веревку и научите, как подняться, поможете ему выбраться на свет, а затем покажете, какой этот свет многоцветный.

Так помогите нам тоже пристраститься к познанию, к учению, научите, как надо добывать знания и совершенствовать себя.

Может быть, вам и не понадобится принимать все это как наше несовершенство, а будете воспринимать его как формы нашего движения? Это было бы лучше всего.

Дорогие, милые наши воспитатели! Попытайтесь обнаружить в душе каждого из нас засекреченное местечко, где затаилось наше расположение к вашим намерениям. Может быть, вы там найдете гены, на которых ваш разум прочтет нашу молитву, несущуюся из глубины веков: «Мой воспитатель, воспитай меня достойным Человеком!»

Нам трудно понять вас. Потому мы и дети.

Вы должны разгадать нас. Потому вы и взрослые».

Не слишком ли я отвлекся от писем с Крыши? Не получается ли так, что всю эту тираду я посвящаю обоснованию бесконфликтного воспитательного процесса, построенного на выдуманных играх и шутках? Как было бы прискорбно мне, если бы кто-нибудь действительно пришел к такому выводу, знакомясь с моим откровением. Я стремился изложить общий подход к воспитанию в целом, в котором засекреченная переписка с Карлсоном является одним из способов его раскрытия. И чтоб никто не схватил меня за горло: «А ну-ка, гони скорее свою педагогику!» — поспешу заявить: я сам ее ищу, давайте искать вместе!

Письма

От прадедушки перешел к нам по наследству маленький сейф. В нем были две дверцы. Открываешь сперва одну — с несколькими крохотными ящичками. Там я хранил ваши — твои и твоей сестренки — молочные зубки, пряди ваших волос, таблички с номерами, обозначающими ваши первоначальные «имена» в родильном доме. Затем открываешь вторую дверцу — туда можно класть разные бумаги. У меня там хранились письма, которые я посылал вашей маме и получал от нее, когда она находилась в родильном доме. Здесь же я хранил ваши первые рисунки, листки, на которых были написаны вами первые буквы и слова.

Я любил открывать этот сейф и рассматривать содержимое. А тебя привлекал секрет открывания сейфа. Этот секрет я доверил тебе.

«Можно попросить что-то? Только если ты не обидишься!» Я в это время в очередной раз копался в своем сейфе.

«Можно, конечно. А в чем дело?»

«Ты не можешь подарить мне твой сейф, когда умрешь?»

«Могу, конечно! А зачем тебе этот сейф?»

«У меня есть тайна. Я хочу хранить ее там!»

«Тогда зачем же ждать, когда я умру? Может быть, сейф нужен тебе сейчас же? Надо же хранить тайну надежно!»

«Но он ведь пока нужен тебе!»

«Ничего. Мои бумаги не содержат особых тайн... Ты только вот что: сделай из досок такой же маленький ящичек, в который я переложу эти бумаги и вещицы!»

Ты смастерил мне ящичек и получил мой сейф вместе с ключом. Ты был рад и, взяв сейф, куда-то скрылся. Я знал, зачем он был нужен тебе.

Ты вкладывал в сейф письма от Карлсона с Крыши, а в твой ящик я клал твои письма Карлсону.

Прошли годы, и ты доверил мне сейф вместе с письмами. Я присоединил к ним хранящиеся у меня твои письма, разложил их по датам и запер в сейфе.

До последнего времени ты больше не вспоминал о Карлсоне. Означало ли это, что ты забыл о нем? Нет. Будучи в девятом классе, неожиданно для меня ты вдруг спросил:

«Скажи, пожалуйста, кто был этот Карлсон, который писал мне письма?»

«А ты помнишь его?»

«Как же не помнить. Я до сих пор жду его возвращения!»

«А зачем тебе Карлсон?»

«Он меня учил, я ему доверял... Вот почему. Скажи, вернется он или нет?»

«Откуда мне знать?»

«А куда пропал Невидимка, который писал секретные письма Нинульке?»

«Тоже не знаю!»

Письма от Невидимки твоя сестра получала два года. Она проходила приблизительно тот же курс воспитания, что и ты. Нинулька доверяла тебе свои секреты, она показывала и письма от Невидимки, согласовывала с тобой свои ответы.

«А кто этот Невидимка, тоже не знаешь?»

Ты улыбнулся своей доброй улыбкой, и я тоже улыбался. Наши улыбки говорили друг другу: «Конечно, знаем, мы все знаем!» Но я смог устоять.

«Я не знаком с Невидимкой!»

«Хорошо. Но все же передай Карлсону, и Невидимке тоже, пусть вернутся. Скоро мой день рождения!»

В твой день рождения ты получил поздравительную телеграмму от Карлсона...

Настало время сказать тебе, что в нашем сейфе хранятся не только письма с Крыши, но и письма, отправленные на Крышу. Ты этого до сих пор не знал.

О чем же вы секретничали в ваших письмах?

Вот о чем.

«Я придумал самый сложный ребус в мире. Разгадай его. Срок — два дня. Можешь ли ты придумать более сложный ребус, который я не смогу разгадать? Хаха! Пришли его срочно. Карлсон. Плим».

«Твой ребус я, конечно, разгадал: «Прометей». Хаха! Только там ошибка, пропущена буква «о», и потому получается «Прметей». А вот и мой ребус». Далее следует ребус в полстраницы и «Паата. Плим».

«Я очень занят важными делами. Выручай. Реши эту задачу за меня и вышли завтра утром. Карлсон. Плим».

«В твоем сочинении я обнаружил 25 орфографических ошибок. Вот они». Далее следует правильное написание 25 слов и «Паата. Плим».

«Я не знаю значения слов, которые подчеркнуты красным фломастером. Найди их объяснения в словаре и припиши в конце. Карлсон. Плим».

Прилагается вырезка из газеты, в которой подчеркнуто десять слов.

«Мне нравится твой прием решения сложных примеров. Он предупреждает мои ошибки. Научи еще таким приемам. Паата. Плим».

«Советую тебе проявлять воспитанность — надо благодарить, когда тебя чему-нибудь учат. Только после этого я научу тебя другим приемам. Карлсон. Плим».

«Ура! У меня открытие. Если заранее два раза прочесть параграф, который завтра будут объяснять на уроке, то научишься в четыре раза большему. Если решать задачи и примеры, которые следуют за заданными, то понимаешь их лучше. Проверь это на собственном опыте. Карлсон. Плим».

«Я хочу знать, как ты рисуешь. Пришли мне несколько твоих рисунков. Паата. Плим».

«Последнее время мне не спится по ночам. Напиши мне длинную-предлинную сказку. Карлсон. Плим».

«Я обидел бабулю, и она не хочет со мной разговаривать. Посоветуй, пожалуйста, как мне с ней помириться. Паата. Плим».

«Ветер забросил ко мне эти три билета в цирк, я очень занят — работаю еще над одним научным открытием. Может, пойдешь ты с сестренкой и папой, а потом напиши мне обо всем, что там увидишь. Особенно о клоунах и отчаянных трюках. Карлсон. Плим».

«Большое спасибо за билеты в цирк. Было очень интересно». Далее следует длинный рассказ о впечатлениях и «Паата. Плим».

«Уже десять дней ты мне не пишешь писем. В чем дело? Может быть, ты заболел? Я поднялся сегодня на крышу нашего дома, но там не нашел тебя. Почему не отвечаешь на мои письма? А знаешь, что было у нас в школе сегодня»? Далее следует рассказ об открытом уроке по математике и «Паата. Плим».

«В вашем учебнике для чтения напечатан рассказ о каком-то Малхазе. Говорят, рассказ очень интересный. Напиши мне его краткое содержание. Карлсон. Плим».

«Получил твой подарок. Все десять книжек я уже прочел. Спасибо, дорогой Карлсон! Посылаю тебе плитку шоколада. Ты ведь любишь шоколад? Паата. Плим».

«Я самый предусмотрительный человек в мире. Каждое утро составляю план на весь день, а каждый вечер делаю отчет самому себе — как выполнил план. Советую поступать так же. Карлсон. Плим».

«Вот тебе материалы для твоего доклада о пчелах. Какая у них удивительная жизнь! Все это я выписал из детской энциклопедии. Паата. Плим».

Прилагается выписка на двух страницах.

«Советую тебе прочесть за две недели «Винни-Пух и все, все, все». Я приступаю к чтению сегодня. Кто закончит первым, пусть напишет письмо со своими впечатлениями сразу же. Карлсон. Плим».

«У меня заболел зуб. Пошел сам к врачу. Он сказал, что зуб надо удалять и будет больно. Но я же самый храбрый: открыл рот, врач тянул-тянул щипцами мой зуб и еле вытащил. А я, как ни чем не бывало, ни звука, даже улыбнулся. Надеюсь, ты тоже храбрый. Ведь не зря я с тобой подружился. Напиши, как тебе будут вырывать зуб. Карлсон. Плим».

«Карлсон, когда же ты прилетишь ко мне? Ты же обещал! Мама вчера сказала, что я хороший мальчик. Может быть, открыть им тайну? Они никому ничего не скажут. Паата. Плим».

«Я уже посадил в нашем дворе деревце рядом с первым. Буду каждый день ухаживать за ним и поливать. Второе дерево, которое я посадил по твоему совету, назвал твоим именем — «Дерево Карлсона». Я покажу его тебе, когда ты прилетишь ко мне. Паата. Плим».

«Карлсон, не улетай! Я тебя очень люблю. До твоего возвращения я прочту сто книг, может быть, еще больше. Но ты не улетай. Скоро начнутся летние каникулы. Мы с тобой могли бы поехать в деревню к прабабушке. Она очень обрадуется. Обещаю, что буду дружить со всеми ребятами нашего двора. Мне не жаль своих игрушек, своего велосипеда для них. Не улетай, Карлсон!.. Возвращайся скорее! Я буду ждать тебя. Паата. Плим».

Карлсон улетел, оставив тебе свои 55 писем, часть из которых приведена здесь, и заставил тебя отправить ему 80 писем, часть из которых также приведена здесь.

Он учил тебя находить удовольствие в преодолении трудностей.

Он нацелил тебя на радость познания и учения. Он будил в тебе потребность к содержательной жизни.

Он дал тебе возможность ощутить красоту общения с людьми.

Карлсон улетел, оставив в твоей душе добрые воспоминания о детстве.

Когда вернется Карлсон?

Как — «вернется»? Ему никогда и в голову не приходило отдалиться от тебя. Он всегда был рядом с тобой. Он просто перевоплотился.

Отметки

Ты готовишь домашние задания. Они отнимают у тебя львиную долю времени. Твои учителя, по-видимому, решили придерживаться принципа «чем больше, тем лучше», имеющего под собой, как я убедился, наблюдая за тобой, песчаную почву. Из класса в класс объем домашних заданий все возрастал и все чаще запирал тебя в твоей маленькой комнатке. Ты заучивал, списывал, повторял, выполнял упражнения, решал задачи.

«Какая скука и однообразие!» — сказал ты как-то раз, когда был не то в пятом, не то в шестом классе. Тебя начал тяготить сам процесс обучения. Может быть, это произошло потому, что отметки как побудительные силы потеряли для тебя всякий смысл — ты не стремился к ним, так как в семье мы не придавали им никакого значения. Пусть не обидятся твои учителя, которые ставили тебе отметки и порой ожидали нашей строгой реакции. Мы в нашей семье свергли этих идолов, эти цифры от одного до пяти. Наши отношения с тобой они никак не колебали, как не меняли наши планы и намерения по отношению к тебе. В общем, отметки не служили нам основой для твоего поощрения или порицания.

Почему мы так восстали против отметок? Нет, мы восстали не против них. Мы просто указали им свое место — быть добрыми показателями качества знаний, но никак не устанавливающими погоду в нашей семейной жизни; быть надежным ориентиром в процессе учения, но никак не мотивом, определяющим суть этого процесса. Для нас было вовсе не все равно, ради чего учиться. Мы не хотели, чтобы ты учился ради отметок, ради похвалы и наград или из-за страха лишиться радости общения с нами, близкими тебе людьми. Мы избегали того, чтобы создавать тебе искусственные условия, которые бы вынудили тебя говорить нам неправду.

Мы больше интересовались не твоими отметками, а твоим отношением к знаниям, книгам, действительности, к людям, жизни. Мы интересовались развитием в тебе стремления к познанию и полагали, что к этому могут вести красота самой познавательной деятельности, могущество самих знаний, радость общения с окружающими, жажда к преобразованию и созиданию.

Разве могли помочь нам в этом деле отметки, пусть даже только «торжествующие пятерки», а тем более «обнадеживающие четверки», «равнодушные тройки», «угнетающие двойки» или, наконец, «уничтожающие единицы»? (Хорошо еще, что многие учителя как бы сговорились отказаться от единиц, насовсем уничтожающих личность ребенка.) Мы стремились воспитать тебя как личность. В нашей семье мы опровергали всякую претензию отметок представлять твою личность.

Хорош ли «отличник»? Плох ли «двоечник»?

Слышите ли вы, отметки! Какое вы имеете право делить на «хороших» и «плохих» детей, стремящихся к солидарности и созиданию? Как вы смеете пророчить им качества их будущей личности? Кто поручил вам внушать им чувства своего превосходства над другими или неполноценности среди других? Займитесь же вы, отметки, своим прямым делом: станьте добрыми, чуткими советниками детей на их тернистом пути учения, поощряйте и только поощряйте их стремление познавать; помогайте и только помогайте им проявлять терпение в преодолении трудностей!

Я мечтаю о школе, в которой бы дети учились без отметок и принуждений; я верю, что такие школы будут созданы и тысячи детей обретут в них истинный смысл своей школьной жизни. Но для приближения такого будущего сперва надо, чтобы отметки уже сейчас лишились функции представлять личность школьника, регулировать его отношение с близкими ему людьми.

Беда, когда родителям мерещится их ребенок этакой ходячей цифрой «пять», беда вдвойне, если только через нее видят они в нем нового человека. А какое может быть горе, если родители привыкли к мысли, что у них ребенок — ходячая двойка и от него не жди никакого толку. Видел я таких «хороших» пятерочников, в зачетную книжку которых жизнь поставила свою отметку — «негодный для труда и общений»; и видел многих плохих «двоечников», строящих потом новую жизнь, получивших от нее за это высокую оценку — «Человек».

Не перегнули ли мы палку, лишив отметки, которые ты получал, стимулирующей роли? Со временем становилось ясно, что отметки для тебя потеряли мотивационный смысл, и когда ты за своим рабочим столом выполнял домашние задания, отметки не плясали перед тобой танец с саблями, они не мерещились тебе во сне, не гонялись за тобой на каждом шагу.

Так не оказалось ли все это причиной того, что бремя учения стало тебя тяготить начиная с пятого или шестого класса?

Нет, игнорирование отметок в нашей семейной жизни тут ни при чем. Какая отметка может воодушевить школьника на каждодневное, в течение нескольких часов, терпеливое выполнение скучных и однообразных операций, за которыми следовали обесцененные и тощие знания? Интерес к знаниям и вкус к познанию терялся не из-за отсутствия отметок, а из-за неадекватной деятельности, вызывающей скуку.

Задания

«Почему ты решаешь эту задачу? Кому она нужна?» Ты уже час бьешься над решением одной алгебраической задачи. Злишься, что не получается. Ясно, что допускаешь какую-то ошибку. Но я не могу тебе помочь хотя бы по той простой причине, что не знаю эту новую программу или забыл материал тридцатилетней давности. Главная же причина в том, что я в принципе против того, чтобы вместо тебя выполнять упражнения, решать задачи, чертить, рисовать, диктовать, писать сочинения, и все это называется родительской помощью своему ребенку — ученику.

Однако я попытаюсь помочь тебе в другом, в том, чтобы ты осознал суть своего учения, закрепил в себе мотивы познания, превратил эти скучные виды деятельности в творческие.

«Кому нужна она, эта твоя задача?»

«Не мне, разумеется!»

«Значит, твоему учителю математики? Удивительно, неужели он сам не смог бы решить ее? Зачем мучить своих учеников?» В конце нашей короткой беседы я сказал тебе: «Эту задачу и подобные ей задачи, которые даны в ваших учебниках математики, уже решали в прошлые годы несколько миллионов учащихся, и все они приходили к одному и тому же ответу. Их сегодня будут решать несколько миллионов твоих сверстников во всей нашей стране, а в будущие годы ими займутся другие миллионы. И все они придут к тем же ответам. Наука математики этими вашими поисками в решении задач из учебников ничуть не продвинулась вперед. Но зато движутся вперед дети. Через такие познания они сами открывают двери разных наук, они входят в них, входят в трудовую жизнь и двигают ее».

Далее мы заговорили о том, какие могли бы быть последствия, если бы во всех учебниках, не только математики, но и других, все задания, задачи, упражнения были бы тут же решены и детям оставалось бы просто списать их и читать своим учителям. Ты смеялся: «Какая чушь!»

«Так вот, задачи эти специально придуманы для того, чтобы ты бился над ними и двигал себя вперед. Давай сделаем еще и так. Ты же знаешь, я не умею решать современные ваши задачи. Научи меня этим решениям, я буду твоим послушным учеником. В неделю раза два ты проведешь мне урок по уже пройденным темам и задашь домашние задания».

Так я стал твоим учеником. Сперва ты отнесся к этому с недоверием, но спустя несколько уроков ты убедился, с каким интересом и усердием я слушал тебя, задавал вопросы, выполнял задания. Ты начал давать мне и контрольные (и я наотрез отказывался получать отметки: «Зачем они мне. Я и так учусь!»), а затем предложил обучать меня географии и ботанике: «Они такие интересные!»

Мы нашли там другие способы учения и познания.

Если это был урок географии, мы путешествовали по странам и континентам, писали дневники наших путешествий, добывали знания и пополняли впечатления с помощью справочников, энциклопедий, словарей, специальной литературы, бесед с людьми, побывавшими в разных странах. Мы путешествовали по карте, на которой передвигали наши флажки и проводили линии нашего следования.

Если это была ботаника, то мы собирали гербарии в нашей окрестности, наблюдали за растениями, ставили домашние опыты над ними. Чертили и раскрашивали фломастерами клетки, спорили об их свойствах и прибегали к источникам, чтобы доказать свою точку зрения и правоту.

Я, как твой ученик, стремился усвоить все, о чем ты мне рассказывал и что объяснял, выполнял твои задания честно, однако проявлял и самостоятельную активность и являлся «на уроки» с кучей дополнительной информации и вопросов.

Конфликт

Ты начал готовить доклады по разным темам и шел на уроки с этими докладами. Некоторые учителя давали тебе возможность читать их на уроках, и это стимулировало твои познавательные поиски. Хотя были и конфликты, которые чуть было не заставили тебя отказаться от такого способа готовить домашние задания. Вот один из них.

На уроке родной литературы учительница дала задание — подготовить пересказ содержания стихотворения об Арсене, народном герое (образец народного творчества). И, как полагалось, мы приступили к изучению этого стихотворения, очень интересного, эмоционального. Мы увлеклись им, и хотя оно длинное, выучили наизусть. Одновременно, рассматривая разные его издания, мы обнаружили, что текст в учебнике расходится с текстом в разных изданиях. Тебе не понравились сокращения и переделки, которым подвергли стихотворение составители школьного учебника. Установив эти расхождения, ты подготовил доклад со своими обоснованными доводами и пошел в школу.

А там случилось такое.

Учительница вызвала тебя отвечать. Ты начал высказывать свои соображения и готов был читать стихотворение полностью, без сокращений и переделок, но тебя остановили.

«Это ты о чем? Я задала вам пересказ стихотворения своими словами, а ты говоришь совсем о другом? И зачем нам эти исследования?»

«Мне было жаль портить стихотворение, и я выучил его наизусть, без сокращений. По-моему, его не надо было сокращать и переделывать!»

«Постой! Постой! Какое тебе дело, как авторы учебника обработали стихотворение? И кто тебя просил опережать меня — учить его наизусть? Скажи честно: ты выполнил задание или нет?»

И хотя пересказать содержание было не таким уж трудным делом, ты проявил дерзость: «Нет. Так я не выучил и учить не буду... Я предпочитаю знать его наизусть полностью!»

Учительница рассердилась не на шутку. Двойка была поставлена в журнал и в дневник. Меня вызвали в школу. Разговор состоялся в кабинете директора. Я объяснил учительнице наш способ подготовки домашних заданий.

Она категорически протестовала против того, чтобы ее ученики занимались не своим делом. Но директор, солидный седой человек, известный своими творческими поисками, спокойно сказал: «Софья Константиновна, может быть, вы все-таки подумаете о таком способе выполнения домашних заданий?»

Это я говорю тебе сейчас, спустя шесть лет. Но тогда, вернувшись из школы, я обвинял тебя в дерзости на уроке и просил извиниться перед учительницей.

«Ты будешь готовить свои доклады так же, как и раньше. Будешь читать их на уроках или внеклассных занятиях. Но проявлять дерзость перед кем бы то ни было, в особенности перед учителями, ты не имеешь права!»

Так, пытаясь тебе облегчить тяжесть домашних заданий, я добился этого лишь частично.

Что здесь было главным?

Думаю, изменение вида деятельности. Вместо того чтобы довольствоваться ролью наблюдателя, слушателя, зрителя, исполнителя, ты переходил на более важные формы деятельности — созидания и преобразования. Ты не просто усваивал знания, но добывал и открывал их, присваивал их, овладевал ими. В процессе такой деятельности ты преобразовывался сам, менялись твои отношения и позиции.

Деятельность... Как много значит она для становления человека! Но не всякая деятельность, а такая, в которую вовлекаются сердце, руки, мысли и чувства человека и направляются к тому, чтобы строить, совершенствовать, преобразовывать, открывать. Деятельность не созерцательная, а созидательная.

Будь моя воля, я бы запретил выпускать для детей игрушки, которые надо заводить или включать в электрическую сеть, а затем смотреть, как они двигаются, перемещаются. Я бы позаботился, чтобы конструкторы разрабатывали, а фабрики выпускали только такие игрушки, которые можно будет разбирать, собирать, опять разбирать, переделывать, перестраивать, комбинировать и находить новые варианты. Будь моя воля, я бы мало водил детей в кино, редко включал бы им телевизор; показывал бы им только такие фильмы и передачи, которые призывали бы их к сопереживанию, действию, созиданию и преобразованию. Зато дал бы им ведро с краской и щетку, чтобы красить заборы, дал бы молоток и гвозди — делать скамейки, дал бы чертежи и детали, чтобы строить самолеты и ракеты, дал бы им интереснейшие задачи, которые надо было бы решать посредством поиска необходимых знаний.

Будь моя воля, я бы поставил вопрос: почему некоторые школьные учебники не разговаривают с детьми дружески, не радуют их, не призывают, не помогают, а только пассивно отражают знания и ограничивают их лишь заучиванием содержимого в них?

Меньше созерцательной деятельности, больше созидательной — вот какой принцип клал бы я в основу устройства нашего педагогического государства.

Проголосовали бы дети за такую воспитательную систему?

Во мне говорит вера в детей, «устремленных в будущее», — они этого и ждут от нас.

Сказки

Мы читали и рассказывали тебе сказки каждый день, каждый вечер перед сном.

Твое упорство в просьбе рассказывать тебе сказки (к этому в дальнейшем присоединилась твоя сестренка) заставило меня заняться их сочинением. Сперва я сочинял их стихийно, но вскоре подумал, что надо ввести в них какой-то порядок, то есть рассказывать не обо всем, а о нравственных началах твоей личности. И хорошо, что всплыли тогда в моей памяти имена десяти братьев, которых моя бабушка в моем раннем детстве пересчитывала по пальцам. «Это Обито!» — говорила она, сгибая мой мизинец на левой руке. «Это — Робито, это — Джимшито, это — Хозито!» Счет на левой руке заканчивался большим пальцем: «Это — Заал!» А затем бабушка продолжала считать пальцы на правой руке, начиная опять с мизинца и заканчивая большим пальцем: «Это — Зураб, это — Данапици, это — Дагургени, это — Бацки, а это — Пирдаубанели!»

Я не помню, связывала ли она эти имена с каким-либо сказочным содержанием, но я решил их сделать героями моих сказок, подружить тебя с ними и вместе с ними ввести тебя в сказочный мир. Главным героем этого мира я сделал тебя.

Раз вечером, когда ты и твоя сестренка уже приготовились ко сну и удобно устроились в своих кроватках, я начал осуществлять свою пока еще не вполне ясную идею.

«Жил-был один мальчик, звали его Паата, и была у него маленькая сестренка, и звали ее Ниной. И были у них бабушка, мама и папа. И жили они в вечно солнечном городе Тбилиси».

Вы оба сразу запротестовали: «Это не сказка. Это правда. Расскажи нам сказку!»

«Я и рассказываю сказку. Потерпите, пожалуйста. Мама, папа и бабушка очень любили своих детей».

Опять протесты: «Это же правда. Это про нас, а нам нужна сказка!»

«Сейчас и начнется сказка. Раз в полночь, когда Паата спал глубоким сном, пришел к нему Обито. Он еле взобрался к нему на кровать и подполз к его уху. Ухо было прикрыто густой прядью курчавых волос, и Обито чуть было не запутался в ней. Он достал свою саблю и стал отсекать каждый волосок, который мешал ему добраться до уха спавшего крепким сном мальчика».

«Это в моих-то волосах запутался Обито? Не может быть!.. Кто этот Обито?»

«Конечно, не может быть. Ты ведь хотел сказку? Вот я и рассказываю ее. А Обито — один из десяти братьев, самый старший, ростом в мизинец. Так продолжать мне или нет?»

«Дада... Обито добрался до уха...»

«Он сунул голову в ухо Нааты и прошептал: «Паата, надень, пожалуйста, свою куртку, бери свою саблю и пошли помогать Прометею похитить огонь у богов»

— «Почему именно эту куртку, я же не люблю ее надевать?» — «Она волшебная. И, пожалуйста, поскорей, нас ждет крылатый конь». Вмиг мальчик был уже готов. «Куда ты?» — спросила его сестренка, которая проснулась в это время. Паата всегда доверял ей свои тайны. «Я спешу помочь Прометею похитить огонь у богов. Вернусь скоро. Будь послушной» — «А ты будь осторожен!» Паата посадил Обито в передний карман своей куртки, вскочил на своего крылатого коня и полетел помогать Прометею. Обито показывал ему дорогу среди облаков. В это время люди молили Прометея вернуть им огонь, который отняли у них несправедливые боги. Бесстрашный Прометей горячо любил людей. «Я похищу у них огонь для вас! Вы же не можете жить без огня!» Прометей двинулся к самой высокой горе — Олимп, где несправедливые боги пировали вокруг огня. «Видишь огонь и этих богов?» — сказал Обито Паате. Они теперь летели уже под облаками. Сверху им было хорошо видно, как пировали несправедливые боги. Под Олимпом же, в темной долине, люди мерзли без огня. «Нам надо спуститься к богам, только так, чтобы они не заметили нас сразу. А затем надо придумать что-нибудь такое, чтобы боги погнались за нами. Они забудут об огне, и тогда Прометей сможет сразу его похитить и вернуть людям». Паата и Обито спустились на тот склон Олимпа, который меньше всего был освещен огнем. Крылатого коня они оставили в пещере и начали обсуждать, как привлечь внимание несправедливых богов, пир которых напоминал им грохот грома. «Давай подкрадемся к богам и неожиданно подымем шум, станем дразнить их!» — сказал Паата. Обито понравился план Нааты. Они начали карабкаться через скалу. Было очень трудно. Поцарапали руки, разодрали колени, но ни Паата, ни Обито не обращали внимания на мучительные боли. Поднявшись на вершину Олимпа, они встали на ноги и что было мочи закричали, перекрыв грохот богов: «Боги, ваша несправедливость будет свергнута людьми!» «Кто они такие?» — удивились боги. Они все мигом встали и бросились на Паату и Обито. Паата схватил Обито, посадил в передний карман своей волшебной куртки и побежал вниз. Боги — за ним. В это время на вершину Олимпа поднялся Прометей. Он схватил огонь и закричал богам: «Боги, я похищаю у вас огонь! Помните, люди свергнут вашу несправедливость!» Боги растерялись. А когда пришли в себя, погнались за Прометеем, но было поздно. Прометей примчался к людям, освещая себе дорогу похищенным у богов огнем. Люди с восторгом встретили своего героя. «Мне в этом трудном деле помог храбрый маленький мальчик Паата, который незамедлительно примчался, как только мой помощник Обито сообщил ему о беде людской. Паата еще много раз будет трудиться для людей! А теперь пусть вернется он в свою кровать и заснет крепким сном».

«А я? Я тоже хочу помочь людям!» — сказала Нинулька, как только я закончил сказку.

«В следующий раз, может быть, Паата возьмет тебя тоже, и ты поможешь ему справиться с другими делами!» — говорю я Нинульке. Ты доволен сказкой.

На другой день перед сном я рассказываю другую сказку: о том, как ты вместе с Робито, вторым братом Обито, ростом с безымянный пальчик, освобождаешь Прометея.

На третий день тебя забирает Джимшито, чтобы доставить на корабле продукты и лекарства людям, потерпевшим кораблекрушение и оказавшимся на необитаемом острове. Джимшито, третий брат Обито, ростом со средний палец.

На четвертый день тебе приходится сажать волшебные яблоки, исцеляющие недуги людей. Рядом с тобой трудится Хозито, четвертый брат Обито, ростом с указательный палец.

На пятый день Заал, пятый брат Обито, ростом с мизинец правой руки, проверяет твою выносливость.

На шестой день и т.д., и т.п.

Рассказывая свои сказки, я часто переходил к прямому обращению к тебе: «Тебе стало жалко птичку. «Как я могу исцелить тебя?» — спросил ты. А она ответила...»; «Ты не захотел поступить так, потому что понимал, как это нечестно. И ты подумал: «Человек всегда должен быть честным!»; «Ты разозлился не на шутку»; «Как вы смеете обижать маленького! Он же беспомощный!» И хотя силы были неравны, ты бросился защищать слабого от злых сил...»; «Чем мне обрадовать добрую старушку соседку, проживающую такую сложную и полезную для людей жизнь?» —

подумал ты. Ты начал каждый день заходить к ней, помогать в домашних делах, приносить хлеб и молоко из магазина...»

Эти мои сказки ты слушал, когда тебе было 7—8 лет. Затем сказки ты начал сочинять сам и рассказывать их по вечерам перед сном сестренке.

Как вы, мамы и папы, насчет сказок? Умеете ли сочинять сказки для ваших детей, воспитывать их сказками? Мои наблюдения говорят о том, что дети остро ощущают дефицит сказок. Нет, речь идет не о том, что сказок мало, хотя хорошие сказки нужны все больше и больше. А о том, что многие мамы и папы не стремятся окружить детей сказками. Почему? Если кто считает, что прогресс науки и техники делает ненужными сказки в жизни детей, это не верно. Это просто заблуждение. Пусть летят самолеты и ракеты, но как они могут заменить ребенку волшебный летающий ковер? Пусть в каждом доме стоит цветной телевизор, но как его можно сравнить с волшебным зеркальцем, взглянув в которое можно увидеть весь мир?

«Воспитывать детей сказками?» — спросите вы. Да, сказками. То есть не только сказками, но и сказками тоже. Сказки нужны детям как воздух, потому что через сказки, умные, мудрые, с невероятными и обычными событиями, фантастическими и обычными героями, они постигают правду жизни. Сказки помогают нам воспитывать в детях доброту души и мужество, радость жизни и честность, надежду и целеустремленность. Сказки предотвращают детей от тщеславия, эгоизма, трусости. Да не только предотвращают, но и направляют их на борьбу против человеческих пороков. Сказки кристаллизуют душу ребенка и очищают душу взрослого.

Если кто из мам и пап не считает сказки нужными в воспитании своего ребенка, своих детей, то это проявление... невежества (простите, пожалуйста, тысячу раз, но не смог выразиться иначе!) в искусстве воспитания.

Дети не должны отключаться от мира сказок, и этот мир должны создавать им взрослые, мамы и папы, бабушки и дедушки.

Нет времени рассказывать сказки детям? Надо найти, обязательно надо найти. Особенно по вечерам, когда ребенок ложится спать, — вот тогда надо сесть рядом с его кроваткой, выключить свет и добрым голосом доброго волшебника нашептывать мудрую, оптимистическую сказку.

Не умеете рассказывать сказки? Что ж, надо учиться, это нетрудно. Ребенок не требует от вас стать артистами, художественными чтецами. Тут нет сложной науки рассказывать ребенку сказки. Просто смягчите ваш голос, вложите в него ваше эмоциональное отношение к героям сказки, расскажите сказку медленно и шепотом, и, уверяю вас, вы станете для вашего ребенка самым лучшим сказочником.

Не знаете сказок? Не может быть! Так читайте их и затем пересказывайте детям. Сказок не хватает, но их очень много. Ищите, и вы найдете их на каждом шагу. Не стесняйтесь узнавать сказки от товарищей, от соседей. Объясните друзьям, соседям, знакомым, зачем и какие сказки вам нужны, и люди с радостью поделятся с вами своими сказками.

Так собирать сказки трудно? Тогда попытайтесь сочинять их сами. Может быть, удастся? Обидно, что каждая мама, каждый папа не одарен способностью Андерсена и братьев Гримм. Но сказки, которые вы попытаетесь сочинять для ваших детей, тоже увлекут их, только надо вложить в них жизненную правду и наполнить их оптимизмом.

Содержание ваших сказок? Ищите его в воспоминаниях вашего детства, ищите в вашей повседневной работе, в ваших отношениях к людям; сделайте героями ваших сказок образы добрых людей, с которыми вы общаетесь, которых вы знаете. Расскажите детям о действительности как о сказке. И они не будут давать вам покоя: «Расскажи сказку... еще... еще!» И все это в переводе на язык педагогики будет означать: «Я нуждаюсь в твоем воспитании. Воспитай меня, пожалуйста!»

Мужской разговор

Мужской разговор...

Как Мужчина с Мужчиной...

Мужской разговор между отцом и сыном...

Он ведется у нас давно, и я не хочу, чтобы он когда-либо закончился.

Я не хочу этого, может быть, потому, что по мере твоего взросления я все больше чувствую, как такой разговор с тобой становится жизненно важным для меня. И твои возрастные особенности, меняющиеся из года в год, и мои, оказывается, тоже меняющиеся возрастные свойства определяют суть наших мужских разговоров. Ступенчатое изменение этой сути происходило по мере того, как ты взрослел и становился юношей, а я входил в лета и все больше рассуждал о философии жизни.

Раз, находясь на одной из средних ступеней развития наших взаимоотношений, я вдруг захотел пофилософствовать с тобой. Поднимаясь пешком на девятый этаж, мы приостановились на площадке сделать передышку, и я задал тебе загадку.

«Послушай! У меня есть состояние, только я не знаю, большое или малое. Оно постоянно терпит убытки, только я не знаю, большие или малые. Я верю, что они приносят людям пользу, только не знаю, большую или малую. О чем я это тебе толкую?»

Ты тогда сказал: «Твое состояние — это твоя жизнь. Ты трудишься и этим приносишь людям пользу. Это же просто!»

«Дело не в этом. Загадка заключается в том, чтобы разгадать: почему я задал ее тебе?»

В дальнейшем мы много говорили о проблемах назначения человека в жизни, о том, кто кого творит: человек — жизнь или жизнь человека, или же они оба творят друг друга. И философия, которую мы вырабатывали вместе и принимали за основу нашей деятельности, одновременно служила отправным пунктом наших мужских разговоров. Я возвращаюсь к этому мужскому разговору, игравшему в нашей жизни немаловажную роль.

Что такое мужской разговор? Почему он мне так нужен?

Я не могу высказаться похвально в адрес составителей разных словарей — толковых, крылатых слов, синонимов, фразеологизмов и т.д., и т.п., которые так безмолвно обошли это прекрасное и разумное сочетание двух слов — «мужской разговор».

О каком разговоре можно сказать, что он самый честный?

О мужском разговоре. Он возникает на стерилизованной почве чувства долга и осознанной необходимости помочь Человеку увидеть вещи такими, какие они есть.

О каком разговоре можно сказать, что он сугубо личностный?

О мужском разговоре. Он очищает от сорняков недоразумений и сплетен чувство дружбы, кристаллизует взаимоотношения, устраняет помехи.

О каком разговоре можно сказать, что он жизненно важный? Опять-таки о мужском разговоре. Это разговор решительный, принципиальный. Он проходит через незримые нити, соединяющие сердца и устанавливающие прямые отношения между людьми. Потому он сложный и, может быть, болезненный.

Мужской разговор — это разговор равных при «закрытых дверях», без коммюнике, без огласки. Он возникает преднамеренно, заранее прокрутившись в голове несколько десятков раз и пройдя инкубационный период.

Он не терпит чужого вмешательства. Не терпит лицемерия и лжи.

Мужской разговор — это не куча строгих и императивных наставлений. Это не брань, ссора, крики, ущемление самолюбия.

Мужской разговор — это не посвящение в тайны с уговорами хранить их всю жизнь. Он не сделка и не заговор против других.

Мужской разговор — это очищение души и нравственное возвышение над самим собой. Раскрытие тайн и извлечение из них способов самосовершенствования. Просмотр прочности уз взаимоотношений.

Мы не любим возвращаться к сути уже состоявшегося мужского разговора, не стремимся напоминать о нем друг другу. Но считаем своим долгом извлекать из состоявшегося мужского разговора выводы для своей деятельности, следовать уговорам, заключенным в нем.

Такое у меня сложилось представление о наших мужских разговорах.

Я приступил к таким разговорам с тобой, может быть, еще с той поры, когда ты мог отвечать мне только своим единственным многозначительным словом «ага».

Имею ли я право разглашать тайну наших мужских разговоров, говорить об их эволюции, коль скоро они касались наших личных отношений и нашего общего согласованного отношения к окружающим?

На это я не имею права без твоего согласия. И поэтому, с твоего разрешения, расскажу только о тех наших мужских разговорах, о которых мы договорились.

Один из таких ранних разговоров, который мне так запомнился, состоялся у нас, когда ты был в четвертом классе. Это пора, когда авторитет взрослых в глазах подростков идет на убыль. Они часто не подчиняются взрослым, бунтуют, ведут себя самовольно.

Ты, разумеется, не был исключением. И вот, будучи на таком уровне развития, ты нагрубил маме: стал кричать на нее из-за того, что она не пустила тебя поиграть во двор. Я решил не вмешиваться. Взволнованная мама плакала. Я тоже нахмурился, не сказав тебе ни слова.

После этого конфликта прошло несколько дней. Все осталось позади, все было забыто и мамой, и тобой. Но за эти дни я обдумывал, что тебе сказать, чтобы наш мужской разговор состоялся.

«Давай пойдем в парк!» Ты развлекался дома и не хотел идти.

«Послушай, у меня к тебе мужской разговор!» — сказал я тебе на ухо и очень серьезно.

«О чем?» Ты насторожился.

«Не могу сказать дома. Давай лучше выйдем на улицу!»

Ты уже знал, что наш мужской разговор — дело серьезное. Я замечал: ты гордился тем, что у нас бывали подобные мужские разговоры; после них ты заметно взрослел: брал на себя обязанности заботиться о родных, близких.

Был конец зимы. Приближался твой день рождения. Мы шли по улице молча, не решаясь начать разговор.

«Послушай, сколько на днях тебе исполнится?»

«Десять!»

«Да, надеюсь, в твоем возрасте ты сможешь меня понять. Можно быть с тобой откровенным?»

«Да!»

Мы вошли в парк. Сели на скамейку. Я смотрел тебе в глаза и пытался говорить голосом, который нашел бы в тебе сочувствие. Говорил с тобой, как говорят с другом, ища поддержку, совет и помощь.

«Десять лет тому назад я влюбился в одну девушку. Очень влюбился. Я обещал тогда ей, что если она выйдет за меня замуж, я всегда буду ее любить и защищать. Не дам никому в обиду. Ты же понимаешь, что значит дать слово любимой девушке!»

Я даю тебе возможность осмыслить мои слова и поверить в мою искренность. Потому говорю медленно, подчеркиваю каждую фразу:

«Скажи, пожалуйста, что бы ты сказал о человеке, нарушившем свою клятву?»

«Он будет плохим человеком... Нечестным человеком... Трусом».

«Верно. Я согласен с тобой. А как ты думаешь, что могла бы подумать женщина о своем муже, изменившем свою клятву?»

«Она, наверное, разлюбила бы его!»

«Так вот, я обещал твоей маме, которая для меня самый близкий друг и которую я очень люблю, сдержать свою клятву. Что бы ты об этом сказал?»

«Надо обязательно сдержать клятву. Иначе будет нечестно с твоей стороны».

«Всякий, кто будет обижать ее, будет иметь дело со мной. Не так ли?»

Ты соглашаешься.

«А теперь я не знаю, как мне быть с сыном, который обидел дорогую мне женщину. Тебе скоро десять лет. Ты должен посоветовать мне. Могу ли я оставить ненаказанным любого, кто бы он ни был, обижающего мою спутницу жизни? Могу ли я принять какие бы то ни было оправдания от сына, нагрубившего маме? Отвечай, пожалуйста, на это!»

Ты помолчал.

«Я больше не буду... Но ты можешь наказать меня!» «Я тебя наказывать не стану. Ты сам себя можешь наказать. Но я говорю тебе, как мужчина мужчине: не смей обижать дорогого мне человека. Больше я этого не допущу... А лучше, если ты поможешь мне защитить маму, Нинульку и бабушку... Беречь их и заботиться о них. Раньше я был в семье один мужчина, теперь нас двое... Пошли домой. Больше у нас такого разговора не должно быть».

Обратно мы шли молча. На улице увидели женщину, продававшую букетики ранних подснежников. Мы купили по одному букетику маме, бабушке и Нинульке. Ты преподнес им цветы и поцеловал каждую в щеку.

К этому мужскому разговору мы действительно больше не возвращались. Мы оба помогали друг другу, чтобы больше об этом не говорить.

Впрочем, нет.

Совсем недавно произошло обратное. Я собрался перейти на другую работу. Мама противилась. На этой почве мы поссорились (разумеется, весьма вежливо). Мама очень переживала все это. Атмосфера в семье стала напряженной. Я запирался в своей комнате и не хотел говорить ни с кем. Так длилось несколько дней.

«Можно?» Ты заходишь в мою комнату: «Хочу взять книгу». Но книгу ты находишь не сразу: в действительности тебе нужна не книга, а разговор со мной. Ты хочешь сам завести мужской разговор. Я это почувствовал сразу по тому, как у тебя книги валились из рук.

«Я хочу тебе что-то сказать!» Ты дышишь глубоко, волнуешься. Я не отвечаю.

«Это мой мужской разговор с тобой... Ты долго будешь обижать маму? Она же права!»

«А в чем она права? На что она обижается?»

«А я скажу прямо. Она хочет, чтобы ты преодолел трудности на работе, а не бежал от них. Она, конечно, права. Я согласен с мамой. Тебе лучше всего встать сейчас же, пойти к маме и извиниться. Оставь эту затею с новой работой».

Я был рад.

Ты снял с меня камень. Конечно, я зря собирался оставить своих друзей по работе. Пусть трудности. Ну и что? Разве не я сам учил тебя не бояться трудностей?

Я смотрел на тебя и радовался. У меня сын. Он заводит со мной мужской разговор. Значит, он становится мне другом и товарищем.

Сын мой — друг и товарищ мой!

«Хорошо... Я согласен!»

Встаю и собираюсь принести свои извинения всем: и маме, и бабушке, и сестренке, и тебе тоже. Хочу извиниться за то, что в нашей маленькой квартире за последние три-четыре дня из-за меня чуть не остановилось время.

Ты меня предупреждаешь: «Послушай, папа, я не хочу, чтобы ты и впредь обижал маму. Я прошу тебя!»

Мой сын — мой друг и товарищ!

«Хорошо, сынок! Так и будет!»

Наши мужские разговоры, которые мы вели не так уж часто, сдружили нас. Раньше я пытался познать тебя в основном через себя. Но ты помог мне, эти мужские разговоры при «закрытых дверях» помогли мне увидеть тебя непосредственно, увидеть таким, каким ты становился на разных этапах как личность.

Мужские разговоры приучили нас доверять друг другу, быть откровенными и правдивыми. Они помогли мне глубже познать самого себя, свое положение в кругу наших общений и свою ответственность перед обществом.

И если я не смог здесь более полно раскрыть развивающуюся суть наших мужских разговоров, то это по той простой причине, что не имею права разглашать ее. Это мы во многом раскрылись и доверились друг другу, и пусть каждый отец попытается понять нас таким же путем, познав суть мужских разговоров в дружбе со своим сыном.

Память

Ты изучаешь события, которые решили судьбу нашей страны, а вернее — судьбу всего мира тридцать пять—сорок лет тому назад. Меня тревожат твои уроки. Ты выписываешь в специальную тетрадь даты, хронологические события, названия городов, имена маршалов. Ты прекрасно знаешь все это. А на уроке тебя и твоих товарищей по классу по порядку вызывает учитель. Вы ему рассказываете изученное, показываете на карте, без запинки вспоминаете даты и имена. И ждете своих отметок. А учитель, может быть, очень довольный вашими так называемыми ответами по истории, ставит вам отметки в табелях.

Я вообще не люблю отметок, но такие отметки вызывают во мне чувство отвращения и гнева.

Вы изучаете жалкие призраки действительных событий, пересказываете своему учителю содержание параграфов «от и до», а в это время по улицам проходят старики, сопровождая своих внуков и правнуков в детские сады, ведя их в школу и неся их портфели, таща сумки с продовольствием для семьи.

В свои семьдесят, восемьдесят, девяносто лет они боятся толпы на улице, боятся переходить улицу, движутся медленно.

Но ведь они, эта оставшаяся часть солдат, творившая историю, а теперь доживающая старческие годы своей жизни, и есть живая история?

Как может юноша зубрить историю по книге, не прикасаясь к живым героям этой истории?

Я спрашиваю: плакали ли вы на уроках истории о живом прошлом, говоря об Освенциме, о Ленинградской блокаде, о Сталинграде, о Хатыни?

Нет?

Так прочь такую педагогику из школы!

Вас знакомят в классе с какими-то цитатами и высказываниями о войне, но ведь в каждой семье есть еще не обработанный фронтовой архив: это письма из окопов, с переднего края огня. Они писались под натиском смерти, и многие из них, запятнанные кровью, мамы и жены получали вместе с извещением о героической гибели сына и мужа. В каждой семье можно найти прекрасные реликвии для семейного музея славы. Это ордена и медали Великой Отечественной, последние снимки в окопах, полевая сумка, продырявленная пулей солдатская пилотка и солдатская шинель, до сих пор еще не утратившие запах пороха.

Я спрашиваю: приносили ли вы на уроки эти письма и читали ли их вслух?

Приносили ли вы эти семейные реликвии на урок, восстанавливали ли вы события, связанные с ними? Выражали ли вы на уроках чувство высочайшей гордости за своих дедов?

Нет?!

Так надо гнать такую педагогику из школы!

Что это за педагогика пересказывания?

Мне становится жутко от сознания, что можно заучить историю Великой Отечественной, не прочувствовав ее.

Я не могу с этим примириться.

Не могу примириться с тем, чтобы реликвии нашего семейного музея славы, фронтовые письма и ордена твоих дедушек спокойно лежали у нас в ящике, а ты рядом, за своим рабочим столом, бубнил по страницам учебника.

Эта история жива в миллионах семей нашей страны, она жива и в нашей квартире, и ее надо прочувствовать. Как же мне созидать тебя, не вложив в тебя скорбь и гордость за дедов и священную заботу о судьбе нашей планеты!

Может быть, все уже выплакано и забыто?

9 Искусство семейного воспитания

Сейчас ты проверишь это сам. Станешь свидетелем откликов этой войны. Бомбы взорвутся не на экранах, а в сердцах.

Может быть, не надо было мне делать этого, не надо было ворошить раны, зарытые в душах людей? Простите, дорогие мои мамы, что не пощадил я вас! Но этого потребовали общечеловеческие интересы созидания Человека!

«Паата, попроси, пожалуйста, бабушку, чтобы она открыла свой ящик с письмами от деда и прочла их тебе сама! Это тебе необходимо!»

Дедушка, мамин отец, прошел на огневых линиях всю войну, вернулся с многими ранениями, затем трудился, не жалея сил, и скончался неожиданно, за два года до рождения внука. Он не любил рассказывать о себе, но привез с собой ордена Александра Невского, Отечественной Войны первой и второй степеней, Красного Знамени, медали. Он не рассказывал о них (разве только, надо полагать, своей жене), но повторял часто: «Каждый день, который я прожил после войны, подарен мне судьбой». Надо, чтобы Паата восстановил события, связанные с орденами, и почувствовал смысл этих слов деда, которого звали Гиви.

Бабушка не хотела доставать письма. А когда Паата начал просить, чтобы она сама их прочла, она долго сопротивлялась. Наконец она уселась на диван и положила ящик с письмами и орденами на колени. Раскрыла первое треугольное письмо, написанное химическим карандашом. Слезы бабушки, капавшие на него много лет назад, растворили чернила и оставили на бумаге следы ее тогдашних радостей и переживаний. Бабушка мужественно прочла первое письмо, но не хотела читать другое и третье. Затем сама увлеклась их чтением, и вдруг по морщинистым щекам потекли слезы. Она плакала, она рыдала.

«Бабуля, что с тобой? Бабуля, роднуля ты моя, не плачь!»

Ты ласкал ее, целовал, успокаивал, а поток слез на ее щеках все усиливался. Увидев это, заплакала и мама.

Ты забрал письма и ордена и приступил к их изучению.

На следующий день я послал тебя к моей матери: «Попроси ее, пусть она достанет свое старинное портмоне и прочтет тебе сама письма от дедушки, покажет телеграмму из военной части!»

Мой отец, Александр, работал в типографии, и я часто бывал у него на работе. Мы вместе обедали в рабочей столовой типографии. Его друзья знали меня и баловали. Там я познакомился с тем, как печатаются газеты, книги, журналы. Однажды вечером папу привезли домой на машине скорой помощи. У него была перевязана правая рука. Мы узнали, что огромный станок, который прессовал матрицы, придавил отцу кисть правой руки. Месяца через два повязку сняли, но мы обнаружили, что пальцы перестали сгибаться.

Мой отец ушел на войну добровольцем и ухитрился скрыть от врачебной комиссии свою инвалидность. Некоторое время он проходил курсы военной подготовки в здании школы, где учился я, а затем там устроили казарму. Я каждый день поджидал отца, который вместе со своей частью выходил из здания школы в час дня и отправлялся куда-то. «Папа, папа!» — кричал я и пытался шагать в ногу с солдатами. Папа улыбался, махал мне рукой, посылал воздушные поцелуи: «Иди домой, сынок, присмотри за мамой и сестренкой... Учись хорошо!» А однажды он разбудил нас всех в полночь и попрощался с нами. Оказалось, это было навсегда. Через несколько месяцев мы получили похоронную из его части.

И вот я направляю тебя к другой бабушке. Она достала свое старое портмоне с письмами, но «потеряла» очки. «Не могу читать... Читай сам. Только про себя, не надо вслух!» Очки ты обнаружил у нее в кармане, и после некоторых колебаний она сдалась: «Ну, хорошо!»

Она читала письмо медленно. Те же самые треугольные письма, написанные химическим карандашом, со множеством крупных чернильных разводов радости и горя.

Вскоре заплакал сперва голос бабушки, а затем последовали слезы, обильные слезы. И тебе пришлось долго ее успокаивать, ласкать, целовать: «Не плачь, любимая бабуля ты моя!..»

Ты забрал письма с похоронной и принялся их изучать.

А когда ты закончил чтение всех этих писем, я спросил тебя: «Ну что, страшно? Понял, что значит война!» Я посоветовал тебе думать о том, каково было твоим бабушкам воскресить те события, что пережили они, раз до сих пор так жива их боль, горе.

Были у нас и мужские разговоры по этим проблемам, и я замечал, каким более чутким и нежным становился ты по отношению к своим бабушкам. И еще я заметил: ты начал приводить домой своих одноклассников и показывать им ордена и медали своего дедушки, читать некоторые письма. Бабушки доверили их тебе, передали на вечное хранение.

Эти письма и ордена, эти неожиданные слезы и вспыхнувшее затаенное горе бабушек, эта история, не имевшая срока давности, отныне стали участниками воспитания в тебе благородных чувств.

Деды, которым не удалось увидеть своего внука, вошли в твою жизнь как твои добрые наставники и воспитатели. Мой отец, который до сих пор не перестает воспитывать и напутствовать меня, хотя его давно уже нет в живых, и я уже давно обогнал его в возрасте, начал помогать мне в созидании Человека.

И чтобы дальше понести память о предках и развить дело предков, мы дадим тебе два имени двух славных дедов — Александр и Гиви. Будут у тебя мальчики, назови их этими именами и толком объясни им все. Пусть они познают Великую Отечественную как таковую.

Долг

Это было в прошлом году. Приближалось лето. Мы решили всей семьей провести его на море. Вы оба, ты и сестренка, любите море, и мы хотели порадовать вас. У нас были планы увлекательных поездок и прогулок по берегам и городам теплого Черного моря. Ты по календарю каждый день вычислял оставшиеся до поездки дни. Ходил по магазинам покупать надувные матрацы, удочки, тапочки, плавки. Словом, ты и твоя сестренка жили ожиданием поездки, и когда я принес билеты на поезд, вами овладело радостное успокоение: значит, едем действительно.

Вот такая была ситуация, когда пришли к тебе школьные товарищи — надо организовать трудовую бригаду и поехать летом работать в колхоз, помогать колхозникам собирать чайный лист и ухаживать за виноградниками. «Мы включили тебя в список!» — сказали они и ушли.

Ты расстроился до слез. Что делать? Рушится исполнение мечты, рушится весь семейный план. Нина заплакала, отказалась ехать, да и нам не хотелось без тебя ехать.

Вечером мы с мамой начали вместе с тобой обсуждать создавшуюся ситуацию. Все зависело от твоего решения. Можно было пойти к директору школы, объяснить положение, и он, наверное, освободил бы тебя; можно было действовать через районное руководство, тоже, наверное, все обошлось бы без осложнений.

«Это же уважительная причина — вся семья, в конце концов, собралась на отдых, купили путевки в дом отдыха, купили билеты на поезд. Разве это не уважительная причина, чтобы тебя освободить от трудового семестра?»

Мама была готова подать заявление директору школы, описать ситуацию, попросить. Ты был согласен с таким решением, и мы коллективно составили заявление.

А утром, когда мама приготовилась нести его в школу, ты нам сказал: «Я поеду в трудовой лагерь. Я должен быть вместе с товарищами. Не надо просить никого, чтобы меня освободили!»

Ты думал всю ночь, взвешивал. Тебе было трудно отказаться от мечты, которая уже вотвот осуществится. Сколько тут удовольствий! А что будет в колхозе? Собирать чай, ухаживать за виноградниками, ходить по грязи, спать в общежитии. Нет, в колхозе будет не только это. Ты на этот раз сумел определить себя, познать себя как Человека, имеющего свой долг и свои обязанности, которым надо служить, ради которых порой приходится жертвовать своими удовольствиями. Никакие уговоры не помогли — ты не отказался от своего решения. Отмечая, как ты упорно твердил свое: «Я обязан, я должен поехать!» — я все больше и больше убеждался: может быть, мы уже очень близко подошли к завершению нашей многолетней созидательной деятельности?

Успокаивать себя, конечно, не следует. Воспитание — скрытый процесс. Это тебе не учение, когда можно передать знания и тут же проверить, как они усвоены. Как проверить, как удостовериться родителям, вырос ли сын честным, преданным Человеком? Ни устные, ни письменные экзамены тут не помогут.

Надо лишь тысячу раз убеждаться, что он на деле проявляет верность моральным ценностям своего общества, впитывая их как личные моральные устои. А потому это твое «Я обязан, я должен!»: лучше принимать как рождение в тебе чувства осознания долга, которому предстоит еще кристаллизоваться и проявляться в делах тысячу раз.

Только вот какой получился парадокс: мы, всматриваясь в тебя сквозь нашу повседневную суету, оказывается, не смогли заметить, как накапливались в тебе количественные изменения, ведущие к качественным преобразованиям. По силе инерции вчерашнего опыта мы и в настоящем пытались воспитывать тебя как вчерашнего ребенка, в то время как ты уже успел стать взрослым.

Мы вернули билеты в кассу, сдали путевки в местком, помогли тебе уложить чемодан и пошли на вокзал провожать тебя. Там, на привокзальной площади, в честь отъезжающих в трудовые лагеря был устроен торжественный митинг. Вас было несколько сотен.

Ты держал знамя...

Ты вернулся через месяц. Все это время я размышлял о том, как у нас в семье шло твое трудовое воспитание. Ведь мы, к сожалению, не смогли приучить тебя к трудовым навыкам и умениям. Правда, мы с тобой любили плотничать и смастерили столик, который стоит на веранде, диван, который у нас в комнате; ухаживали за деревьями, которые мы посадили во дворе, чинили дома краны и убирали квартиру; помогали бабушке закрывать крышками банки с компотами, тащить с базара и из магазинов продукты. Мы не ленились делать все это и многое другое. Мы с тобой перекрасили стены и площадку нашего подъезда, оклеили обоями коридор. Верно, все это было. Но я не могу назвать это системным трудовым воспитанием. Это, скорее всего, были стихийные трудовые процессы, в которые ты вовлекался по мере надобности. Мы не смогли включить тебя в серьезную, постоянную, целеустремленную трудовую деятельность. Не смогли показать тебе труд как труд. Может быть, над нами довлела подсознательная и, по всей вероятности, излишняя родительская предосторожность, стремление уберечь тебя от сложных работ? Может быть, мы и не знали, как тебя занять постоянным трудом? Эти сомнения не давали мне покоя, пока ты находился в трудовом лагере. Я корил себя и маму за то, что ты не овладел у нас какой-нибудь профессией. Мы чуть передержали, считая тебя ребенком. Потому и волновались.

И когда ты вернулся, мы увидели тебя — мускулистого парня, с крепкими руками, похудевшего, усталого, но довольного. И судя по тому, как ты проявлял готовность снова работать для общего блага, судя по письму старика Хамзе, которое получила школа, мы могли предположить, что труд и долг начинают определять твое сознание и твою личность.

Надежда

Я описал тебе нашу систему воспитания, которая сложилась в процессе созидания твоей личности. Мы все, твои родные, искренне верим, что ты, современный юноша, станешь достойным членом общества. Человеком, дарящим людям радость и стремящимся к жизни. Твое совершеннолетие, по всей вероятности, не снимет наши родительские заботы о твоем дальнейшем становлении, но оно, видимо, изменит формы нашего воспитательного общения с тобой. Как? Покажет будущее, ибо пока нам самим не все ясно.

Попытаюсь суммировать все сказанное, не претендуя на научность обобщения.

Воспитание создает в каждом отдельном ребенке особое сочетание, особый сплав его души, сердца и ума, применив в качестве сырья обнаруженные нами в нем же самом эти бесценные «вещества». Хорошее воспитание находит в ребенке большие богатства души, сердца и ума, облагораживает и обогащает их и создает из них сплав уникального сочетания. В нем честный ум не может существовать без чистого сердца и чистой души. Они одухотворяют честный ум стремлением творить добро.

Такое сочетание души, сердца и ума, такой уникальный сплав можно получить не в каких-то стерилизованных, оторванных от жизненных сложностей лабораториях, не где-то в облаках, далеких от беспокойной земной жизни, а в гуще нашей повседневной суеты, наших забот, радостей и огорчений.

Цели и устремления людей озаряют наши будни думой о будущем, а гуманность отношений между людьми согревает их оптимизмом.

Главным методом гуманного воспитания я признаю человеческое общение. Я его мыслю как заботу друг о друге, как жизнь, в процессе которой люди дарят друг другу самое дорогое, что у них есть — жизнь.

Был у меня и основной принцип воспитания — это романтика самого воспитания, увлечение воспитателя самим процессом воспитания.

Я не берусь судить, насколько все это согласовывается с принятыми в науке нормами, но процесс, который описал тебе, с радостью повторил бы снова.

Прав ли я? Не ошиблись ли мы?

Ты уже становишься совершеннолетним. Будь добр, помоги нам доказать нашу правоту!

Февраль, 1980

Семейный словарь

Мать — имеющая и проявляющая Творение.

Отец — образ Творца.

Ребенок — возрождение нового бытия.

Дети — действующие в Истине.

Сын — Суть и Сила Начала. Ипостас Творца.

Дочь — очи Дао (Дао — тайна Творца).

Семья — сила проявления человека.

Дед — действующий в тайне Творца.

Бабушка — проявляющая качество будущего бытия.

Школа — лестница духовного восхождения.

Воспитание — питание духовной оси ребенка Учителем.

Образование — процесс выявления образа Творца в человеке.

Личность — полнота неповторимой сути лика; неповторимый образ, наиболее полно переданный в облике.

Женщина — энергия Начала, Жизни.

Мужчина — проявляющий энергии начал Мудрости.

Гуманный — смертный, ищущий в себе начало бессмертия.

Гуманная педагогика — культура сознания о ведении растущего человека к познанию внешнего мира через познание своей духовной сущности; искусство созидания соответствующей практики.

Учитель — душа, дарящая Свет. Ученик — душа, ищущая Свет. Слова поясняются через их духовную суть. Эти толкования сути слов я набрал из разных источников.

Послесловие Пааты

С того дня, как отец вручил мне свою «Исповедь», прошло 25 лет.

На дворе новое тысячелетие.

На дворе мир безумных скоростей, мир молниеносного обмена информацией, мир постоянного напряжения.

В это время спокойные шестидесятые годы прошлого столетия кажутся такими далекими, такими теплыми.

Это годы, когда проходило детство моего поколения...

Что такое наше детство? Где оно на самом деле?

Каждый из нас хоть раз пытался восстановить в себе образы глубокого детства. Но наша память упрямо отказывается снабдить нас чем-то отчетливым. Все, что у нас осталось в сознании, это всего пара туманных обликов и единичные тусклые просветы в виде неопределенных чувств.

Остальное — это море бессознательных ощущений, океан грез и вселенная недоступных нам тайн.

Кто мы? Откуда?

Эта книга — одно из моих самых драгоценных сокровищ. Она способна оживлять во мне те туманные образы детства, которые недоступны многим. Она способна вернуть в теплые стены нашего старого дома...

Она способна сделать жизнь прекраснее!

В то же время она является живым напоминанием, мудрым заветом отца о том, что ценно на самом деле; о том, что любовь и уважение к людям гораздо важнее, чем вещи, достаток или власть.

И что бы мы ни имели, очень важно использовать наши знания и возможности на благо людей.

И что самое главное, быть полезным — это есть основа душевного покоя, что стало такой редкостью в мире безумных скоростей, в мире молниеносного обмена информацией, в мире постоянного напряжения.

Паата Амонашвили
Февраль, 2005

Мартовский возраст

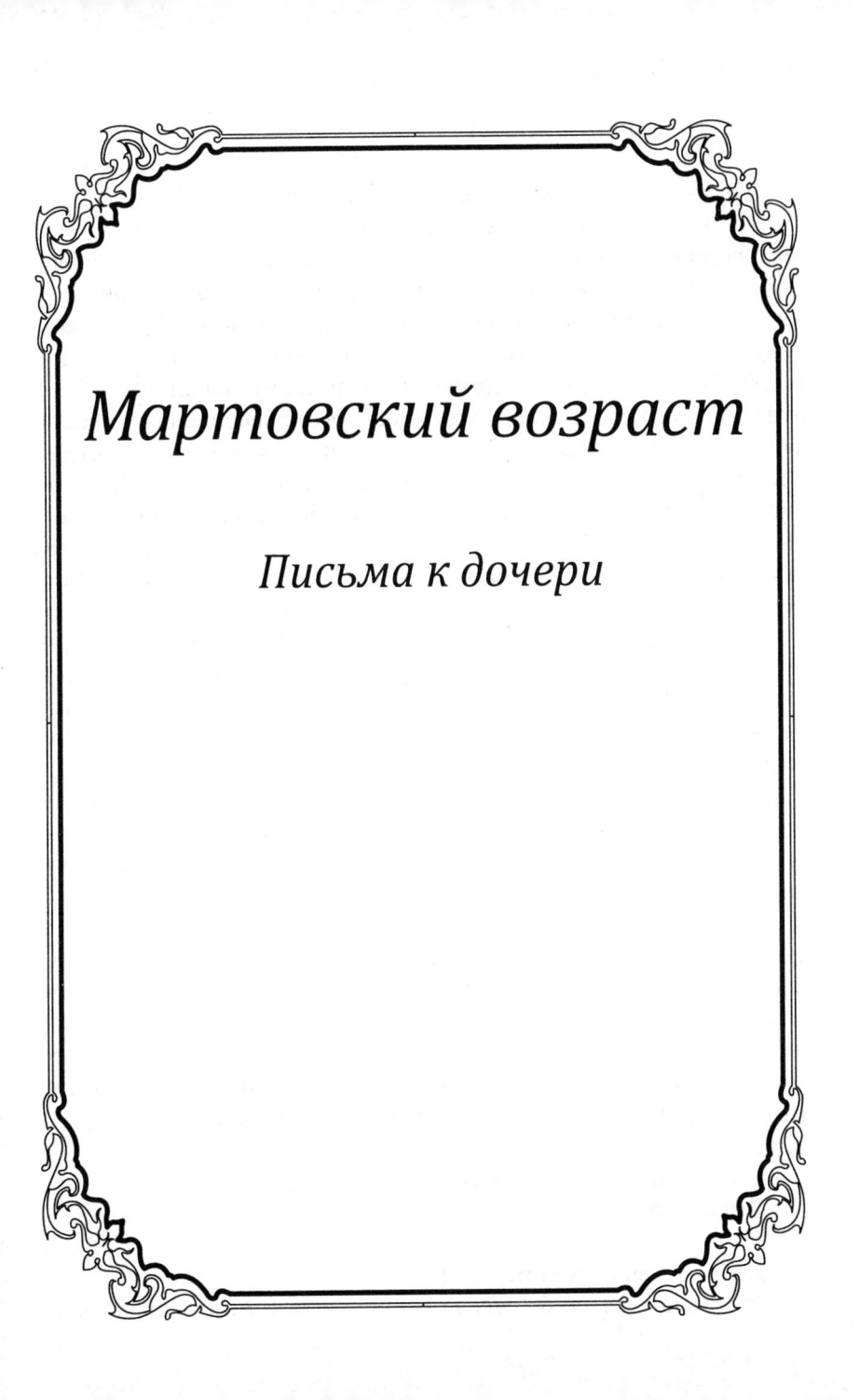

Письма к дочери

ВМЕСТО ПРЕДИСЛОВИЯ

Трудно ли воспитывать детей в семье!

Наивный вопрос: разве есть более сложная проблема, чем воспитание хорошего, честного, трудолюбивого, отзывчивого Человека! Хорошие дети — гордость родителей, плохие дети — их горе. Но до того как ребенок из пеленок вырастет Человеком, родителям нужно пройти как будто всем хорошо знакомыми, но в действительности неведомыми тропинками воспитания. Как будто знакомыми потому, что существует известная всем общая формула воспитания: нарушил ребенок что-то — наказывай, сделал что-то хорошее — поощряй. Это же проще простого. Да многие так и воспитывают. Но ведь каждый ребенок — уникальное явление, и каждая воспитательная среда — тоже неповторимая действительность! Как быть в таких условиях? Надо постоянно искать, строить гибкую, неординарную педагогику.

В одной семье двое, трое и более детей. Все они разные по природным данным, и, не будем удивляться, у них условия воспитания тоже разные. Это нам только кажется, что в одной и той же семье всем детям предоставляются равные возможности. Доказательство тому — факт воспитания, скажем, старшего сына в нашей семье, которое прошло более гладко (хотя в принципе не бывает «гладкого» воспитания), и дочери (которая младше брата на два года и восемь месяцев) — через все бурные пороги переходного возраста.

Как воспитывался в нашей семье сын, вы уже знаете. Письма же, отправленные из комнаты в комнату, были вначале написаны не для того, чтобы рассказать читателю теперь уже о воспитании в семье дочери, а для того, чтобы найти с ней общий язык и склонить ее к самовоспитанию. А так как они имели определенный воспитательный эффект, я решился опубликовать их, тем более, что дочь моя дала на это свое согласие.

«МАРТОВСКИЙ» ВОЗРАСТ
Письмо первое

Добрый вечер, моя милая девочка!
Решил послать тебе несколько писем из комнаты в комнату.

Правда, комнаты находятся рядом, и ты можешь возразить: зачем писать, так скажи что хочешь. Но я все-таки предпочел говорить с тобой письмами. Письмо есть письмо: прочитаешь один раз, другой, призадумаешься над радостью и заботами родителей, и быть может, многое друг в друге мы поймем в такой мере, что не понадобятся слова, начиненные раздражением, и мы не обескровим наше ежедневное общение, семейную жизнь, напротив, сделаем их более жизнерадостными, любовными и содержательными.

Готовя письма, я сам стану глубже обдумывать и анализировать свои советы, наставления, оценки, отношения, сотни раз буду взвешивать справедливость и обоснованность того, к чему хочу тебя призвать; так мы избежим поспешных слов, отягченных зачастую беспредметными эмоциями.

На разговор в письмах меня натолкнул твой возраст.

Мы, твои родители, чувствуем, что наши взаимоотношения с детьми должны меняться и развиваться по мере вашего взросления. Ведь мы не будем читать 16–17-летней девушке нравоучения и учить уму-разуму так же, как несколько лет назад. Тогда мы могли, пользуясь правами родителя, не разрешать, запрещать тебе делать то, что считали нецелесообразным. Тогда и ты с легкостью мирилась с неоспоримостью родительских требований.

Теперь тебя одолевает потребность все достичь собственным умом, и это вполне естественное явление: ведь когда-нибудь должен птенчик слететь с гнезда и из птенца превратиться в птицу? Но бедненький птенчик, если он не слушает наставительного чириканья мамы и папы и пытается без разрешения выпрыгнуть из гнезда, когда еще крылья не окрепли: вместо того чтобы подняться в небесную высь, может бесславно пасть на землю. Видели же мы недавно такого непослушного птенца, и кошка была тут как тут. Как она обиделась, что мы опередили ее, поймали птенца и взяли его домой. За неделю у птенчика окрепли крылья, и он вольно взлетел в воздух.

Вся жизнь ребенка — это стремление к взрослению. Но не всегда к истинному, а зачастую мнимому, призрачному взрослению.

Знаешь, что такое подлинная взрослость, настоящая независимость? Это — забота о близких, скрепленная твоим трудом, это — обязательства и ответственность за судьбу и благополучие других.

Но ведь в жизни существует не только труд. Человек любит и развлекаться, и отдыхать, и путешествовать. Любит и уединяться. Взрослый не бежит к родителям за разрешением: «Если можно, отпустите меня в кино!» И получается так, что в глазах ребенка и подростка взрослость и самостоятельность рисуются в виде развлечений, удовольствий, бесконтрольных действий. Как будто тот, кто уже вырос, купается в море удовольствий, всегда делает то, что хочет, гуляет когда и где пожелает.

А так как в детстве и отрочестве все родители вынуждены то и дело что-то не разрешать сыну или дочери, говорить: «Ты еще маленький (маленькая)», эти тысячи запрещенных желаний (одни — омытые горькими слезами, другие — окутанные мечтами о будущем) постепенно накапливаются и в один прекрасный день превращаются в комок противоречий. Хорошо еще, если сердце, переполненное этими эмоциями, находится в дружбе с разумом, который переборет, убедит, утешит, успокоит его: тогда подросток войдет во взрослость как в торжественно украшенный дворец, где множество близких людей ждали его прихода, чтобы начать праздник.

Но если благоразумие не выдержит напора эмоций, тогда воспитатели, особенно неопытные, будут разводить руками и удивленно восклицать: «Что с этим ребенком случилось? Каким он был вежливым, воспитанным, внимательным, послушным, а стал грубым и жестоким!» К счастью, такие крайности все же не часты. Большинство твоих сверстников на грани эмоций и благоразумия: то чувства перетянут, то разум.

В этом возрасте ваш характер схож с капризной погодой марта: только что светило солнце, и вдруг небо покрылось тучами.

Нынче и ты вступила в «мартовский» возраст. Перед тобой мерцает кажущаяся взрослость, ты тянешься к ней, стремишься войти в рай взрослости, но наши родительские старания, надеемся, наделили тебя разумом.

Сейчас в твоем характере солнце и тучи быстрее чередуются друг с другом, чем на мартовском небе.

На пороге взрослости у тебя как бы вновь открываются глаза. Однажды ты вдруг обнаруживаешь: двор, который твоему детству представлялся таким большим, на самом деле оказался малюсеньким; смешной становится кукла, которую ты крепко обнимала и говорила, что ты ее мама. На бабушку, за подол которой ты цеплялась раньше: «Расскажи, прочитай, погуляй со мной!» — нынче смотришь свысока и считаешь, что она отстала от жизни. Родители же, оказывается, это те люди, которые, правда, тебя воспитали, о тебе заботились, тебя очень любят, но теперь уже не могут понять тебя, иногда даже мешают тебе. Ты уклоняешься от их ласки, которую раньше так желала, их советы тебе надоедают, твердишь: «И сама знаю!»

Да, будто заново открылись глаза; вокруг те же люди, те же предметы и явления, но их ты видишь через обратные линзы бинокля.

Раньше сама была маленькой, все вокруг было большим и чудесным; нынче же ты большая, а все вокруг уменьшилось больше, чем в действительности.

И нельзя выбрать лучшего возраста, чтобы покритиковать, не согласиться, заупрямиться, возразить, посмеяться над чем-то или кем-то, не поверить. Какая еще другая нужна причина для этого? Тебе и в самом деле все так кажется, и, кроме того, как же ты вступишь во взросление, если не дашь понять окружающим: «Нынче я так легко вам не подчинюсь, какую бы мудрость вы ни изрекли, отныне я начинаю жить своим умом».

Но тот бинокль, который все уменьшает и отдаляет в твоих глазах, одновременно непомерно увеличивает твои собственные возможности, желания, переживания. Если что-то радует тебя, то это не просто радость, а через край; если что-то огорчает, то уж до глубины души; если кто-то тебе нравится, то до самозабвения. Твоя радость, твоя боль, твое увлечение, твое желание — начало и конец Вселенной. И разве есть вокруг тебя кто-то, переживающий сильнее тебя радость, огорчение, боль, увлечение? Что такое чужое самолюбие по сравнению с твоим самолюбием!..

Вот какие вы, юноши и девушки «мартовского» возраста! Потому-то и случается: кто-то без оглядки бежит из дому — мол, родители обидели; кто-то, не задумываясь, следует за первым же встречным — мол, безумно люблю; кто-то бросает в лицо матери слова, начиненные грубостью, и ранит ее в самое сердце —

она сама, мол, меня оскорбила. А кто-то начинает писать стихи, глотать книги, увлекаться спортом или замыкается в самом себе.

Пройдет не так много лет, и если разумность и воспитание друг с другом счастливо согласуются, то прекрасно: определится характер, проявится личность, гражданин, труженик, заботливый сын (или дочь).

Но родителям грозит и большая опасность: какая-нибудь непредвиденная, незаметная ошибка может навсегда выбить подростка из общественной колеи и как щепку бросать из стороны в сторону, сбить с пути, исковеркать судьбу.

Тогда обратится к родителям сын (или дочь), который вчера кричал: «Оставь меня в покое!» — и острыми, как кинжал, словами упрека ранит сердце: «Пусть на вашей совести будут мои страдания! Если я ничего не смыслил, вы же понимали!»

Нам, твоим родителям, вовсе не хочется ограничить твою независимость. Мы видим, как ты на наших глазах вдруг выросла, и любуемся твоей взрослостью. Но все же тревожимся, зная, что и мы, воспитывая тебя, не избежали той ошибки, какую допускают тысячи родителей: ограждали тебя от постоянного труда, чтобы оставалось больше времени для учебы, занятий музыкой и иностранным языком.

Не побоюсь сказать: увы, сейчас в большинстве семей раннее включение ребенка в трудовую деятельность считается чуть ли не его угнетением. «Ничего от него не хочу, лишь бы учился!» — гордо заявляют мамы и папы.

В прошлое кануло то время, когда труд ребенка облегчал семейные тяготы. В том далеком прошлом дети трудовых людей хорошо знали, что такое нужда, голод, больная мать, оставшаяся без лекарства. Ранние заботы и чувство ответственности накладывали на них обязательства и ускоряли становление подростка, его подготовку к самостоятельной жизни. У ребенка, с 5— 6 лет включенного в семейную, хозяйственную, трудовую деятельность, в 15–16 лет были уже в крови обязательства и ответственность взрослого человека. Ему приходилось трудиться наравне с родителями, а результат труда прибавлялся к бюджету семьи. Совместный труд, общие семейные заботы сближали родителей и детей, усиливали взаимопонимание, взаимосочувствие. Тогда, в старые времена, учение было уделом лишь избранных.

Но сейчас ведь все обстоит иначе. Во-первых, семьи уже не находятся в таком положении, чтобы биться за кусок хлеба, добытого потом малых детей. Во-вторых, всеобщее среднее образование уже давно стало для всех обязательным. В-третьих, мы уже давно хорошо поняли, что учение, образование являются одной из основ личного счастья и общественного благосостояния, и ни одна семья не желает, чтобы дети отставали в учении. «Все для вас!» — восклицаем мы. И в самом деле, трудимся, не покладая рук, чтобы на долю детей оставалось меньше забот, даже тогда, когда они станут взрослыми, сами будут матерями и отцами. Если это в наших силах, то ключи от квартиры преподносим так, будто это ручные часы, легковую машину дарим так, будто расплачиваемся с давнишним долгом.

Именно наши заботы о благоустройстве наших детей ослабили добрые трудовые традиции. «Ты только учись, — внушаем ей (ему), — тебе не надо готовить обеды, убирать квартиру. Хочешь поработать на фабрике? Да разве мы в чем-нибудь нуждаемся? Помочь в сборе чайного листа? Но только долго не стой на солнце, не утомляйся!»

Во многих, в очень многих семьях так и растут юноши и девушки. Хорошо это? Об этом я напишу тебе в другой раз. А здесь скажу только, что мы, родители, допускаем большую ошибку: вместо того чтобы детям с самого же начала определить постоянное дело, мы поступаем наоборот — из рук выхватываем это дело и даже не задумываемся, что этим задерживаем в них возникновение и упрочение чувства ответственности и заботливости.

А когда наш вчерашний ребенок неожиданно постучится в дверь возмужания, самостоятельности (мальчик затянется сигаретой, девочка начнет без меры крутиться перед зеркалом), только тогда мы начинаем видеть, что совершили ошибку, чрезмерно долго ухаживали и лелеяли его в теплице обеспеченности, откуда выскакивают девочки и мальчики, разнаряженные, как цветочки, или выпархивают, как пестрокрылые бабочки.

И ты у меня такая же беззаботная бабочка, моя родная, и мы являемся родителями, допустившими ошибку: очень долго держали тебя в теплице нашей заботливости и твоей беззаботности, своевременно не предоставили тебе дело, за которое бы ты несла ответственность.

Не думай, будто я в чем-то упрекаю тебя. Зачем же я тогда изучал психологию и педагогику, если не знать, что каждая возрастная ступень характеризуется собственной природой и нуждается в своей педагогике. И «мартовский» возраст действительно нуждается в специальной педагогике; я сейчас именно об этом и забочусь — какой педагогике следовать. Должен признаться: в этом деле мне нужны твои совет и помощь. Я знаю две разные педагогики. Первую называют авторитарной, вторую же — гуманной. Если я последую за авторитарной педагогикой, то вынужден буду не обращать внимания на строптивость твоего «мартовского» возраста: сказал — и кончено. Плачь сколько угодно, тверди, что, мол, ты уже большая и если что случится, то с тобой, а не с нами. Я сто раз повторю про себя: строго требуй от этой девчонки ответа за любое самовольство, грубость, наказывай за проступки. Зато поощряй добрые поступки. И по этому пути я буду усердно следовать. Так же поступит и мама. И ты понемногу привыкнешь, что без разрешения родителей никакого (представляешь, никакого) права не имеешь. Тем временем, пройдут годы и утихнет «мартовский» возраст, ну и что же, если порой ты будешь плохо думать о нас, ну и что же, если по отношению к родителям у тебя может появиться страх или недоверие? В конце концов, и ты поймешь, что мы никогда не хотели тебе зла и все делали, заботясь о тебе.

• Следуя же педагогике гуманной, нужно будет искать пути, чтобы ты добровольно согласилась идти за нами. Нам надо будет помочь тебе понять, догадаться, согласиться. Нужно будет тебе самой доверить решение некоторых вопросов с надеждой, что поступишь разумно. Нам надо быть предельно искренними и откровенными друг с другом. Ты будешь участвовать в рассмотрении семейных дел, мы будем тебя принимать как полноправного члена семьи, будем считаться с твоими разумными советами. Доверим тебе какой-нибудь участок забот, возможно, и самый главный. Будем стараться больше быть вместе, будем дружить.

Если мы выберем путь гуманной педагогики, тогда тебе самой надо будет помочь нам в своем же воспитании. Надо довериться нам, понять нас, попытаться посмотреть на себя и на свои собственные поступки нашими родительскими глазами.

Взаимопонимание, взаимоуважение, дружба, справедливость — вот на какие нравственно-этические нормы опирается гуманная педагогика. Я хочу, чтобы мы придерживались этой педагогики, педагогики гуманной, более сложной, утонченной, но содержательной и романтичной. Мы ведь и до сегодняшнего дня стояли на этом пути. Гуманное воспитание не оставит в твоем сердце осадка неприятных эмоций, оно поможет тебе разобраться в самой себе, покажет, что мы существуем друг для друга. Правда, тебе часто придется преодолевать себя, добровольно отказываться от многих удовольствий, зато у тебя сформируется благородный характер, к которому никогда больше не прикоснутся бациллы эгоизма, грубости, зависти, зла. В тебе выработается чувство сопереживания — высшее свойство настоящего человека.

Нам всем вместе надо пройти «мартовский» возраст так, чтобы все вышли победителями. И пусть нас не смутит и не собьет с пути строптивость этого возраста.

Как ты думаешь, сможем мы выдержать испытание?

Твой отец

ГЛАВНОЕ ДОСТОИНСТВО ЖЕНЩИНЫ
Письмо второе

Добрый вечер, моя милая девочка!

Люблю смотреть, как ты рисуешь: одно-два движения руки, и мягкие линии на бумаге создают нежные образы, иногда веселые, иногда грустные. Жизненные впечатления и фантазия сливаются друг с другом, и я задумчиво слежу за твоей работой: что же это моя дочь хочет передать своим рисунком?

Признаюсь: для меня неожиданной оказалась твоя склонность к рисованию, ни я, ни твоя мама ничем тут похвастаться не может. Тем не менее, я все же воображаю себя художником, который вот уже 15 лет создает свое произведение. Очень хочется, чтобы оно получилось прекрасным. Иногда соскользнет инструмент или исчезнут с трудом найденная форма и линия. А это происходит потому, что «материал», над которым я работаю, часто не подчиняется мне, заявляет о своей воле. Что я хочу получить из него? Ни больше, ни меньше — мечту родителя. Я стремлюсь воплотить свою мечту, и каждая форма, каждая линия кажется мне пересадкой собственной души.

«Это ты обо мне говоришь», — скажешь ты. Конечно, я говорю о твоем становлении, о тебе как о грузинской женщине. Верю, что у женщины любой нации есть собственные качества и характер, определяемый исторически сложившимися традициями. И жизнь грузинского народа на протяжении веков создавала традиции, которые определили достоинство женщины. Может быть, ты знаешь, в чем оно заключается? Я уже слышу твое нетерпеливое и самоуверенное: «Знаю, знаю! Быть порядочной, умной, доброй!» А я тебе скажу более определенно: по народным традициям главное достоинство женщины — ее совесть, верность и честность.

Ты — женщина! Нет, твои права ничем не ограничиваются — равноправие мужчин и женщин уже давно установилось в нашей стране. Но грузинский народ честь семьи воплощает в грузинской женщине, грузин — отец, брат, муж, сын — свое достоинство связывает с достоинством дочери, сестры, жены, матери.

Достоинство и честь женщины! Какую ценность имеют эти слова для девушки, устремленной к кажущейся взрослости?

Кое для кого, возможно, никакую. Жадными и расширенными глазами смотрит такая девушка зарубежные фильмы: вот, оказывается, как можно проводить время... И начнет искать поклонников, сменит одного, второго, третьего... Красиво затянется сигаретой, пристрастится к коньяку, разрисует глаза, ресницы, брови, обтянется брюками...

Нет, я не смеюсь над этими девочками, меня пугает их судьба, и я не могу оправдать ни одну мать и ни одного отца, которые видят во всем этом признаки современности.

По нашим традициям достоинство грузинской женщины становится символом благородства нации. В Тбилиси воздвигнут монумент «Мать Грузии», и он тоже олицетворяет величие этих традиций. И тот, кто нарушит добрые традиции, должен знать, что этим роняет свою честь.

Пройдут годы, и кто знает, где и когда всплывет наружу запятнанное имя, и оно отгонит счастье, которое стучалось в дверь? И тогда с болью в сердце заплачет девушка, ей понадобится немалая твердость характера, чтобы не пасть духом и все-таки верить в будущее.

Именем и честью дорожат смолоду. Да, конечно, не может спокойным оставаться отец, когда дочь как бездомная, без дела слоняется по улицам и паркам, когда он видит, как какой-то шалопай обнимает ее, а она это принимает как должное.

Да, и твой брат был прав, когда отказывался идти с тобой в театр: сначала по-человечески причеши волосы, потом оденься по-театральному, и тогда возьму. Ты обиделась: все девочки ходят в брюках, а мне почему запрещаете!

По-моему, любая женщина обладает собственным неповторимым обаянием и красотой. Красива каждая. И ты кажешься мне прекрасной. Для чего юной девушке обильные кремы и мазульки? Пусть лучше ценит то, что дала ей природа. Если уж в этом будет крайняя необходимость, пусть поможет природе в исправлении кое-каких незначительных ее погрешностей, но так, чтобы не разобидеть ее, не гасить собственную красоту ради демонстрации современной косметики и мод.

Подлинная красота женщины — в ее внутренней сдержанности, нежности и простоте.

К сожалению, некоторые или не слышат зова традиций, или пялят глаза на заграничную одежду («на тряпки» — так мы говорим обычно). «Купите! Достаньте!» — слышится истеричный, грубый, повелительный голос этих девушек. Он проникает сквозь стены, из окон вырывается на улицу, его слышат все соседи большого дома.

Что происходит? — спрашивают люди.

Требует: «Купите!»

— Какая наглость! Бедный отец!

— Да, не похожа она на ту девушку, что живет на втором этаже, она так приветливо здоровается со всеми!

— Не дай бог такую иметь в семье!

— А та, что живет на втором этаже, вы когда-нибудь слышали ее громкий голос?

— Целыми днями эта на улице, когда же занимается?

— У той, что живет на втором этаже, заболела мама, видели бы, как она о ней заботилась!

— А эта уже доконала своих родителей, что же она сделает со своим мужем?

А из той квартиры все слышится: «Купите! Купите!» Отец хлопает дверью и бежит из дому. Куда пойдет отец? Купит или обратится к соседу со второго этажа, чтобы тот помог ему постичь науку воспитания дочери?

Если девушка заполнит свою голову мыслями о тряпках и вещах, а свое время убьет в поисках удовольствий, когда же ей учиться? А может быть, нет нужды, необходимости учиться?

От тебя и твоих подруг я слышал нытье: «Надоели эти учителя, зачем нам математика, физика, химия (другие говорят — история, литература, география)». Но недавно, помнишь, я прочитал тебе такую выписку: «Образованная женщина является пыткой для мужа, детей, семьи, слуг, словом, для всех». «Каково твое мнение?» — спросил я. И ты почувствовала себя оскорбленной. «Кто сказал это, неужели ты?» — «Это сказал Жан Жак Руссо». Ты кровно обиделась на Руссо. И я почтительно извинился перед ним: «Простите, великий просветитель, философ и мыслитель. Мы, я, моя дочь, другие родители, девушки нашей страны не можем согласиться с вами, мы все вместе верим, что образованная и воспитанная на добрых началах женщина несет людям радость, укрепляет в семье счастье».

А семья, как мы говорим порой, — это маленькое государство. «Я тебя не выдам замуж», — угрожаю тебе шутя. А ты смеешься, мол, кого это в наши дни выдают, мы сами выбираем...

Но как же мне не тревожиться, если я вижу, сколь часто выбор оказывается поспешным. Девушка не проверила своих чувств, ничего не смыслит в семейном труде, а твердит: «Люблю, хочу выйти замуж».

Станет она главой маленького государства, и возникнет угроза его благополучию и целостности. Если ты не ведаешь, я-то знаю, как легко распадаются маленькие государства в первый же год их создания.

А дети? Какой воспитатель выйдет из юной растерянной матери? Поэтому они вроде кукушек, подбрасывают своих детей их бабушкам и дедушкам: воспитывайте, мол, вы. Дедушки и бабушки, конечно, существуют ради того, чтобы любить своих внучат, но все же высшей заботой матери является воспитание честных, трудолюбивых детей. Не думай, моя родная, что в том величественном монументе «Мать Грузии», ставшем нашим национальным символом, воплощено лишь наше прошлое. Нет, в нем и наше настоящее, и наше будущее. Когда мы смотрим на него, то думаем уже не о том, как прекрасно оно с точки зрения искусства, а о том, каковы наши грузинские женщины и матери. А ты должна верить, что это не только образ женщины какого-то затерянного времени, но и олицетворение твоей будущей женской судьбы.

«Кого зовут женщиной, а кого — девкой», — говорит грузинская пословица. Кто же эти «девки»? Легкомысленные и ветреные женщины, эгоистичные, беззаботные и самовлюбленные, безответственные и падкие на минутные удовольствия. Это те женщины, которые не любят семейных дел, не могут вдохновлять мужа, детей, близких на добрые дела, не могут воспитывать детей, не осознают свой долг перед обществом. Нет, я не хочу видеть тебя такой.

С этими думами я лелею и творю свое редчайшее создание — мечту родителя. «Ты женщина! Не забывай, что твоя честь и достоинство являются в то же время честью и достоинством грузинского народа!» — шепчу я и самозабвенно предаюсь творчеству. Гармония линий, возможно, более изящная, чем в храмах лучших грузинских зодчих, — вот что мне нужно. Не уподоблюсь же я тому невезучему античному скульптору, который изваял прекрасный женский образ, а затем, влюбившись в него, ударил молотком и в отчаянии воскликнул: «Заговори же, наконец!» Я прекрасно знаю, что подлинная женщина не рисуется кистью, не высекается в мраморе, она должна воспитываться в постоянной заботе родителей, которыми движет чувство высочайшей ответственности.

Вот как велика и значительна наша роль по отношению к тебе. Понимаешь ли ты теперь, почему мы бываем возмущены, когда ты попусту тратишь время, почему так нетерпимы к твоим необдуманным, легкомысленным поступкам? Любой твой такой поступок будет разрушать наш идеал. А ведь это будет означать и наше разрушение! Не думай только, что мы хотим связать тебя по рукам и ногам. Самую большую радость нам принесет твоя разумная самостоятельность. Мы даже не боимся, что по неопытности ты в чем-то ошибешься, произойдет то, чего ты не хотела. Существует же чувство стыда, огорчения, сочувствия, признания, извинения и вообще откровенность! Все это, девочка моя, украшения благородства, человечности, средства сознательного воспитания собственной личности. Не стесняйся пользоваться ими.

Будем жить во взаимопонимании и помоги нам в своем же воспитанием. Поможем друг другу, чтобы ты выросла достойной женщиной, а мы стали достойными родителями.

Твой отец

«Я — КОШКА, НО ВЫ-ТО — ЛЮДИ!»
Письмо третье

Добрый вечер, моя родная девочка!

Хотя я собираюсь говорить с тобой о кошке, однако ты, наверное, и сама догадываешься, что дело касается не столько кошки, сколько каждого из нас. Если человек хочет познать самого себя, в этом, пожалуй, ему может помочь и кошка, и канарейка, помещенная в клетку, и рыбки в аквариуме, и дворняжка, которая верно охраняет имущество своего хозяина. Но пока еще никто не заводил в доме кошку для того, чтобы самому ловить мышей и кормить ее ими; никто не приносил домой канарейку с той целью, чтобы сесть перед нею и запеть. Да не было и хозяина, который построил красивый дом, а затем взял ружье и заявил: «Пусть посмеет кто-нибудь обидеть мою собаку!» Все происходит наоборот: животными и птицами человек обзаводится для своих нужд и удовольствия, а не для того, чтобы им доставлять удовольствие и радость.

Наверное, так и должно быть. Однако...

Помнишь нашего, красивого золотистого кенара, которого мы назвали Дони? Сколько радости принесла нам эта маленькая птичка! Мы ее выпускали, бывало, из клетки, то она летала по комнате, то садилась нам на голову и щипала волосы, то прыгала по столу и обедала вместе с нами, иногда даже клевала из нашей тарелки. А услышав, что ты играешь на пианино, она стремглав летела к тебе, садилась на кисть правой руки, совсем не боясь, даже когда твои пальцы летели по клавишам или брали сильные аккорды. И начинала петь с изумительной гармонией, вплетая свою мелодию в пьесу, которую ты играла. Это на самом деле было редчайшим зрелищем. Тогда мы все на цыпочках входили в комнату, чтобы видеть и. слышать вас.

Потом Дони поднимал клюв вверх, вытягивал свои ножки и крылья и начинал пощипывать твою руку, как будто целовал ее в знак благодарности. И тогда Дони казался мне человеком, превратившимся в птицу.

Иногда мне даже хотелось спросить его: «А дальше что, Дони, как ты считаешь?..» Порой мне казалось, что Дони пытается нам рассказать что-то такое о себе, о том, что его беспокоит.

Мне хотелось понять тайный смысл его пения, поэтому я все чаще беседовал с ним как с разумным существом и был уверен, что мы понимаем друг друга.

Еще больше привязалась к Дони бабушка. Будем откровенны: хотя Дони я подарил тебе, но за ним смотрела только бабушка. Она знала, когда какую еду ему давать. Она и приучила Дони садиться на ладонь и клевать зерна. Бабушка в день по нескольку раз чистила клетку и постоянно беседовала с ним, ласкала его, называла уменьшительными именами и, наверное, когда дома никого не было, рассказывала птичке о своей жизни, о каждом из нас, делилась своими заботами и огорчениями.

Так прожил Дони в нашей семье пять лет. Возможно, еще долго наш золотой кенар мог бы петь и радовать нас, но ты ведь хорошо помнишь, как бессмысленно он погиб. Рано утром бабушка почистила клетку, вставила в нее кусок фанеры, который служил полом, и ударила по нему, чтобы он плотно сел на свое место. Но она не заметила, как птичка, которая до этого летала по комнате, влетела в клетку. После долгих поисков мы нашли раздавленного Дони под фанерой. Мы оплакивали кенара, а бабушка услышала много упреков. Она плакала, чувствуя себя убийцей.

А теперь вот кошка.

Уже давно ты мечтаешь о собаке или кошке. Зачем они тебе? Затем, чтобы поиграть с ними, развлечься. А когда тебе будет некогда или надоест игра, не нужна будет ни собака, ни кошка (как и Дони). Встречал я на улице девушек, прижимающих к груди маленьких щенят, ласкающих и целующих их и очень довольных тем, что собачки бегают за ними по пятам и подчиняются им. А кто в семье заботится о кошке и собаке, чистит их уголок, кто понимает их язык и разговаривает с ними, сочувствует им? Дедушки? Бабушки? Родители? Да и какой смысл иметь дома, например, крохотную собачонку, которая не может сторожить квартиру или помогать хозяину? Зато может испачкать подъезд, бессмысленно и продолжительно лаять на соседа, раздражать окружающих. И все-таки животное в доме необходимо, наверное, для того, чтобы понимать его, чтобы научиться быть отзывчивым. Если ты сможешь сочувствовать животному, понимать его, то следует предположить, что ты лучше научишься понимать людей и проникнешься к ним чувством сопереживания.

На кошку мы случайно набрели на улице. Мы с тобой шли от зубного врача и вдруг увидели под деревом изумительную сиамскую кошку. Кошка посмотрела на нас и жалостно замяукала. Мы наклонились и приласкали ее. Кошка не испугалась, не убежала. «Вот о какой кошке я мечтаю», — сказала ты. Кошка как будто что-то говорила нам, мяукала, глядя нам в глаза. «Пап, ну пап, умоляю тебя, возьмем ее...» — начала ты упрашивать меня. — «А что скажет хозяин, мы ведь не можем украсть кошку!» Мы долго ласкали ее и не могли решить, как же нам быть. По правде сказать, я и не собирался брать ее домой. Кто будет ухаживать за ней? Все мы загружены делами, а кошка требует внимания.

Какая-то женщина заговорила с нами с другой стороны улицы: «Это очень хорошая кошка, — сказала она нам, — она без хозяина, вот в этой больнице приютилась, возьмите ее к себе!» Ты этого и хотела: «Папа, возьмем ее, пожалуйста!»

Разве может отец устоять перед мольбой дочери? Приласкает тебя дочь, поцелует один-два раза, и после этого не только кошку, но и крокодила домой притащишь. Но если бы я хорошо рассмотрел ее, то мог легко обнаружить, какой грех беру на себя. Ты же: «Возьми, умоляю!» Мне кажется, у отцов во всем мире совершенно особые чувства к дочерям. Они хорошо знают, что в каждой дочери сидит если не большой, то хотя бы крохотный чертенок, знают, что их не всегда надо слушаться, но им недостает силы воли, чтобы схватить этого крохотного чертенка за рожки и сказать ему: «А ну-ка, отстань от моей умной дочери!»

Именно этот крохотный чертенок пользуется моей любовью: «Умоляю, папочка!» — и куда девается мой здравый смысл?

Мы подобрали кошку и пошли. По дороге кошка мяукала уже по-другому, думаю, она просила нас отпустить ее, но кто ее послушал! Мы сели в такси и отправились домой. Водитель, увидев у нас кошку, высказал свое мнение. «Ни собаку, ни кошку я в дом не впущу... Не лучше ли ласкать своих детей или старых родителей?» В такси сидел еще один пожилой мужчина. «Зарубежные психологи доказали, — сказал он, — что именно те люди становятся жестокими и способными совершить преступления, которые в детстве ласкали собак и кошек!» Я тоже изучал психологию, но подобную мысль никогда нигде не встречал. Напротив, общеизвестно: воспитать в детях доброту можно и дружбой с животными, только следует приучить ребенка понимать и сочувствовать животному, научиться его языку, нельзя разрешать ребенку мучить собаку или кошку, преследовать птиц, разорять их гнезда.

Что касается чуткого отношения к взрослым, то, конечно, девушка или юноша, у которых появилась в доме для развлечения кошка или собака, не должны забывать, что в первую очередь следует оказывать внимание и заботиться о бабушке, маме и вообще о людях. Вот о чем я думал, когда взял кошку. «Что ты, уважаемый...» — но я не успел поспорить с пожилым мужчиной, такси остановилось, и он вышел.

Дома мы застали твоего брата. Он подозрительно посмотрел на кошку (мальчики обычно не очень благоволят к ним) и сказал: «Для чего она вам нужна была?» — «Как для чего! Очень даже нужна! Я мечтала о такой кошке, посмотри, какая она красивая!» — застрекотала ты. «Она-то красивая, но...» Ты не дослушала брата до конца и попросила его помочь искупать кошку.

Кошку мы выкупали, надушили духами, налили ей молока и стали ждать маму и бабушку: посмотрим, что они нам скажут.

Сначала пришла бабушка. Узнав о кошке, она вздохнула: «О, боги мои, новая забота появилась!» Ты даже не обратила внимания, из-за чего тревожилась бабушка. Ты держала кошку на руках и носила ее из комнаты в комнату, сажала на колени, гладила по шерстке, ласкала, но она никакой радости не проявляла, мяукала все чаще, на разные лады кричала «мяу», и бабушка сразу же определила: «Эту кошку что-то беспокоит, она не хочет быть с нами».

Ты и тогда не послушалась бабушки, когда она попросила тебя найти ящик и со двора принести песок. Бабушка сама спустилась за песком, на дворе была непогода. Кошка тут же воспользовалась песком, но мяукать не перестала. «Может, она голодная?» — вновь начала бабушка. Мы и не заметили, как бабушка взяла зонтик и отправилась в магазин. Кошке понравилась колбаса, она с аппетитом поела и еще жалобнее (по-своему она плакала) замяукала.

Позже пришла мама. «Ой, кошка, откуда?» — воскликнула она с изумлением. Мы все ей подробно рассказали. «Кто будет смотреть за кошкой?» — забеспокоилась мама. В самом деле, кто будет смотреть за ней?

Ночью ты спала обычным сладким сном, а мы не смогли заснуть из-за жалобного беспрерывного мяуканья. Кошка забралась на окно, собираясь спрыгнуть с девятого этажа. Она смотрела на нас и так жалобно мяукала, что нам хотелось плакать.

Утром я совсем решил отнести кошку обратно. Но если отец не может устоять перед мольбой дочери, тем более он не вынесет ее слез. В течение дня ты ходила по своим делам, а в промежутках забавлялась кошкой: то сажала ее к себе на колени, то на стол. А ее ничего не забавляло, она и с мячиком не стала играть. Бабушка несколько раз меняла песочек для кошки, налила ей молока и накормила. Но кошка вскоре объявила голодовку. Ходила за нами, терлась о ноги, смотрела на нас и жалобно мяукала. Ночью ты опять крепко уснула, а кошка вновь начала разрывать наше сердце мяуканьем. Мама не выдержала. Она встала, начала гладить кошку, успокаивала ее, предлагала ей молоко и сыр. Кошка ни к чему не притрагивалась, только смотрела ей в глаза и как бы говорила, упрекала, упрашивала. «Определенно ее что-то беспокоит!» — сказала мама.

На следующий день в свободное время ты опять забавлялась кошкой, посадила на стол и завела с ней беседу, она же лизала тебе руку и беспомощно мяукала. Перед сном мы тебя предупредили, чтобы ночью ты оставила кошку в своей комнате. Что случилось в ту ночь? Наверное, кошка не дала тебе спать, все объясняла и жаловалась на свою беду. Если хочешь иметь кошку — научись кошачьему языку, хочешь иметь собаку — научись собачьему языку. У животных своя боль, заботы, огорчения и радости, они о чем-то просят человека, делятся с ним.

Мне кажется, в ту ночь кошка помогла тебе что-то понять, так как утром ты сама попросила меня: «Отнеси кошку обратно!»

И когда мы подняли кошку, чтобы посадить ее в сумку, только тогда заметили, как набухли у нее соски. У кошки были котята! Вот о чем она говорила, объясняла нам! Своим «мяу» она хотела разжалобить нас. Ее котята остались голодные и беспризорные, а мы принесли ее домой ради забавы.

Я взял такси и высадил кошку у того дерева, где мы ее нашли. Кошка даже не взглянула на меня. Сначала она осмотрелась, как будто не верила обретенной свободе, а потом пустилась бежать, да как бежать! Она бросилась под арку большого дома и перепрыгнула через высокий забор...

Я шел и думал: ежедневно тысячи пап и мам, тетей и дядей дарят детям собак или кошек, канареек или рыбок для аквариума. Увидит это ребенок и запрыгает от радости. Но вот вопрос: зачем они дарят детям животных, птиц, собак, рыбок, зачем я согласился взять с улицы сиамскую кошку? Ведь мы это делаем не для того, чтобы ребенок сразу же обрадовался, запрыгал и ударил в ладоши, прижал к себе подаренное животное!

Мы, взрослые, не имеем права не придавать воспитательного характера нашим взаимоотношениям с детьми. Если за канарейкой будет смотреть только бабушка, а ты будешь наслаждаться лишь ее пением, тогда выходит, что моей задачей было воспитание бабушки!

Говорят, что дети любят животных. Я же, если судить по примеру нашей бабушки, ясно вижу, что настоящей любовью птиц и животных любят только старые люди. Они их любят, потому что жалеют беспомощных животных, потому-то они так преданно заботятся о них, понимают их.

Дети любят животных не потому, что жалеют их, а потому, что развлекаются, играют с ними. Когда наскучит игра, им не нужно ни собаки, ни кошки. Разве не так?

Что нам сказала за эти дни сиамская кошка, которая старалась вызвать в нас жалость своим беспрестанным «мяу»? Вот что она сказала: «Я — кошка, но вы то — люди»!

А так как мы люди, давай подумаем, как мы должны любить животных и вот эту прекрасную и удивительную природу, частью которой являемся мы сами.

Спокойной ночи желаю тебе, моя дорогая, и если ты все-таки увидишь сон, превратись в добрую волшебницу, которая знала язык всех животных.

Твой отец

МАТЬ
Письмо четвертое

Добрый вечер, моя милая девочка!

Есть на свете человек, чье сердце жарче и сильнее девяти солнц, — это мама.

Я говорю не только о твоей маме, а имею в виду всех настоящих матерей.

Знаешь ли ты свою маму? «Знаю, как не знать!» — скажешь ты и удивишься: о чем это он спрашивает?

Я же думаю, что ты по-настоящему ее еще не знаешь.

Чтобы узнать маму, нужно заглянуть ей в душу, ее глазами увидеть самое себя.

А дети часто свою маму считают тем человеком, который смотрит за ними, готовит им еду, стирает, гладит, без конца учит уму-разуму, что-то позволяет, что-то запрещает или к чему-то принуждает. Мама, по их мнению, — тот человек, с которым можно поссориться, от которого нужно скрыть, что не была на уроке, получила двойку.

Но мама — это и тот человек, которому можно довериться и, плача, рассказать, как тебя подвел друг, как несправедливо поступил с тобой учитель, какую нелепую ошибку ты допустила в контрольной.

Ребенок, возможно, не так уж хорошо понимает, что значит для него мать, зато все матери знают, как они необходимы своим детям и как трудно им будет без матери.

Недавно мы с мамой возвращались с работы. Около памятника Важе Пшавеле нас потрясло одно зрелище. Молодая женщина, болезненного вида, худая, безжалостно била девятилетнего мальчика. Она вцепилась ему в волосы, чтобы сын не выскользнул из ее рук, но мальчик и не пытался бежать. Он беспомощно прикрывал голову руками и смотрел ей в глаза. На асфальте валялся раскрытый портфель.

Мы не выдержали, бросились к ним, начали успокаивать, стыдить женщину: «Как можно бить ребенка, в чем он провинился!»

Женщина залилась горькими слезами, затем стали прорываться и слова. Из ее отрывочного рассказа мы узнали, что муж уехал куда-то далеко (может быть, бросил семью), что это ее единственный сын. Сама она тяжело больна («Хорошо знаю, что скоро умру»), и ее не оставляет мысль: кто будет смотреть за сыном, как он будет расти без матери, каким человеком станет.

А сегодня мальчик на два часа опоздал из школы. «Я испугалась, думала, может, попал под машину, переходя улицу... Чего только не представила... Встала с постели, пошла к школе, на тротуаре увидела что-то красное, приняла за кровь сына...»

Мать прижала к груди своего избитого сына, говоря, что больше не тронет его. А сын оправдывался: «учительница оставила нас, потому и опоздал».

Мать повернулась к нам: «соседей умоляю, присмотрите за сыном, чтобы не сбился с пути... И учителей прошу, и вас прошу, запомните моего Джемала, когда встретите на улице, остановите его и спросите, каким человеком он становится, дайте ему хороший совет».

Молодая женщина говорила нам это не для того, чтобы мы пожалели ее, она хотела, чтобы мы позаботились о ее сыне, а сердце ее в это время горело жарче девяти солнц...

«Я знаю свою маму», — смело скажешь ты. Я тоже так думал в детстве. Однажды, работая в пионерском лагере, я сильно заболел. Кто сказал, кто сообщил маме? Неожиданно пришла телеграмма: «срочно выезжаю». «Откуда ты узнала, что я заболел?» — «Сердце почувствовало, подсказало».

Верю, что материнское Сердце в самом деле может почувствовать, как живется сыну (дочери), не болеет ли он, не беспокоит ли его что-нибудь.

И не раз в детстве я обижался на мать, и этого хотелось и того. Однако мама, которая заменяла мне и отца, погибшего на фронте, далеко не все мои желания исполняла. Не позволяла долго играть во дворе, слоняться без дела, винила только меня, когда я ссорился с товарищами, требовала, чтобы я предупреждал, куда и надолго ли ухожу.

И мне порой казалось: она чрезмерно строга, сердита, слишком требовательна, шагу мне не дает ступить.

Зато она никогда не ограничивала меня в чтении, не жалела последних копеек, только бы я купил интересную книгу. Охотно отпускала меня во Дворец пионеров, куда я ходил в литературный кружок, приветливо встречала моих товарищей. Мама поручала мне мелкие дела, требующие мужской руки, не препятствовала моим стремлениям с ранней юности познать радость самостоятельного труда и ответственность старшего сына перед семьей.

Сейчас я часто думаю: допустим, я бы следовал своим желаниям, уклонялся от разумных советов матери, что тогда? Не знаю, что бы произошло, но верю, не вышло бы ничего путного.

Мать своими «да» и «нет» приближала меня к идеалу взрослого мужчины.

Мама моя уже постарела, то одно болит, то другое. Но ее сердце по-прежнему горит сильнее девяти солнц, это и меня делает сильным, упорным, когда мне трудно, когда мне нужны новые силы.

Дети, к сожалению, поздно осознают тепло материнского сердца. Постепенно мать стареет, седеет, слабеет в мыслях и заботах о детях. Если приблизит детей к идеалу, нет предела ее счастью, она не вспоминает о прошлых огорчениях, гордится, радуется: «Знаете, какие у меня дети!..» Но если не сможет приблизить — еще больше сморщится, согнется, втихомолку будет плакать, прятаться от людей...

Если хочешь узнать свою мать, загляни ей в сердце, деточка! Я радуюсь, когда ты и мама вместе трудитесь: убираете квартиру, стираете белье, готовите обед. Иногда мама говорит тебе: «Сама постираю, ты не нужна мне». А ты наивно веришь, что маме и в самом деле не нужна твоя помощь. Какая мать не хочет, чтобы дочь помогала ей? Почему же тогда старается поменьше загружать тебя? Загляни в сердце матери — и ты поймешь, что она берет на себя двойную работу, чтобы предоставить тебе возможность читать, учиться...

Некоторые дочери принимают как должное двойную загруженность матери, они считают, так и должно быть: они заняты своими, более нужными делами. А это уже беда, избалованная дочь становится неблагодарной: «Принесите... Подайте... Вы надоели мне... Мне некогда...»

Если ты знаешь свою маму, не верь ей, что ей не нужна твоя помощь, стань рядом, помоги, устань вместе с ней. Пусть даже обеспокоится мама, что тебе рано пришлось встать, что ты допоздна не могла лечь, лишилась развлечений. Но она подумает: «От скольких радостей отказывается моя дочка, чтобы облегчить мой труд!» И будет счастлива.

Меня радует и то, когда ты и мама вместе идете в театр, на концерт, читаете одни и те же книги, а затем обсуждаете, спорите. Иногда вместе поете или в четыре руки играете на пианино. Особенно люблю, когда вы о чем-то шепчетесь, скрывая от других какой-то секрет. «О чем вы говорите?» — «Ни о чем». И обе загадочно улыбаетесь.

Отношения матери и дочери — близкие из близких. Кому откроет девушка свои самые сокровенные чувства? Маме. Кому же еще! Мама поймет, догадается, оградит, обнадежит. Но ведь и мама хочет иметь настоящего друга, которому можно доверить тайну, вместе обсудить семейные дела? Кто может быть таким настоящим другом матери? Конечно, дочь, кто же еще!

Извините, девушки, сколько вам лет? Четырнадцать, пятнадцать, больше? Значит, вы уже можете стать настоящим другом матери. Как? Это вы и сами поймете. Но только не в такие моменты, когда необдуманно и упрямо отвечали маме: «Не хочу! Не буду!» И не тогда, когда мать много раз повторяла просьбу, а вы, лениво раскачиваясь, нехотя брались за дело. Наконец, и не в те минуты, когда пытались отмахнуться от матери, наклонившейся приласкать: отстань, мол.

Что в это время происходит с материнским сердцем? Оно сжимается, глаза наполняются слезами. Один такой случай, второй, десятый, и возникает отчуждение. Дочери что — молодость принадлежит ей, она самозабвенно отдается радостям жизни, счастлива в своей собственной семье. А у матери сердце останавливается, дочь забыла ее... Нет, дочь помнит, что у нее есть мать, даже иногда готова помочь ей то в одном, то в другом... но забывает, что матери нужно еще и сердечное внимание.

Не так должны вести себя чуткие дочери. Они в силах сами почувствовать, что беспокоит маму, сами первыми приласкать и утешить ее, расположить к доверию и откровенности.

Все матери растят своих детей для людей, но и для себя тоже. Воспитывая ребенка, мать думает и о том, что в старости он будет ее опорой, что дочь присмотрит за ней, отблагодарит за труды и заботу.

Человеку можно простить всякий грех, но какой суд оправдает дочь, которая не оценила труды своей матери?

Нужно учиться любить маму, моя девочка. Когда малыша спрашивают, как он любит свою маму, он сжимает кулачки, весь напрягается, крепко жмурит глаза, сдерживает дыхание и, наконец, целует воздух: мол, так люблю.

Мать нужно любить нежно, беречь ее, чтобы слово твое, твой поступок не причинили ей боли, нужно уважать ее, ласкать искренне и трогательно.

Мы пока что в расцвете сил. Мама и я много трудимся. Она в семье вдохновляет всех, на работе ее знают как способного и творческого педагога. А я в маму, могу гордо сказать, влюблен уже двадцать лет.

Знаешь, какая история произошла с нами вчера? Мы шли от бабушки. Напротив филармонии ждали автобуса. На остановке никого, кроме нас, не было. Мы разговаривали, смеялись, и вдруг мне захотелось крепко обнять твою маму, поцеловать и шепнуть: «Я люблю тебя, моя родная!» Я так и сделал.

И вдруг я вижу, что с другой стороны улицы к нам направляется молодой, лет двадцати, милиционер. Я подумал, наверное, это мой бывший ученик, хочет поговорить со мной. А он приблизился, козырнул и строго обратился ко мне: «Гражданин, ваши документы!» Я не поверил своим ушам: «Зачем вам мои документы?» (Их, кстати, и не было со мной.)

И двадцатилетний стал читать мораль пятидесятилетнему мужчине: «Как не стыдно такому солидному мужчине обнимать на улице женщину, какой пример подаете другим?»

«Эту женщину, мать моих детей, я никогда не обделю лаской», — сказал я милиционеру, поцеловал маму в щеку и снова обратился к нему: «А теперь берите меня в милицию! Лучшей причины не найти, чтобы милиция хоть раз задержала меня!»

Милиционер сник, извинился, снова приложил руку к фуражке и удалился.

Интересно, что сказали бы вы, мои дети, если бы по этой причине меня действительно задержали вчера вечером?..

В моем столе я храню одно стихотворение. Насколько я помню, ты была в пятом классе, когда написала его. Вот оно.

Мама
Сидит, размышляя, День и ночь. Кто это? Милая мама. Всегда готовая Всем помочь. Кто это? Милая мама. Возвышаясь над всеми В своей простоте. Кто это? Милая мама. Спокойна, Прекрасна В любой суете. Милая, милая мама.

Бережно относись, моя девочка, к тем чувствам, которыми подсказано это стихотворение, множь эти чувства. На свете не существует человека роднее и любимее матери.

Желаю тебе спокойной ночи, моя родная. Желаю тебе увидеть во сне, как светится и сияет лицо матери, когда кто-то говорит ей: «Каких хороших детей вы воспитали!»

Твой отец

ВЛАСТИТЕЛЬ ВРЕМЕН
Письмо пятое

Добрый вечер, моя добрая девочка!

Можешь ли, не раздумывая, сказать, сколько тебе дней? Не знаешь. Сегодня закончился 6100й день твоей жизни. Этот день, как и все прошедшие дни, никогда не повторится.

Ну и что же, скажешь ты, подумаешь, велико горе, если день кончился! Дней сколько хочешь, столько и будет!

Да, конечно, дни на нашей земле нескончаемы, но каждый день нуждается в достойной встрече и проводах. Мы почему-то привыкли считать свой возраст годами. Но мне думается, что это слишком большая мерка для такого чуда, как время и жизнь. И вдобавок она создает двойную иллюзию.

Во-первых, кажется, что человеческая жизнь коротка. А если так, то каким же нам покажется день, тем более час, минута, секунда? Они в нашем представлении превращаются в крохи времени, беречь которые мы не считаем нужным.

А иногда нам кажется, что в году — от января до декабря — очень много времени. Подростку же год может видеться просто бесконечностью. Поэтому куда торопиться, думаем мы, и с одного дня на другой переносим неотложные дела или ищем какое-нибудь развлечение, чтобы не замечать, как уходит время, убиваем его.

Жалко, доченька, человека, который живет во времени и не видит его. Жалко человека, который не знает цены времени. Жалко, родная, такого человека без перспективы, без смысла жизни. В его голове мысли движутся так же лениво, как тучи в безветренную погоду, и эти мысли темны так же, как тучи в безлунную ночь. «Человек властитель времени лишь тогда, когда разделит его на часы, минуты и секунды, т. е. на такие части, которые соответствуют его краткотечной жизни... Жизнь кажется короткой только потому, что мы беззаботно мерим ее нашими необдуманными мечтами». Ты ведь любишь Анатоля Франса? Это его мысль.

По моему убеждению, самая светлая и естественная единица времени — день.

Дни мне кажутся восходящими к солнцу ступеньками.

Большинство людей бодро и упорно поднимаются по ним, помогая друг другу: кто пашет, кто сеет, кто вяжет, кует, кто вдохновенно творит свой стих, который, может быть, станет частицей души целого поколения. Кто-то именно сегодня откроет новый элемент, создаст новую теорию...

День — само существование, сама реальность жизни. Годы могут возвеличить человека, а один день — низвергнуть его; годы могут уничтожить его, а один — сделать бессмертным. Вот что такое день в жизни человека. Поэтому ты должна радоваться и благоговеть перед собственным днем, перед неповторимостью своего существования, радоваться и беречь его 24 часа, или 1440 минут, а в конце концов 864 000 секунд. И если хочешь все выше и выше следовать по солнечным ступенькам, тогда наполни собственный день трудами и заботами, устань от того, что в течение всего дня работала, мыслила, создавала, преобразовывала, сочувствовала, находилась рядом с людьми. И когда утомленная от этого труда посмотришь на человеческую жизнь, ты увидишь, какая она большая и долгая; когда обнаружишь, как ты нужна людям, то почувствуешь, как дорог тебе каждый день, каждый час, минута, секунда.

Нас день наполняет солнцем и жизнью, и мы тоже должны наполнить его своей жизнью. В твоей жизни сейчас наступает пора, когда ты должна овладеть специальностью. И от того, каким будешь специалистом и каким ты станешь человеком, будет зависеть многое. Помнишь, что рассказали нам недавно в больнице, где лежит твоя бабушка? Один врач сделал девятикласснице операцию аппендицита. Через несколько дней девочке стало хуже, рана нагноилась, а встревоженный врач успокаивал взволнованную мать: ничего, мол, обойдется. Девочка погибала. Другие врачи повторно оперировали ее и не смогли скрыть своего возмущения коллегой, который проявил элементарное незнание. Этот горе-специалист, вероятнее всего, сидя на лекциях, убивал время, одним глазом читал учебники, одним ухом слушал преподавателей. Так вышел из института плохой специалист, и люди страдают по его вине. Если бы он был честным человеком, наверное, сам отказался от операций.

Вспоминаю и другое, ты сама рассказывала об этом.

В нашем районе разрушилось новое пятиэтажное здание телефонной станции. Почему разрушилось? Потому что его строили так себе подготовленные инженеры.

Ты хочешь поступать в университет. Быстро пролетят студенческие дни. Что будет, если каждый из этих дней ты не наполнишь смыслом, не устанешь от дум, вопросов, работы, поисков? Случится то, что ученики, преподавать которым ты станешь, ничему не научатся у тебя. Нет, я и думать не хочу об этом! Ничего нет страшнее посредственного специалиста! Посредственное никуда не годится, посредственный никому не нужен!

Не хочу видеть тебя посредственной! Учись со всем старанием и творчески, чтобы стать отличным специалистом. Если будешь матерью — должна быть прекрасной матерью. А так как ты дочь, должна быть прекрасной дочерью.

Хочешь приобрести знания и человеческие достоинства, приобретай их именно сейчас, в годы ученичества, так как именно сейчас этого легче всего достигнуть, потом, с возрастом, труднее будет учиться и перестраивать себя.

Сейчас! Но как?

Предложу тебе один воображаемый эксперимент, подобных которому в действительности сколько угодно. Возьмем двух девушек-сверстниц и рассмотрим один их день.

Одна встала рано утром, приготовила завтрак и понесла бабушке в больницу, приласкала и успокоила ее. Другая встала поздно и набросилась на мать, почему не приготовила ей кофе?

Одна занималась пять-шесть часов, читала книгу, учила стихи: кто знает, что попадется на экзамене?

Другая переписала четыре-пять шпаргалок и ломала себе голову: в какие складки платья засунуть их, чтобы незаметно использовать на экзамене.

Одна вежливо отказала подружкам: не смогу пойти с вами в кино, нет времени.

Другая посмеялась над ней и пошла гулять с подругами.

Одна вечером помогала маме стирать белье, другая в это время застыла перед телевизором. Допустим, так прошло много дней. Первая девушка большую часть дней заполнила заботами, вторая же большую часть дней «проводила», «убивала». И возможно, тоже уставала... от безделья. Тебя не затруднит сделать вывод: кто из них станет настоящим специалистом, а кто посредственным.

И вот теперь скажи сама, имеют ли право юноша и девушка заявить: «А вам какое дело, как я учусь, ведь от этого теряю я, а не вы».

Как это мы ничего не теряем! Разве это было ничего, когда девочка чуть не погибла от аппендицита, а уже построенный дом рухнул?

Наша семья — семья тружеников, девочка моя! Бабушка за всеми нами смотрит, готовит обеды, выполняет тысячу мелочей по дому. Понаблюдай за бабушкой: она постоянно чем-то занята, не может сидеть, если даже нечего делать, изобретет его для себя.

Мама организует жизнь семьи, создает для школьников новые учебники, участвует в научных конференциях, проводит уроки в школе. И что самое главное, каждого из нас одаряет своей заботой, лаской, любовью.

Трудолюбив и твой брат. Никогда не застанешь его без дела. Одновременно учится на двух факультетах. В дни летних каникул работает на фабрике или в типографии рабочим. Многое делает и по дому, никогда ни в чем не отказывает нам, не упрекает. К тому же обрати, пожалуйста, внимание: каким он бывает заботливым и ласковым по отношению к своим бабушкам.

И я тоже не могу жить без труда, и ты, я уверен, станешь тоже трудолюбивой девушкой.

При этом мы любим развлекаться, принимать гостей, бывать у родственников и близких, ходить в театр и кино. В конце каждого дня мы обычно собираемся за ужином в нашей маленькой столовой и рассказываем друг другу, чем мы занимались днем, что нас порадовало и что огорчило, кого мы встретили и что узнали. Вот тут мы и обнаруживаем, каким длинным был день у каждого из нас и в то же время как незаметно он промелькнул. Мне кажется, что у всех у нас сложилось одно правило, которому мы следуем.

Начало нашей семьи — взаимная любовь, а высшее проявление этой любви — добрые поступки и труд на благо людей.

По вечерам мы чувствуем, что, оказывается, тоже устали. Но мы довольны, радуемся, что уже подошли к ступеньке завтрашнего дня. А каким будет наш завтрашний день — это зависит от нашей воли.

Сама подумай, доченька: разве мы можем позволить себе бесследно потерять день?..

Твой отец

КОЛЮЧИЕ ВОПРОСЫ
Письмо шестое

Добрый вечер, моя милая девочка!
Хочу быть с тобой откровенным.

Конечно, я знал, во всяком случае, чувствовал, что тебя что-то мучает. Это хорошо, что у нас порой возникают разногласия по поводу той или иной жизненной проблемы. У тебя свое мнение, у меня — свое. Вы с братом иногда начинаете атаковать нас с такой железной логикой, логикой жизненных фактов, что наши рассуждения, оправдывающие некоторые явления прошлого и настоящего, теряют всякую силу.

Да, разумеется, есть какой-то барьер опыта между поколениями. Вам, юношам и девушкам, трудно перешагнуть через него, ваш анализ не углубляется в корень сегодняшних фактов, и получается, что прошлое вам нипочем, для вас важнее сегодняшнее и только через него — будущее.

Нам же, взрослым, трудно освободиться от своего опыта, от того, чтобы видеть настоящее и будущее вне призмы прошлого. Вот и возникают осложнения во взаимоотношениях.

Плохо ли это?

Нет, почему! Очень даже хорошо, что есть такая трудность. Она дает нам толчок для бурного обсуждения многих проблем, в ходе которого изменяются обе стороны.

Я начал с того, чтобы поразмышлять с тобой о себе, о своем самовоспитании, в котором ты принимаешь самое активное участие. Возможно, этот мой самоанализ поможет тебе сделать то же самое и, таким образом, глубже и лучше понять себя и нас.

Я уверен: путь к взаимопониманию и познанию друг друга проходит через понимание и познание в первую очередь самого себя. И чем глубже человек познает себя, свой характер, устремления, ценности, жизненные цели и т. д., тем легче ему будет понять других людей и окружающий мир в целом. А это очень важно: взаимопонимание — это источник вдохновения и творчества, духовных сил и надежд. Ты силен десятикратно, когда тебя понимают, но становишься во сто раз сильнее, когда ты понимаешь других.

Однако скажу, почему мне вдруг захотелось довериться тебе, довериться будущему. Хотя логика ваша без чувства историзма, и потому события прошлых и настоящих времен вами, молодыми, оцениваются без связи друг с другом. Ваше возмущение и удивление действительно неприглядными жизненными явлениями оторваны от корней своего возникновения. Тем не менее, ваш железный юношеский максимализм имеет влияние на взрослых. Особенно почувствовал я это сейчас, когда в нашей жизни правда становится стержнем наших суждений, наших дел.

Года три назад, будучи еще пионеркой, ты вернулась из школы взволнованная и возмущенная. Чем? Тем, что, как ты выразилась, мы учим вас лгать, говорить неправду, говорить вслух одно, а думать и делать другое.

— У вас тоже так на партийном собрании, как у нас на пионерском? — спросила ты. — Стоишь на трибуне и говоришь, как попугай, повторяешь то, чему не веришь!..

Ты задела меня за живое. И мне показалось, что порой я уподобляюсь маляру, который перекрашивает дряхлые постройки в яркие краски и убеждает всех, что жить в них одно удовольствие и наслаждение. Да, было так: гордясь и восхищаясь хорошим, — старались не замечать дурного, пытались перекрасить словами пятна жизни и думали, что это и есть наиболее плодотворный метод воспитания уверенности, оптимизма. Слова наши очень разошлись с действительностью, с делом, мы пугались правды, боялись сказать правду. Чем это было вызвано?

Вот и мое откровение: заблуждением, покорностью перед силой, которая диктовала, которая думала и решала все вместо тебя, а от тебя требовала верить ей, не сомневаться в правильности ее решений. Она требовала еще, чтобы мы восхищались жизнью, строительством, масштабами. Разумеется, было и есть чем восхищаться, но остались перекрашенные пятна, замазанные события.

Ты тогда заявила еще, что твоя пионерская организация учит вас врать. В тот день к вам должны были прийти из райкома комсомола, и чтобы не возникли недоразумения, уроки были упразднены и вместе с классной руководительницей и пионервожатой вы все наспех стали оформлять на бумаге несостоявшуюся жизнь. Вас учили, как отвечать проверяющим на тот или иной вопрос.

— Если спросят, какие у вас были сборы, то скажите: такой, еще такой, такой... Но этих пионерских сборов не было, были только дневники с рассказами о событиях, посвященные им стенные газеты, выпущенные в этот день.

— Если спросят, какие у вас были походы и экскурсии, обсуждения и дискуссии, какая у вас самодеятельность, то скажите...

И опять выдуманная жизнь.

Это был не первый случай вранья, а здесь к тому же еще надо было спасать пионервожатую и классную руководительницу.

Однако недоразумения все же произошли. Проверяющие поговорили с вами доверительно, по душам, по-настоящему, и вы начали говорить правду. Проверяющие ушли, а пионервожатая и классная руководительница да еще и заместитель директора по воспитательной части напали на вас, пристыдили. Это и привело тебя в ярость: «Вы только тому и учите, как лгать... Вы не хотите видеть настоящую жизнь... Вот какие вы, взрослые!..»

Тогда я попытался сгладить происшедшее, но мои старания вызвали твой гнев: «Значит, и ты заодно с ними? Значит, нам надо было лгать?.. Не лучше ли было бы устраивать настоящие походы, соревнования, диспуты?..»

Да, конечно, было бы лучше, но мы привыкли говорить неправду, привыкли хвалить себя. Составляем радужные планы, а потом забываем о них.

«А почему привыкли, может быть, вас напугали? Ты тоже из пугливых?» — упорно задавала ты мне эти вопросы. И я, к стыду своему, уклонился от откровенного разговора, не знал, что и как тебе сказать, твои факты и логика не укладывались в мои объяснения.

Вспоминаю еще один случай. Ты пришла домой из гостей взволнованная.

— А вы знаете, — сказала ты, — послезавтра наши космонавты полетят в космос, — и даже назвала фамилии будущих героев.

— Откуда ты знаешь? — удивилась мама.

— Она всегда все знает, постоянно слушает новости, — сказала бабушка. — Но ведь об этом еще ни слова не говорили! — возразила мама.

О наших космонавтах нам обычно сообщали тогда, когда они уже завершали свой полет или в лучшем случае выходили на орбиту. Не знаю, почему все это было тогда засекречено для нас. В то же время западные радиостанции уже передали сообщение о предстоящем полете. Кто-то послушал «Голос Америки» и пришел в школу с новой информацией.

— Глупости, — сказала бабушка, — «Голосу Америки» верить нельзя, там только врут!

— Давай поспорим, что полетят, хочешь? — предложила ты бабушке. Спустя два дня все радиостанции сообщили весть о полете наших космонавтов и назывались именно эти фамилии.

— Вот видишь, — приставала ты к бабушке, — а ты говорила, что «Голос Америки» врет! Это у нас врут и все скрывают!

Эти твои обобщения напугали меня. Что я мог тебе возразить? Сказать, что так лучше, что мы не знаем, когда полетят космонавты и кто именно полетит? Нет, такое оправдать трудно. Но вот более сложная проблема: откуда узнали на Западе о наших секретных планах? А если это не секрет, то почему бы об этом не сообщить своему народу? Ты возмущалась: «Вот так всегда нас держат в неведении!»

В общем, таких случаев в нашей жизни было немало, и они усложняли мое общение с тобой. Гласность — вот что нужно было мне, нам, твоим воспитателям, всем воспитателям юношей и девушек. Нам нужна была не просто гласность, но опережающая все «голоса» правдивая информация. Тогда и у меня с тобой, и у других родителей не возникали бы трудности в установлении доверия и взаимопонимания. Может быть, мне надо было тогда набраться смелости и прямо сказать тебе: «Да, моя дорогая, это недоразумение, это наша глупость, наша недальновидность...» Но я поосторожничал, думал, что этого нельзя делать, пусть узнает сама потом, а лучше, если не узнает никогда.

Я думал так, а тем временем в тебе подспудно складывалось какое-то небрежное, неуважительное, скептическое отношение к нашей действительности.

Меня это страшно беспокоило, так как грозило разрушить доверие между нами и вообще наши отношения могли зайти в тупик. Мне нужно было выбрать один из двух путей: или нравоучениями и авторитарными требованиями попытаться промыть тебе мозги (чего я, конечно, не хотел), или же найти доказательства более сильные, чем твои аргументы, показать тебе подлинные нравственные ценности и раскрыть их истинную суть. Поиск второго пути всегда толкал меня к искренности, правде, открытости в общении с тобой. Но вот моя тревога — не осложнить тебе жизнь и в настоящем и в будущем толкала меня к полуправде, значит, к осложнению наших взаимоотношений.

А настоящая жизнь врывалась в наш дом.

— Это правда, — спросила ты меня, — что в бюллетенях по выбору депутатов написано: «Зачеркнуть всех, кроме одного», а там только одна фамилия?

— Ну и что? — ответил я осторожно, — Избиратели выдвигают одного кандидата в депутаты и выбирают его, но они имеют право выдвинуть и нескольких...

— А почему не выдвинули нескольких, чтобы выбрать из них одного? — допытывалась ты, и я чувствовал в твоих вопросах недоверие, насмешку. — Какие у вас получаются выборы?

Подобные разговоры в тот день, по всей вероятности, происходили и в семьях твоих одноклассников, ибо разговор этот начался в школе.

Я приводил «аргументы», но все равно ты не поверила, потому что твоя логика не могла терпеть ограничений в свободе выбора.

Нет, честность, открытость, правда — вот на каких начал следует воспитывать юношей и девушек! И я открылся тебе: конечно, надо демократизировать систему выборов, должно быть несколько кандидатов в депутаты, пусть выдвинут они свои программы действий, а мы потом подумаем, за кого голосовать...

Какое счастье, что времена меняются.

Раньше я мог запретить тебе искать причины исчезновения в 1937 году замечательного поэта Тициана Табидзе, стихи которого составляют гордость нашего народа. И я поступил бы так потому, чтобы опять-таки уберечь тебя. Но тут же в душе возмущался бы за такое темное прошлое. Зато полуправда начала бы терзать тебя, а докопавшись до правды, ты могла бы взбунтоваться... Но правда, истинная правда, пусть очень горькая, пусть безжалостно обличительная правда, высказанная с чувством раскаяния, с чувством вины за совершенное беззаконие, откровенность отца перед детьми — подростками, юношами и девушками, есть основа для установления взаимоотношений между ними на началах сотрудничества. Но есть и другая основа, забыть которую нельзя, есть другая правда, которую нельзя умалять, — это созидательный труд людей, их героизм, патриотизм, это дух народа, который убить нельзя. И этой правдой тоже искренне надо гордиться...

Вместе с тобой возмущаюсь событиями 37го года. Какое это было трагическое время беззакония, произвола, бездушия! И сколько великих жизней оно унесло! Тициан Табидзе наверняка написал бы несколько томов очищающих и возвышающих душу стихов, а какие литературные шедевры мог бы создать Михаил Джавахишвили. И все это потеряно для народа навсегда. Конечно, надо докопаться до сути событий, надо узнать, почему все это произошло, кто в этом виноват, надо восстановить картину трагических событий тех лет, когда погибали люди, ломались их судьбы. К сожалению, я не знаю, что тебе рассказать о Тициане Табидзе, нигде об этом не читал, ни от кого не слышал, и если узнаешь сама, то, пожалуйста, расскажи и мне.

Какой разговор у нас, взрослых, должен быть с нашими повзрослевшими детьми?

Мне нужен диалог с тобой, дочка моя, постоянный, откровенный, основанный на правде. Это я, это мы, взрослые, на которых возложено воспитание детей, должны быть чистосердечными, искренними, откровенными и открытыми перед тобой, перед вами, нашими детьми. Мы должны научиться чистосердечному признанию наших ошибок, мы должны стать единомышленниками вашими в анализе возникших в нашем обществе трагических явлений. Иначе вы не будете воспринимать от нас никакие нравственные ценности и идеалы.

Вот на какие размышления навели меня твои колючие вопросы, которые ты задавала порой с какой-то насмешкой, с каким-то раздражением. И я прихожу к выводу: нужно разобраться в них не только тебе, но и мне тоже, и пусть станут опорами нашего диалога правда и искренность, самоанализ и взаимопознание...

Нам надо научиться прислушиваться к вашим мыслям, соображениям, разобраться в ваших оценках, и делать это следует с той же искренностью, какую проявляете вы в споре с нами. Нужно и другое: осмыслить свой опыт и свои знания на фоне ваших скептических рассуждений и освободить себя от предвзятых оценок, предупреждающих меня о необходимости стерилизации так называемой воспитательной среды. Среду надо очеловечить, это верно, но стерилизовать ее для воспитания не нужно.

Ты уже давно не ребенок, и помочь тебе следует не в том, чтобы уберечь, отгородить тебя от жизни, а в том, чтобы определить жизненную, гражданскую, общественную позицию. А этому, естественно, ни в коей мере не будет способствовать уход от проблем, которые волнуют тебя. Ты должна критически осмыслить и освоить нашу действительность, наше прошлое, должна знать о наших трагических ошибках. Ты имеешь на это право. Твое поколение имеет полное право, принимая эстафету жизни, спрашивать нас: а все ли в этой жизни в порядке, какие и почему допущены ошибки? И мы обязаны отчитываться перед вами, не скрывая ничего ни из прошлого, ни из настоящего, не обманывая вас и не вводя в заблуждение. Замалчивая факты недавнего прошлого, мы протаскиваем в будущее старое общественное лицемерие.

Порой думают, что за семейное воспитание полностью отвечают родители, которые должны давать пример всей своей жизнью. Но что делать в тех случаях, когда трагизм общества вторгается в жизнь, осложняет воспитательный процесс в семье? Скажем, нет справедливости в обществе, и я не могу оправдать власть...

Спокойной ночи желаю тебе, моя родная, и пусть приснятся тебе две богини: богиня мудрости — ее зовут Афина, и правосудия — Фемида.

Твой отец

ИСТОЧНИК СИЛ
Письмо седьмое

Добрый вечер, моя милая девочка!
Итак, начнем!

Жила-была одна...
Да ведь я тебе сказку рассказываю, зачем ты меня прерываешь? Разве ты не соскучилась по моим сказкам?

Раньше я рассказывал тебе сказки, чтобы развивать твою фантазию и воображение, чтобы ты поняла, какая борьба идет между добром и злом, как побеждает добро и как дорого обходится ему эта победа. И конечно, рассказывал еще, чтобы ты сладко засыпала и видела светлые сны.

Разве плохо видеть сны? Они как странные фильмы, связанные с твоей судьбой и жизнью, которые кто-то снял только для тебя и только тебе их показывает. И показывает лишь один раз, без повторения. Во сне ты говоришь, действуешь, дружишь или ссоришься. Словом, сны — это чудесные фильмы, чего только не увидишь в них, с кем не встретишься, в каком времени не будешь жить.

Допустим, вчера ночью тебе бы приснился сон: обе бабушки беседовали друг с другом, вспоминая что-то, то радовались, то плакали. Вдруг ты подошла к ним. Бабушки сразу вытерли слезы и улыбнулись тебе.

Ты хотела спросить: «Бабушки, чему вы радуетесь или зачем плачете?» И вдруг обе бабушки словно исчезли и перед тобой раскинулось море. И в это время ты проснулась.

Что бы ты сделала, как поступила сегодня, если бы ночью увидела такой сон? Может, начала бы гадать, что значит увидеть во сне бабушек и море. Или, может, вообще забыла бы об этом сне?

Думаю, ты поступила бы иначе. Наверное, приласкала бы сначала одну бабушку, затем другую, а потом принялась бы настойчиво расспрашивать, не беспокоит их что-нибудь? Нет, сказали бы бабушки, лишь бы тебе было хорошо, расти достойным человеком, а нам ничего не надо. «А все-таки, а все-таки», — не отставала бы ты от бабушек. И тогда бы ты поняла, что, этот сегодняшний день для бабушек — день самых горьких воспоминаний. «Маруся, продержись как-нибудь, смотри за детьми, вырасти их хорошими людьми. И себя береги. Я тоскую и тревожусь о вас». Эти слова из письма моего отца, которое твоя бабушка получила в последний раз. Дети выросли, давно стали старше своего отца, создали семьи. И люди неплохо о них отзываются. «А ваш дедушка, — скажет бабушка, и глаза ее наполнятся слезами, — погиб на войне... Будь проклята война и те, кто ее разжигает!» Вот как сбылся бы твой сон...

Да, а я ведь сказку рассказывал! Чуть не забыл!

Жил-был... один гадкий утенок... нет, не утенок (это в сказке Андерсена, а ты ее знаешь наизусть). Жила-была одна гадкая девчонка, завернутая в белоснежные пеленки, а сама некрасивая, сморщенная, крикунья.

Зачем ты меня прерываешь? Разве ты не догадываешься, о ком эта сказка? О тебе, о ком же еще! Ты героиня этой сказки. Так рассказывал мне сказки и отец: я был главным героем его сказок. В сказках отца я прошел через многие опасности и препятствия, семь раз переплывал семь морей, семь раз переходил семь гор и на седьмое небо поднимался семь раз, спасая красавицу, заточенную в замке за семью замками. У семиглавого чудовища отрезал семь голов, семь раз освобождал прикованного к скале Амирана. И хотя я уже прожил более полувека, все равно мечтаю, чтобы отец был жив и рассказывал мне сказки.

Сегодня я перечитал письма, которые отец присылал мне с фронта в 1942–1943 годах. Когда я получал эти письма, мне было одиннадцать-двенадцать лет. Учился я в деревне. С Кавказских гор ежедневно слышался такой грохот, что в домах дребезжали стекла. Несколько раз над деревней пролетали немецкие самолеты. Крестьяне выбегали во двор, нацеливали сжатые в кулаки руки на самолет, подобно зениткам, и так кричали и ругались, что, казалось, самолеты пугались и улетали. В то время письма отца наполняли меня смелостью: отец на фронте, разве что-нибудь нам могут сделать фашисты? Сегодня, спустя сорок с лишним лет, в этих же письмах я увидел моего настоящего отца, увидел молодого папу: «Присылай письма, любимый мой мальчик», «Крепко-крепко целую тебя издалека, мой мальчик, передай привет моей маленькой любимой Нателе, расцелуй ее вместо меня», «Сынок, береги сестру, не обижай ее, жалко нашу маленькую Нателу», «Почему не пишешь письма, негодник, в чем дело?» В самом последнем письме отец мне тоже написал несколько строчек: «Мой дорогой мальчик, будь здоров, учись на «отлично». Смотри за матерью и сестрой, береги их, обо мне не беспокойся».

Сердечная ласка в письмах отца, последний наказ его и по сей день сопровождают меня как призыв, чтобы я — плоть и кровь его — следовал его великодушию.

«Ведь у него была же бронь, зачем он пошел на фронт?» — спросил меня товарищ, когда я был в пятом классе. Тогда я не смог убедительно ответить ему, почему миллионы советских людей пошли на фронт добровольцами. Легко сказать! Знаешь, что такое вера? Это начало всех начал в человеке.

Человек силен, когда верит в благородный общечеловеческий идеал, когда руководствуется им, — тогда он готов в любую минуту совершить героический поступок.

Моему отцу было двенадцать лет, когда он сбежал из деревни от отца, торговца вином, и в Тбилиси начал работать в типографии рабочим. Был типографщиком, газетчиком, печатал книги и все больше проникался верой в добрые идеалы. И как он мог не пойти на фронт, когда его вере в идеал, его Родине грозило уничтожение. Есть единственный путь выразить истинную любовь к Родине — действовать ради ее блага. В отцовской вере в Родину находилось место и нам, его семье: жене, детям, близким, которые нуждались в защите. Поэтому он пошел на фронт добровольцем. Пошел для того, чтобы и мне внушить свою собственную веру.

Я дам тебе фронтовые письма моего отца, дам еще тетради с протертыми, пожелтевшими листками, в которых твой дедушка, отец твоей матери, скончавшийся за пять лет до твоего рождения, описывает свои фронтовые будни. Вот одна запись. «Мы ужинали, когда внезапно три самоходных орудия «фердинанд», которые мы уже знали по выстрелам, с ужасным грохотом обрушились на наше расположение. Около 30 минут длился этот сеющий смерть обстрел. Сколько оторванных кистей рук, сколько человеческих трупов было на земле после этой бомбежки! Стоны, мольба о помощи, вопли предсмертной агонии. Но были люди, которые не дрогнули. Пробитый пулей партийный билет, который достали из нагрудного кармана Науменко, и с не высохшими еще каплями крови карточка его маленького сына свидетельствовали о том, куда попала смертельная пуля. Часто во время отдыха где-нибудь в землянке Науменко доставал фотографию единственного сына и долго, очень долго смотрел на это детское лицо, а потом говорил: «Если погибну, оставьте фотографию эту при мне». Человек, который в боях был воплощением стойкости и надежды, оказался очень нежным и чувствительным отцом».

Ты многое должна будешь рассказать своим детям об их предках, иначе как вырастишь в них любовь к Родине! Разве достаточно уметь любоваться красивыми горами, чтобы ощутить эту землю как Родину? Человек любит своих предков. Чаще бывай на могиле дедушки, моя родная, ходи и на могилу неизвестного солдата, как будто это потерянная могила моего отца. Положи букет цветов и задумайся на несколько минут о своем долге перед ними и своих детей в будущем наставляй, чтобы они так же поступали.

...Я совсем забыл, с чего начал! Ну конечно, я рассказывал тебе сказку об утенке... Да не об утенке, а о гадкой девчонке. «Кто будет смотреть за этим гадким созданием?» — спросила мама, когда младенец так старательно дрыгал ножками, что вылез из пеленок. Бабушка осторожно взяла его и опустила в ванночку с теплой водой. «Гадкое создание» начало барахтаться и забрызгало бабушку. «Ах, ты и в самом деле гадкая!» — рассмеялась бабушка.

Тогда бабушка была моложе, за последние годы она сдала, обе бабушки сдали. Они состарились.

Знаешь ли ты, что такое старость, возраст? Морщинки на лице или седые волосы? Нет, возраст и морщинки — это еще не старость. Старость — это память о прожитой жизни, горечь о потерянных людях, тревожные, беспокойные думы о будущем детей, внуков, умудренно-наивный протест: как еще может существовать где-то зло, почему его не уничтожат немедленно.

Ты случайно не спрашивала одну из бабушек, какой сон она видела ночью? По-моему, в сновидениях нынешних бабушек чаще всего оживают истории сорокалетней давности — война, голод, нужда, поток слез из-за гибели близких.

Бабушки — самые миролюбивые люди на земле. И не потому, что они физически ослабли, себя берегут, а потому, что ими испытана, пережита необычайно большая и сильная боль: они потеряли мужей, детей, близких. Поэтому, подобно ангелам-хранителям, они оберегают, лелеют оставшихся в живых, тех, кто пришел на смену их поколению. Защищают человечество, планету...

Жила-была... Эх, ускользнула сказка!..

Как я хотел рассказать тебе веселую сказку о гадкой девчонке, но, оказывается, очень трудно рассказывать сказки в день 22 июня! Не обижайся, пожалуйста, я расскажу ее тебе в следующий раз.

Твой отец

СУДЬБА
Письмо восьмое

Добрый вечер, моя милая девочка! Вот уже несколько дней, как я потерял покой: одно письмо, которое получил от девушки, твоей сверстницы, заставило меня задуматься о твоем будущем и о судьбе этой девушки.

Моя мать — твоя бабушка — часто говорила мне: забота родителей растет вместе с детьми. Раньше, когда я был молодым и неопытным отцом, мне все казалось наоборот. Вот, думал я, вырастут наши дети, и у нас, родителей, убавится забот, они позаботятся о нас. Но это, оказывается, было заблуждением. Возможно, вступающему в жизнь юноше кажется излишней и назойливой забота родителей. Я сам против мелочной опеки и бесконечных нравоучений. Однако собственный опыт убедил меня: то, что мне говорила бабушка, — это закон родительского сердца...

Жизнь, в которую ты вступаешь, красива и интересна, но сложна и полна неожиданностей. Мы почему-то привыкли рисовать подросткам действительность розовыми красками и как можно дольше держать их вдали от жизненных невзгод и трудностей. Так поступают учителя в школе, так поступаем мы, родители. И ребенок растет в этой воображаемой розовой стране, и ему кажется, будто все вокруг, все люди существуют лишь для того, чтобы строить его счастье. А ведь сегодняшняя действительность создана страданиями, трудом и кровью многих поколений, чередованием их радостей и бед. Будущее же будет создано нашим трудом, борьбой, преодолением препятствий, радостью и грустью.

Гуманное воспитание, которое я отстаиваю, вовсе не означает, что надо ласкать и лелеять детей, пичкать их как птенцов тысячу раз пережеванным и стерильным умственным и физическим кормом.

Гуманное воспитание не означает также, что из-за боязни, как бы наши птенцы не перепугались, мы станем прятать их под нашими крыльями, чтобы они не увидели, как пошел град и уничтожил виноградники, как орел схватил зайца и растерзал его на куски...

И наконец, гуманным воспитанием будет то воспитание, когда постепенно, но упорно и настойчиво мы будем знакомить ребенка со светлыми и теневыми сторонами жизни, с добром и злом, внушать веру в победу добра, убеждать, что в нашей общественной жизни ему, когда он вырастет, предстоит решить свою долю задач, что у него много дел впереди. Он и сам должен понять, какие тени нужно уничтожить, какое зло искоренить прежде всего, какой свет усилить и какое добро упрочить. Мы должны научить его, как идти по жизненному пути, не боясь трудностей, и как найти судьбу, точнее, как выковать собственное счастье.

Я рад, что ты уже взрослая!

Но я и боюсь! Боюсь, чтобы чувство взрослости, стремление к самостоятельности, самоутверждению не привели тебя, девушку, находящуюся в «мартовском» возрасте, к такому недоразумению, которое может искривить твою жизнь.

Я понимаю, что в жизни каждого человека есть свои трудности. И ты не избежишь их. Даже наоборот: чем активнее и добрее ты будешь, тем больше трудностей ты встретишь на своем жизненном пути, увеличится и бремя обязанностей. Меня не порадует, если ты будешь избегать трудностей, обходить их, закроешь глаза на них, если ты будешь пытаться облегчить свою жизнь, строить свое счастье за чужой счет.

Некоторые считают, что счастье — это неожиданный случай, который вдруг постучится в дверь и наполнит тебя радостью. Утверждают еще, что судьба у каждого написана на лбу и что суждено, то и сбудется. Тогда мы ничто на этой земле, и какая-то неведомая сила, забавляясь, играет нами, а мы думаем, что боремся, побеждаем и терпим поражение, — что-то находим и что-то теряем...

Человеческий разум не сможет примириться с таким пониманием бытия. И если бы прошлые поколения жили, надеясь на чудо, тогда, уверяю тебя, сегодня бы мы сидели в пещерах и главными орудиями нашего существования были бы камни и дубинки.

Нет, ни у кого на лбу не написана его судьба, никто не распределял: этому человеку положено это, а тому — то. Нашу собственную судьбу и судьбу друг друга мы сами должны творить и одновременно уметь увидеть, что, оказывается, люди уже до нашего рождения позаботились о нашем счастье.

В конце концов, что такое счастье? Скороспелое и неожиданное исполнение самого заветного желания?

Кто может сказать, что счастлив? Неужели тот, кто не шевельнул даже пальцем в своей беззаботной жизни?

Хорошенько подумай, доченька, над тем, что я скажу тебе: счастье — это следование возвышенным целям и стремление к той радости, которую доставишь людям; тогда и они подарят тебе взамен собственную радость. И ты не удержишься и воскликнешь: «Я счастлива!»

Нужны годы, моя девочка, чтобы добиться счастья, а для роковой ошибки достаточно и вспыхнувшего минутного безрассудства, недальновидности и безволия. И тот роковой миг, который сломает твою жизнь, будет преследовать тебя как сожаление о безрассудно утерянном прошлом...

Много раз перечитал я письмо, которое прислала мне семнадцатилетняя женщина. Мне кажется, что писала она не чернилами, а слезами. И у меня сердце сжималось при чтении его. Сейчас я прочитаю тебе это письмо и знаешь, о чем попрошу? Попробуй поставить себя в ее положение. В твоем сердце одновременно должно забиться и сердце другого человека, в твою жизнь должна вселиться ее жизнь. Лишь в этом случае возникнет в тебе истинное сочувствие, лишь тогда обретут силу твои утешительные слова. И в этом сострадании, сочувствии, заботе и печали ты возвысишься как человек.

Вот это письмо.

«Пишу Вам с той надеждой, что Вы будете более требовательны по отношению к своей дочери. Прошу прочитать его так, будто я Ваша дочь. Ведь самовольство, своеволие и упрямство могут привести ее к тому, к чему я сама пришла. Как было бы хорошо, если бы мой отец в тот злосчастный день преградил мне путь, стал в дверях и сказал бы: «Пока не образумишься, никуда я тебя не пущу!» Сейчас он страдает, но уже поздно. Он только и повторяет: «Глупая девочка, почему ты ни о чем не спросила меня?» А разве помогут мне его слова, полные упреков и горького сожаления? Сейчас и я вижу, что поступила нелепо, но невозможно вернуться в прошлое или начать новую жизнь!

Скоро мне исполнится восемнадцать. Учусь я в десятом классе вечерней школы. Жизнь у меня невеселая — в этом возрасте я уже ни во что не верю. А ведь какие надежды, какие мечты у меня были! Два года я чувствовала себя на седьмом небе, была влюблена, одурманена, витала в облаках. Оказывается, в действительности я не была влюблена, все это был мираж. Иначе куда могла исчезнуть любовь, зачем она должна была превратиться в такое горькое чувство — ненависть?

Я была в девятом классе, когда вышла замуж. Муж мой очень грубый и бессердечный. У меня уже двое детей. Сейчас всей семьей снимаем комнату. Работаю, мучаюсь, чтобы как-нибудь вырастить детей.

Супруг (можно ли его назвать супругом?) пьет, нигде не работает. Все время нахожусь в страхе, что вот придет и обидит меня, накричит на детей, заставит их плакать. Но что делать, терплю все. Мне стыдно писать об этом, но и таить боль в сердце не в силах.

Ничего радостного и доброго я не могу вспомнить в своей жизни. Будь проклят день, когда я считала себя счастливее всех и сделала необдуманный шаг!

Если б в тот день отец запер меня в комнате, сегодня не была бы я такой несчастной...

Сижу на уроке, казалось бы, слушаю, но мыслями я с моими детьми. И еще охватывает меня страх предстоящей встречи с мужем. Если опоздаю, он меня выругает, а может и ударить — почему, мол, опоздала, где была. А я нигде не была. Как только заканчиваются уроки, бегу к остановке автобуса. Разве я виновата, что автобус не приходит вовремя? Иногда он и на работу приходит, и если ему скажут, что я вышла по делу, то, не дай бог, за этим последуют скандал и неприятности. Обо всем этом я думаю на уроках, а иногда так отключаюсь, что ни одно слово учителя не доходит до меня. Почему моя жизнь такая? Почему я должна бояться мужа, когда никаких проступков не совершаю, веду себя достойно, тружусь изо всех сил, и в семье, и на фабрике?

Хорошо, когда в жизни можешь вспомнить много приятного и интересного, а моя жизнь пока что горькая. Хочу воспитать своих детей достойными людьми, хочу чтобы они никогда и никого не делали несчастными. Но мне нелегко будет вырастить детей, когда муж совсем не заботится о них, а среди близких у меня никого нет, кто помог бы, поддержал, ободрил меня. Когда ночью ребенок начинает плакать, муж кричит: «Встань, заткни глотку этому дураку!..»

Получу аттестат и попробую поступить в торговый техникум. Конечно, с такими знаниями, когда раз в неделю еле урываю время побывать на уроках (и это письмо пишу на уроке), я многого не достигну, но очень постараюсь самостоятельно справить-

ся с программой... Мое прошлое и настоящее так беспросветны, что рассеивают все радужные думы о будущем. Говорят, человек живет будущим. Но можете представить, каково мое положение, если я не вижу будущего. Неужели счастье не улыбнется мне?

Мечтаю получить квартиру. Но кто мне ее даст, ведь я сначала должна заслужить? И муж ничем не заслужил квартиры... Словом, не знаю, что меня ждет в будущем. А о детях думаю непрерывно и, как любая мать, мечтаю о мире в своей малюсенькой комнатке, которую снимаю...»

Вот и «судьба»!

Кто и как докажет, что именно это было предначертано девушке, которая скрывает свое имя?

Я оптимист и верю, как бы ни была сейчас надломлена ее жизнь, впереди у нее широкая дорога, и она многое может исправить. Правда, ей придется набраться сил и терпения, но все-таки она сможет выковать свое новое счастье и судьбу. Я надеюсь и на то, что, может быть, ее муж образумится, может, родные вмешаются и помогут урегулировать их семейные отношения, наставят, научат, как жить, как понимать друг друга... В крайнем же случае молодая женщина разойдется с мужем, который так безжалостно разрушил ее надежды, и начнет новую жизнь, вырастит детей, будет трудиться, учиться. Верю и в то, что она встретит в жизни человека, который поймет ее, станет ее опорой. И вновь родится семья, но основанная на этот раз на истинной любви и дружбе.

Верю, что так произойдет в будущем. Но не само собою. Чуткость и честный труд юной женщины, ее сила воли, целеустремленность создадут это будущее. Я также хорошо знаю: трудно внушить эту веру человеку, который только что столкнулся с горем, с изнанкой жизни. Говорят, время исцеляет. Но не само время исцеляет израненную душу и сердце — главными врачевателями становятся люди, любящие, ласковые, заботливые, добрые, чуткие.

Почему оказавшаяся в беде молодая женщина пишет мне письмо? Она не просит ни помощи, ни совета, напротив, сама мне помогает: рассказывает о своей жизни с тем добрым намерением, чтобы я больше заботился о тебе. Она пишет, чтобы я был требователен к своей дочери, предупреждает меня. Спасибо, дорогая незнакомая маленькая мама, за добрый совет. Ты права: и я, и все отцы и матери должны быть более требовательными к своим детям. Мы, конечно, должны сначала советоваться, и если мы видим, что взбудораженные, переполненные эмоциями юноша или девушка, может совершить необдуманный поступок и в результате стать несчастным, в чем и будут обвинять — где, мол, вы были, родители, — у нас должно хватить силы воли обратиться к нашему родительскому праву, поступить так, как подскажут нам наши сердце и разум.

Да, мы, родители, должны быть более требовательными!

Когда девятиклассница пытается убежать из дому и выйти замуж, разве она думает о том, что ее любовь может лопнуть как мыльный пузырь и обратиться в ненависть? Как она может представить это, если у нее нет опыта, если она незнакома с жизнью, не прислушивается к советам взрослых? Или откуда ей знать, что через год-два ей придется нянчить новорожденного? Ведь не будут сидеть эти новорожденные на бархатном диване, подобно куклам, а будут они кричать, пачкаться, шалить, болеть коклюшем или краснухой!

А этот муж... Может ли одурманенная эмоциями девушка предвидеть, что ее избранник, который сейчас является олицетворением мужества, благородства, любви, завтра окажется эгоистом и лгуном?

Нет, она не может представить этого. Не может ни представить, ни предвидеть, потому что чувства в это время подобны огню, который пылает в камине, а разум и предусмотрительность сгорают в этом огне. Может быть, и ему, обуреваемому чувствами юноше, кажется, что он влюблен?

Вот так и возникает роковая ошибка!

Как ты думаешь, моя родная, что еще должно означать ее предупреждение — будьте более требовательны к дочери? По-моему, девушка упрекает и своего отца: «Почему вовремя не вмешался, почему не запретил то, что тебе не нравилось, почему не догадался, что я готова совершить роковой шаг?» Ведь необязательно перевернуть арбу, чтобы увидеть дорогу. Зачем же тогда существуют родительское сердце, опыт, знания?

Часто думаю: как тревожно родителям предоставлять юному человеку свободу действий, для того чтобы горькие жизненные уроки заставили сожалеть о собственной близорукости, научили уму-разуму, прибавили опыта. Нет, предпочитаю, чтобы у тебя меньше было в жизни горьких, роковых ошибок (или вовсе не было их). Зато пусть будут у тебя содержательные, заполненные трудностями уроки жизни, которые станут ступенями в осознании твоего женского долга. Конечно, для этого и нужна молодому человеку воля, чтобы он приобрел жизненный опыт, стал самостоятельным. Но какими же мы будем родителями, если дадим волю упрямству сына (дочки), чтобы он (она) навлек на всех беду, сделал несчастными и себя и других!..

К тебе тоже придет любовь, моя родная, и тогда все в тебе всколыхнется, ты потеряешь покой! Великое это чувство — любовь. Как будто вырастают крылья, ты не ходишь, а летаешь, на все вокруг смотришь влюбленными глазами. Если любишь, и он тоже любит тебя, тогда ты на вершине счастья; если ты любишь, а он — нет, тогда тебя ожидают мучительные переживания. Любви не скажешь: «Не приходи, мне пока некогда!» Ее и не нужно искать. Живи, учись, трудись, будь веселой, жизнерадостной, доброй, общайся с людьми, не забывай быть нежной и простой. И любовь придет к тебе. Она придет не сама собою, ее зажгут твое благородство, нежность, отзывчивость. И хотя любви не ставят условия, в проверке она все-таки нуждается. На какую духовную общность, моральную и трудовую ответственность она опирается, к каким общим и благородным целям стремится — вот критерии, посредством которых можно узнать, будет ли любовь прочной, содержательной, несущей счастье.

Юноши и девушки часто принимают за любовь увлечение чисто внешними качествами: красивая, голубоглазая, веселая, со вкусом одевается и т. д. Потом наспех создается семья. Но спустя два-три года, может, через два-три месяца оказывается, что внешнее очарование, с которого все началось, растаяло, как первый снег. А если к тому же всплыла и скудость духовной общности, любовь начинает разрушаться.

Любви требуются испытания на прочность, чтобы не получилась игра в любовь. А эта игра в любовь — вовсе не шутка, то же самое, что землетрясение. Как землетрясение разрушает плохо построенные здания, так и игра в любовь изнашивает чувства, колеблет веру, коверкает судьбу и, наконец, калечит человека.

...В твое сердце тоже нагрянет любовь, моя девочка, и давай условимся: будем дружить, доверять друг другу, будем поступать так, чтобы твоя любовь сделала счастливой не только тебя, но и многих других. Тогда не понадобится мне напоминать о своих правах, и мы не измучаем друг друга упреками.

Не сердись на меня за такое взволнованное письмо.

Твой отец

«ОГОРЧЕНЬЕ — ГОРЯ СЕТЬ...»
Письмо девятое

Добрый вечер, моя милая девочка!

Сколько же мы смеялись сегодня!

Пришла твоя тетя и сказала: «Хорошо, что тебя тогда не было, зря потеряла бы время, портниха уехала за город!»

И мы все не могли сдержаться, дружно расхохотались. Тетя смотрела на нас с изумлением: «Что с нами случилось, что я такого сказала?!»

Оказывается, портнихи вообще не было в городе, а у нас тут кипели страсти, что только не пережили! Мы не просто смеялись, мы радовались, что есть возможность вернуться к миру в доме. Знаешь, что мне говорил твой смех? «Какая же я глупая, сколько неприятностей возникло из-за меня и ради чего?!»

Да, и смеясь можно извиниться, выразить сожаление, наказать самое себя. Твой смех был извинением, наш — прощением.

Но ведь еще могут возникнуть обстоятельства, когда «мартовский» возраст вновь даст о себе знать? И тогда начнутся новые неприятности, новые недоразумения... И какая у нас надежда, что каждый раз все кончится смехом, и те неприятности, которые мы перенесли, целиком будут стерты?

У человека есть благородное умение (впрочем, к сожалению, не у всякого) — умение прощать. Но мы не в силах тут же забыть то, что простили. Простить — значит, с сегодняшнего дня во взаимоотношениях с тобой забыть про все обиды. Но от нас не зависит забыть об этом. Не существует такой резинки, которая может стереть из памяти то, что нас мучает, мешает, что мы хотели бы забыть навсегда.

Как ты думаешь, отчего заболевают люди? От обиды тоже, вызванной грубым, жестоким словом, моя девочка!

Человек прошел всю войну, в легких застрял осколок мины, но он все вынес. И вот в мирное время, на работе начальник бросил ему безжалостные слова: «Бродишь без толку, сделанное тобой приходится делать заново!» Сказанное прошло сквозь сердце и завершило то, что не смогла сделать вражеская пуля. Мы должны беречь друг друга. Вернее, так жить, чтобы непрерывно делиться с людьми собственной жизнью: сочувствовать, помогать, облегчать боль и страдания, множить радость, отказывать себе и давать другим — это наш долг, человек человеком силен.

Сегодня ты так искренне смеялась, что можно будет без опасения затронуть больное место — вспомнить тот эпизод, который произошел неделю назад и наполнил всех нас горечью и обидой. Вспомнить для того, чтобы и тебе разъяснить, и самому разобраться в ошибках, допущенных в наших взаимоотношениях. И тебе и нам надо понять, чем было вызвано недоразумение, могли ли мы избежать его, как вести себя в будущем. Ведь и ты хочешь этого: разве я не видел, как ты была расстроена и тревожилась все это время, не находя себе места?

С первого взгляда будто ничего особенного не случилось. Вот какой диалог состоялся в тот день в нашей квартире.

Ты. Я иду к портнихе, тетя ждет меня в половине первого!

Мама. Куда ты пойдешь? Ты ведь сама слышала, что транспорт не будет работать? И заниматься надо, готовиться к консультации...

Ты. Ничего подобного, работает транспорт, работает... Пойду, пойду!..

Мама. Никуда ты не пойдешь, у тебя и так много дел!

Ты. Нет, пойду!

Бабушка. В чем дело?

Ты. Оставь меня в покое!

Бабушка. Что такое? Что случилось?.. Не хочу с тобой разговаривать!..

Брат. Послушай, ты что разошлась, как ты разговариваешь. Извинись перед мамой и бабушкой.

Мама. Послушай, ты же умная девочка...

Ты. Нет, не умная... О чем слушать... Почему вы не хотите, чтобы у меня было новое платье?!

Отец. Хорошо, иди, доченька, к портнихе... Я попрошу маму, чтобы она отпустила тебя...

Ты. Не хочу, не пойду, и на консультацию не пойду, и учиться не буду, не подготовлюсь к контрольной... И экзамены не сдам... И вообще уйду из дому, раз вы так хотите...

Вот и всё. Постараюсь беспристрастно оценить происшедшее.

За несколько дней до этого тетя купила тебе отрез на платье. Какая девушка не рада сшить себе новое платье? И ты с нетерпением ждала, когда тетя возьмет тебя к портнихе. Отрез всем нам понравился. В разных журналах мы вместе искали подходящий фасон для платья. Наконец на одном остановили свой выбор.

В тот день бабушка послала тебя за хлебом. Ты воспользовалась случаем, позвонила тете из автомата и договорилась, что зайдешь к ней и вы вместе пойдете к портнихе. Ты, радостная, вернулась домой и, открыв дверь, весело сообщила: «Я иду к портнихе, тетя ждет меня в половине первого!»

Конечно, ты была одержима тем нетерпением, которое зачастую свойственно «мартовскому» возрасту. Это нетерпение заставляет все позабыть, кроме того, чем оно вызвано. Исчезает куда-то и умение сдерживаться. Подростку кажется, что все, кто призывает к сдержанности, намеренно хотят помешать желаемому. Что необходимо в это время, чтобы помочь ему прийти в себя, вернуться к здравому смыслу? Терпеливая педагогика, которой мы, родители, очевидно, еще не очень владеем.

Все мы были дома. Я работал в своей комнате. Твой брат готовил доклад для студенческого научного кружка. Бабушка с утра хлопотала на кухне — готовила обед, а мама лежала — у нее болела голова. На твою радость я не откликнулся, потому что не хотел прерывать своих мыслей. Кроме того, режим твоего дня лучше всех знает твоя мама. В тот день тебе была назначена консультация по русскому языку. Если бы ты пошла к портнихе, то могла опоздать на консультацию. На следующий день предстояла письменная контрольная работа, и к ней надо было готовиться.

А накануне вечером ты и мама обе слышали по радио, что девятого мая на центральных улицах города (и там, где живет тетя) движение прекращалось первой половине дня. Маме казалось, что объявили до двух часов, а ты помнила, что транспорт не должен был работать до 12 часов. С этого и начался конфликт.

Мама сочла, что ты забываешь о главных делах и переносишь внимание на наряды. Поэтому и сказала раздраженно: «Куда ты пойдешь... Ты ведь сама слышала, что транспорт не будет работать. И заниматься надо, готовиться к контрольной...»

Ты не ожидала, что кто-то воспротивится тебе. Консультация? Контрольная? Что говорить об этом, когда тетя ждет, чтобы вместе пойти к портнихе!

Ты хорошо знаешь: мама была права. Платье не было срочным делом, а пропустить консультацию в самом деле было бы некстати: конец учебного года, девушка заканчивает школу, приближаются экзамены, в школе выставляются последние отметки и результаты контрольной для тебя очень важны. Да, мама была права — каждый час того дня для тебя был дорог. Однако для тебя, одержимой нетерпением, эти часы перестали быть значительными для будущего. Но какая же это будет мать, которая хоть на мгновение забудет о будущем дочери.

По-моему, мама не предполагала, что в ту минуту над тобой одержал победу каприз «мартовского» возраста, и потому таким категоричным тоном напомнила о твоих делах. Конечно, было бы лучше, если бы мама более мягко сказала: мол, по таким-то и таким-то причинам, доченька, может быть, не стоит сейчас идти к портнихе?

Все равно ты бы огорчилась, однако не произошло бы того, что случилось: ты упрямо и грубо ответила маме: «Ничего подобного, работает транспорт, работает... Пойду, пойду...»

А не лучше ли было тебе спокойно, ласково (ты знала, что у мамы болела голова) объяснить: «Мамочка, транспорт правда работает, движение было прекращено только до 12 часов. И я все успею: и подготовиться к контрольной, и пойти на консультацию, только сейчас отпусти меня пожалуйста к портнихе, мне не терпится, мне так хочется сшить новое платье!»

Мама, возможно, согласилась бы, возможно, и нет, но, тем не менее, мы непременно избежали бы последующих неприятностей.

Твой несдержанный ответ еще больше обидел маму. События порой так быстро разворачиваются, что не успеваешь оценить их. Мать многое стерпит и уступит пяти, десятилетнему ребенку: он ведь еще не набрался ума. Но в пятнадцати-шестнадцатилетней девушке мать уже ищет сочувствующего, понимающего, чуткого друга. Поэтому обращается к дочери как к взрослой, которая обязана действовать предусмотрительно и разумно. Она ласковая, понимающая, справедливая. Но сейчас, потеряв терпение из-за твоей грубости, она категорически заявляет: «Никуда не пойдешь, у тебя и так; много дел...» А ты: «Нет, пойду!»

События еще более накаляются. На шум выходит бабушка и спокойно спрашивает тебя: «В чем дело?» А ты кричишь: «Оставь меня в покое!» Я говорю: кричишь, слышишь? Подумай только, на кого ты кричишь? Кому же, как не тебе, заботиться о бабушке, беречь ее? Да и запомни, дочь: если ты однажды проявишь грубость и кто-то сразу же не остановит тебя или тобою не овладеет чувство сожаления, тогда дальше ты даже можешь и не почувствовать, что поступаешь грубо.

Услышав твой ответ, бабушка так растерялась, что только и смогла сказать: «Не хочу с тобой больше разговаривать!» Ее глаза наполнились слезами, и, дрожащая, она опустилась в кресло.

И опять все могло бы уладиться, если бы ты сумела переломить себя, обняла бы бабушку и ласково сказала: «Прости, моя дорогая бабушка, я не хотела тебя обидеть!» Но этого не случилось.

Брат оставил свои дела и спокойным, строгим голосом сказал тебе: «Послушай, что ты разошлась, как ты разговариваешь! Извинись перед мамой и бабушкой!» Хоть бы послушалась ты своего брата! Но теперь ты и на него набросилась: «Отстань от меня... Зачем я должна извиняться... Ни перед кем не буду извиняться!»

Мама хотела успокоить тебя: «Послушай, ты же умная девочка...» А ты уже не могла сдержать себя: «Нет, не умная... О чем слушать... Почему вы не хотите, чтобы у меня было новое платье!..» И заплакала.

Я уже не мог продолжать работу, не знал, что делать. Мне казалось, что ты держишь в руке пистолет, заряженный горькими, обидными словами, и безжалостно стреляешь и стреляешь. Да, знаешь, моя девочка, слово, нагнённое злобой, грубостью, —

оно даже хуже пули. Пулю можно вынуть, а слово может остаться в душе навсегда. Когда кто-нибудь начинает бросать такие слова в другого, другой, случается, потеряв терпение, хватается за то же оружие. А раздраженные люди не могут слушать и понимать друг друга.

Я пытался вмешаться в дело, хотел успокоить тебя, сказал: «Хорошо, иди, доченька, к портнихе... Я попрошу маму, чтобы она отпустила тебя...» Ты уклонилась и от ласково протянутых рук, не прислушалась к моим словам, бросив: «Не хочу, не пойду, и на консультацию не пойду, и учиться не буду, не подготовлюсь к контрольной... И экзамены не сдам... И вообще уйду из дому, раз вы так хотите...»

Именно подростки «мартовского» возраста умеют так: если родители сделали им строгий выговор, в тот же миг они уже никого не любят, даже родителей, им кажется, что и родители не любят их, и возникает мысль о бегстве из дома. Некоторые так и бегут. Девочки прячутся у родственников, друзей, мальчики могут оказаться в другом городе. Не всегда добром кончаются подобные «приключения».

Чтобы разрядилась обстановка, чтобы мы успокоились, я нахожу единственный выход — прекратить спор с тобой и показать тебе, как мы ранены твоими словами. Удрученные и обиженные, мы оставляем тебя в покое и возвращаемся к своим делам.

И трех минут не заняли эти пререкания, но как тяжело стало всем на сердце. Немного погодя, видно, ты и сама сожалела о том, что произошло. Но разве легко восстановить отношения? Сколько веков нас учит Руставели:

«Точно сказано в науках: — Огорченье — горя сеть». Ушло из дому бодрое, веселое настроение. Мы хотим вернуть его, но и нам нелегко простить тебя.

Пока что единственное лекарство, исцеляющее раненое сердце родителя, — ласка дочери (сына), которая пронизана переживанием вины.

Прежде, когда ты дулась на нас, мы тебя ласкали. А сейчас твоя очередь: мы уже не считаем тебя ребенком...

Так безрадостно миновало несколько дней, пока не пришла тетя и не выяснила, что спорили и страдали мы понапрасну. Мы смеялись и чувствовали, как все мучились и как жаждали веселых, откровенных, добрых взаимоотношений, как хотели, чтобы в нашей семье был собственный «голубь мира».

Один тревожный урок помогает нам приобрести важнейший опыт общения и любви. Надо только знать, какие выводы сделать. Каким же он стал для тебя?

Твой отец

«ЛЮБ РАЗУМНОМУ УЧИТЕЛЬ»
Письмо десятое

Добрый вечер, моя милая девочка!

Как закончился ваш выпускной вечер? Представляю, сколько вы смеялись, веселились, шумели... Наверное, вспоминали разные интересные события из вашей жизни и, осмелев (теперь уже ничего не будет!) спрашивали учителей: «Помните, уважаемая В. Н., как однажды вы попросили меня привести отца. Как бы я посмел сказать ему, что его вызывают в школу? И привёл соседа — мол, это мой отец... А в прошлом году пропал журнал, знаете, куда он исчез? В том журнале было столько двоек, что он сгорел от стыда!»

Что учителя могли ответить вам? Наверное, они смеялись и прощали вам, что им оставалось ещё делать?

Понравилось ли друзьям твоё новое платье? Ты была такой красивой в нём, похожей на лебедь. А помнишь, как ты тревожилась из-за него — портниха, мол, не успеет. И произошёл у нас конфликт. И на моё письмо «Огорченье — горя сеть» — ты тоже поначалу обиделась. Я ведь пишу письма тебе не для того, чтобы рассказывать, какая ты умная и хорошая, а для того, чтобы помочь тебе понять себя и других, научиться разбираться в людях.

Сегодня вся семья была занята тем, что обслуживала тебя: бабушка делала вышивку на бальном платье, мама готовила праздничный торт, брат читал тебе наставления, как вести себя на выпускном вечере (ты снисходительно слушала его), а я писал это письмо. На вечер проводил тебя брат, а поздно вечером я зашёл за тобой и привёл домой — счастливую, довольную и усталую.

Вот и остались позади одиннадцать лет школьной жизни. И пока ты была на балу, я думал об этих годах, думал о том, какой путь прошли все мы вместе: и дочь, и родители, и все твои учителя. Этот одиннадцатилетний путь воспитания был, пожалуй, верным, но, думаю, некоторые его отрезки можно было лучше прожить.

Мы, воспитатели, никак не можем избавиться от одной ошибки: недостаточно внимания уделяем воспитанию личности подростка, его жизненной позиции, жизненных планов, как будто надеемся, что все это само собою последует за хорошими знаниями. О чем говорит аттестат об окончании средней школы? Мы допустим большую ошибку, решив, что этот аттестат, в котором нет ничего другого, кроме перечня учебных предметов и соответствующих цифр, обязательно подтверждает готовность выпускника к гражданской жизни. Аттестат в том случае станет выразителем зрелости подростка, если мы будем знать, что его обладатель может и любит трудиться, у него развиты чувства долга и ответственности, его устремления направлены на общественное благо, а не только на желание достичь собственного счастья. Словом, аттестат должен говорить не о том, какие знания гнездятся в голове того или иного выпускника, он должен представлять его как целостную личность.

Однажды, помню, ты вернулась из школы вся в слезах — у тебя вышел конфликт с учителем истории. Из-за чего? Конечно, из-за отметки. Учитель поставил тебе «3», ты же несдержанно возразила: «Я сомневаюсь в объективности вашей оценки!» Учитель обиделся и выпроводил тебя из класса. Ты плакала: «Не буду ходить на уроки истории, он несправедливо ставит отметки, придирается ко мне». «Люб разумному учитель, доченька моя, от него глупцам беда!» А если бы ты задумалась: что же ждал от тебя и всех вас учитель? Он недавно пришел к вам и тщательно готовился к урокам, искал новые методы преподавания. А вы, девятиклассники и девятиклассницы, с первых же минут урока старались сбить молодого учителя: «А.С., не можете ли вы сказать, сколько стоит ваниль?», «А.С., вы в детстве играли в баскетбол?» Не давали ему возможности хорошо объяснить урок, а затем ликовали, радовались, что вывели учителя из терпения. И вас вовсе не тревожило, что знания, с которыми он пришел в класс, до вас так и не дошли. Если бы вы дали ему возможность освоиться, вы бы увидели, какой у вас хороший, добрый, душевный учитель, как он стремится дружить с вами. Природа учеников такова: все всегда и во всем считаете себя правыми, а отметки, которые вам не нравятся, несправедливыми. Ты споришь с учителем не о достоверности исторических фактов, а об отметке, не о логике решения физических задач, а об отметке, для тебя главное — не правильность формулы химической реакции, а отметка.

«Люб разумному учитель...» А если было бы все наоборот? «Уважаемый учитель, пожалуйста, помогите разобраться, понять, решить, еще, еще, я не устала, если только вас не утомила моя любознательность! Что поделаешь — пока я все не пойму, не отстану от вас!» Да, люб разумному учитель...

Хорошо знала Наргиза Георгиевна, что ты не станешь математиком. Но ведь она должна была вселить в тебя веру, что ты можешь познать математику, иначе ее уроки стали бы для тебя мучением. Поэтому нарушала она инструкции и несколько раз предупреждала нас: пусть ваша дочь хорошо подготовится, хочу вызвать ее. Этот секрет мы тебе, конечно, не раскрывали, но проверяли, как ты выполняешь задания. А потом произошло чудо: оказывается, ты можешь овладеть математикой, оказывается, Наргиза Георгиевна — прекрасный учитель и необычайно добрый человек. «Ложись, доченька, уже поздно!» — говорила иногда тебе мама. «Нет, я должна подготовить математику, неудобно перед учительницей!», — отвечала ты, и это нас радовало.

А помнишь, как Капитон Петрович грозно посмотрел на тебя: «Ты не признаешь науку химию? Пусть не буду я учителем, если ты не поймешь, чему я тебя обучаю!» И помог хорошо понять, что без химии нет сегодняшней жизни.

«Для чего мне математика! Для чего мне химия! Для чего физика!» Люб разумному учитель... Даже если ты забудешь многое, чему учили на этих уроках, ты думаешь, все бесследно исчезнет? Нет, конечно. Останутся развитое мышление, умение творчески трудиться. Спроси кого хочешь, мало кто помнит те стихотворения и рассказы, которые учили в детском саду или в начальных классах. Может быть, воспитатели зря старались? Зачем они учили тому, что непременно будет забыто? Затем, что в этом учении развиваются ум и сердце, растут понимание и сочувствие. Напрасно думать, школа — нечто вроде склада знаний и главное для ученика — побольше унести оттуда этих знаний. Отношение к жизни, к знаниям, к учителям, друг к другу, развитие в процессе этих взаимоотношений собственных сил, возможностей, способностей, мировоззрения и убеждений — вот самое важное, вот поистине бесценный клад, который школа должна дать подростку. Именно это развитие и полученные в ходе его знания открывают путь к творческому труду.

Я начал с того, что некоторые отрезки одиннадцатилетнего совместного пути мы могли бы прожить лучше. Знаешь ли ты, кто был «невидимка», который посылал тебе книги сказок и письма? Ты пошла в первый класс, когда я впервые прислал тебе книжку сказок и письмо от «невидимки». Ты удивилась, быстро прочла сказки и с нетерпением стала ждать новой посылки. Книжки от «невидимки» приходили целый год. Для чего мы это делали? Для того, чтобы у тебя появились интерес к чтению и любовь к книге. Если бы мы стали принуждать тебя читать книги, у тебя, первоклассницы, мог совсем пропасть интерес к чтению, тем более что в нем ты была несильна. Но вот в подростковом возрасте интерес к книгам у тебя снова пропал. Вначале мы не обратили на это особого внимания. Но потом мама заволновалась: что же делать? Она заставляла тебя читать книги. Тщательно подбирала их, беседовала с тобой о них, и в тебе вновь пробудился интерес к чтению. Но ведь сколько времени ускользнуло от нас. Твою тогдашнюю жизнь это обеднило. Сейчас ты уже не сможешь с таким же увлечением прочесть то, что должна была прочитать в 5–7 классах. Ты в долгу перед книгами.

Пионерский и комсомольский периоды твоей школьной жизни не были содержательными. Помню, однажды ты поздно вернулась из школы — у вас была радиолинейка. Но чему она была посвящена, как вы готовились к ней, какое решение приняли — об этом ни ты, ни твои подруги ничего не могли сказать. Со временем и пионерский галстук ты и твои друзья часто не повязывали, а носили в портфелях.

В девятом классе ты стала комсомолкой. Однажды ты вернулась домой очень довольная: тебе поручили опекать малышей, ты долго рассказывала, какие они славные и забавные. Строила множество планов: возьму их в поход, организую встречу с поэтами, вместе посадим деревья. Как было бы хорошо, если бы все это ты сделала. Это было бы хорошо и для тебя, и для твоих малышей...

Внимательнее нам надо было отнестись к твоим урокам труда. Как будто ты и тетрадь завела для кое-каких рецептов по изготовлению блюд и некоторых выкроек. Как будто на уроках вы кулинарничали. Но постепенно становилось ясно, что ты и твои подруги несерьезно относились к урокам труда. Готовить тебя научили бабушка и мама. И шить тебя бабушка научила и вязать. А что же уроки труда? Наверное, вы развлекались, пустословили, возможно, иногда даже пропускали уроки («Все равно ничего не делаем!»). А хорошо было бы на этих уроках побеседовать о роли женщины в семье, о науке управлять семьей, о семейном бюджете и экономике, о бережливости.

Однажды дома ты начала шить передник. «У тебя же есть передник?» — удивилась мама. «Учительница поручила!» Изделие получилось смешное — вряд ли ты пошла бы в нем в школу. Но досадно было то, что ты его вообще выбросила, а учительница даже не поинтересовалась, как было выполнено ее задание. Философия труда, его эстетика, общественная ценность, особенности женского труда — тайны вот каких проблем вы должны были постигнуть на школьных уроках. И снова я сожалею: почему я как родитель не потребовал у руководителей школы: «Что же делается на этих уроках? Вместо того чтобы возвеличивать труд, они становятся пародией на него? Почему девушки лишены радости от результата труда, удовольствия от вызванной трудом усталости?»

Мое сожаление уже не исправит прошлого, но, может быть, оно встревожит тех родителей, чьи дети еще на школьной скамье.

Итак, прошло одиннадцать лет. Я вижу, ты очень радуешься окончанию школы. Радуешься потому, что вступаешь в новую жизнь. И главное, не боишься этой новой жизни, полна надежд и веры в будущее. И мы полны надежды и веры, что твои мысли о будущем не окажутся скудными и бесполезными...

Кого же мы должны благодарить сегодня, если, в тебе есть что-либо хорошее?

Конечно же, твоих учителей.

В первую очередь маму — главного твоего воспитателя, начало твоей души и сердца. Во-вторых, тех добрых людей, которые с редчайшим терпением обогащали и совершенствовали твою душу, ум и сердце. Люб разумному учитель, девочка моя! Поэтому низко поклонимся и произнесем от всего сердца: «Спасибо вам, учителя, за терпеливую любовь и заботу!»

Твой отец

ECCE HOMO
Письмо одиннадцатое

Добрый вечер, моя милая девочка!

Как ты привыкаешь к новой, послешкольной жизни? Замечаешь ли, как меняется наше отношение к тебе? Открою один секрет. Мы, члены семьи и близкие, договорились: теперь во всем будем обращаться с тобой как с совершенно взрослой, равноправной.

Я слежу за тобой и вижу: иногда ты дичишься наших новых взаимоотношений, порой обижаешься, когда мы без снисхождения на возраст делаем тебе замечания, высказываем свое неодобрение, иногда удивляешься, когда, например, обращаемся к тебе за советом (плечами пожимаешь и словно в недоумении спрашиваешь: «Что я могу сказать, откуда я знаю?!»), иногда радуешься, если наше доверие превосходит твои ожидания. Нынче у нас, так сказать, переходный период: мы еще не успели полностью свыкнуться с мыслью, что ты уже не школьница, но и ты пока не смогла избавиться от отголосков детства и ученичества. Но, несмотря на некоторые недоразумения, думаю, что все идет хорошо. Думаю, что в моей дочери сдержанность и разум одержат верх над чисто детскими аффектами и эмоциями.

Впрочем, моя девочка, ты более строго и непреклонно должна встречать строптивость своего «мартовского» возраста. Вокруг тебя люди, которые нуждаются в твоей, именно в твоей сердечности, сочувствии и ласке.

Что может случиться, если «мартовская» строптивость одолеет тебя? За этим ничего хорошего не последует. Есть некоторые детские болезни, которыми болеют раз в жизни. Если мать заботливо ухаживает за ребенком, болезнь быстро пройдет, не оставив никаких последствий. Но если нарушить правила ухода, тогда она может навсегда оставить свой след в жизни ребенка:

изуродовать лицо, ухудшить зрение, слух, поразить лимфатические железы.

Ну, а если ребенку тринадцать — пятнадцать лет, он, наверное, и сам должен понимать, что необходимо выполнять предписания врача: говорят — не простужайся, значит не надо раскрываться; говорят — нельзя чесаться и раздражать сыпь на лице, значит, нужно сдерживаться. Рядом с маленьким ребенком, наверное, будет сидеть кто-то из взрослых, чтобы развлекать его и держать под постоянным наблюдением.

Именно так с «мартовским» возрастом: если взрослые внимательны и заботливы, а дети не отвергают этих забот, он может пройти вполне благополучно. И, любуясь девушкой или юношей, мы восторженно произнесем: «Ecce Homo!» — «Вот Человек!» Но если нарушаются нормы общения, будет утрачено взаимопонимание, тогда «мартовский» возраст может вызвать у юноши или девушки свои осложнения: эгоизм, замкнутость, зависть, развязность.

Взрослый не может (и не надо этого!) быть всевидящей нянькой для пятнадцати-шестнадцатилетней девушки. Да и какая девушка потерпит, чтобы взрослые постоянно докучали ей советами и нравоучениями. А опасность «болезней» реальна: вот победят какие-то эгоистические претензии и девушке покажется, что близкие не в силах понять ее. Откровенные пожелания и замечания взрослых она будет воспринимать с обидой, начнет грубить и раздражаться. К кому же ей обратиться за помощью? К себе самой: именно она сама, преодолев себя, может найти свой подлинный характер. Как одолеть? Для этого существуют критические суждения о собственных поступках, упражнение в чуткости, сочувствии и простоте, в разумности и предусмотрительности.

По моему мнению, конечная цель воспитания — научить человека преодолевать самого себя, ибо личность рождается в борьбе с самим собой, и первейший долг воспитателя — помочь воспитаннику одержать победу в этой борьбе.

Вряд ли требуется много усилий, чтобы поддаться собственным прихотям, но нужна большая мудрость, чтобы следовать полезным выводам жизненного опыта и знаний. Сочувствуя чужой боли, ты облегчишь свою; доставляя другим радость, ты умножишь собственную. Такова нравственная философия нашей семьи, таковы моральные правила общества. Эта философия, эти правила подобны волшебному зеркальцу: посмотришь в него и увидишь, какова ты и какой можешь стать.

Точнее, этим волшебным зеркальцем являются люди, так как в них воплощены все нравственные принципы. Во взаимоотношениях с людьми ты познаешь самое себя; только во взаимоотношениях с людьми, в совместном труде с ними узнаешь, кто ты, что ты можешь, чего ждут и требуют от тебя, что позволено тебе и что нет. И главное, поймешь еще, что человек живет не только ради самого себя. Заботясь друг о друге, мы поднимаем самих себя на пьедестал человечности. Мы для того и появились на свет, чтобы доставить друг другу радость, вселить надежду, приносить счастье.

Вокруг тебя много хороших людей, а в жизни их еще больше. Кое для кого ты чужая — ни ты не знаешь, ни они не знают тебя. Для своих родных ты — сестра, дочь, внучка, племянница, близкий и любимый человек. Для кого-то — знакомая и подруга. И, несмотря на то, с кем и какими узами ты связана, знают они тебя или не знают, все равно они от тебя чего-то ждут, требуют, питают какую-то надежду. Старайся, девочка моя, увидеть себя их глазами. К сожалению, в школе не преподают самую важную науку — человековедение, не обучают тому, как понять человека, как проявить сочувствие к нему, как поделиться с ним теплом сердца.

Что требуют люди от тебя?

Я буду говорить не о каких-то высоких требованиях — о самом простом, обыденном. Незнакомые, наверное, ждут, чтобы ты всегда была готова помочь, скажем, женщине, которой стало плохо и она чуть не упала на тротуар; чтобы вежливо и доброжелательно могла объяснить приезжему, как найти улицу, которую он ищет. А может быть, хотят видеть на твоем лице приветливость и доброжелательность, а не безразличие. Знаешь, есть люди, которые и на улице ведут себя так, как будто никого не видят или никого ни во что не ставят.

Соседи хотят, чтобы ты первой вежливо приветствовала их, интересовалась их здоровьем, приветливо говорила с ними, не стеснялась обращаться к ним с просьбой. И сама готова была бы протянуть им добрососедскую руку. Соседство сближает людей друг с другом и делает их друзьями. Сейчас строятся огромные дома, в которых размещается сто, двести, а может быть, триста и более семей. Постепенно исчезают старые дома и дворы, где соседи жили как добрые родственники, деля между собой радость и горе. Примириться с этим? Нет, не в наших правилах жить без добрых соседей.

Самую большую надежду на тебя возлагаем мы — родные и близкие. Чего же мы ждем от тебя?

Ждем, чтобы в общении с нами ты была простой и приветливой. Строптивость характера усложнит общение с тобой, даже при большом желании ты не сможешь принести нам радость. Разве может стать душевным целителем разобиженная и надутая девушка, которая хоть и хочет, но не в состоянии откровенно признаться: «Я не права!» Или столь же искренне сказать: «Ничего страшного, я не сержусь».

Мы ждем, мы хотим ощутить, как старательно ты заботишься о каждом из нас, бережешь наши чувства. Мы хотим увидеть, что ты любишь людей, которые тебя воспитывали. Говорят, долг платежом красен. Но платить можно по-разному.

Пусть будет для тебя так же естественно выразить благодарность, как яблоне дарить свои плоды людям. Надеюсь только, что ты не станешь, как яблоня, только раз в год дарить людям свои плоды.

Постоянная забота, сердечность, сочувствие, ласка, внимание, добрая улыбка, доброе слово, уважение и непосредственность, простота в общении — может быть, этого ждут те люди, которым ты обязана своим развитием, своими радостями, своими знаниями. Об этом долге они никогда не напомнят тебе. Единственная благодарность, на которую они надеются: чтобы ты в ответ на их заботы стала полезным обществу человеком, чтобы утвердилось твое доброе имя, чтобы ты еще более возвысила и укрепила достоинство своей семьи и рода.

Поспеши, моя девочка, платить добром за все, что сделали для тебя люди. А то годы летят, стареют бабушки, да и родители не становятся моложе. Когда же им порадоваться результатам своего самого большого творческого труда, именуемого воспитанием детей и внуков?

Твой отец

САМЫЙ ГЛАВНЫЙ СОВЕТ
Письмо двенадцатое

Добрый вечер, моя милая девочка!

У тебя сейчас жаркие дни. Во-первых, потому, что июль-август самые жаркие месяцы в Тбилиси; во-вторых, потому, что ты готовишься к вступительным экзаменам в Тбилисский университет.

Не знаю, влияние ли это твоей мамы, которая так влюблена в свою науку, или это твой самостоятельный выбор, но ты остановилась на той же специальности и решила поступить на факультет русского языка и литературы, что когда-то окончила мама.

Ты усердно готовишься, приводишь в систему свои знания, ходишь на консультации. Все время нервничаешь, что не успеешь все хорошо выучить, тревожишься — а вдруг не сдашь экзамены, что тогда?

Не делай из этого трагедии! Станешь студенткой — отлично, будет для всех нас большая радость. А если не сдашь, разве это беда? Пойдешь работать. Может быть, будет и лучше, если познаешь трудовую жизнь, это тебя очень обогатит, сделает опытной и сильной. Твой брат уже подыскал тебе работу в типографии, той самой, где он служил лифтером грузового лифта, будучи еще школьником. У него там есть много друзей. На днях он пошел к директору, порекомендовал тебя, и директор согласился, сказал, что даст тебе работу в переплетном цехе.

Я решил больше не писать тебе письма. Не хочу мешать тебе в это жаркое лето. А важнее то, что, пожалуй, сейчас нет необходимости посылать письма из комнаты в комнату, ибо и без них мы уже отлично понимаем друг друга. Дружба наша стала крепкой и надежной, сердечной и доверительной. Не так ли?

По вечерам, перед сном, когда я захожу в твою комнатку и мы с тобой начинаем шушукаться, знаешь, как это меня обогащает? Я многое о тебе узнал, и узнал самого себя тоже — какой я отец для своей дочери. Хотя учил тебя своими письмами уму-разуму, но одновременно сам тоже учился тому, каким мне надо быть. Я заглянул в твое сердце, в твою душу — они у тебя оказались добрыми, чуткими, отзывчивыми. Но я познал еще и твой характер — в нем пока еще есть шероховатости «мартовского» возраста. В народе говорят, что март выпросил у апреля двенадцать дней, и эти дни смешаны с апрельскими. А апрель — тот месяц, когда весна стремится проявить всю свою прелесть и очарование. Вот я и думаю, что в твоем характере остались еще отголоски марта, но и они скоро исчезнут. В общем, ты сама прекрасно знаешь, что я имею в виду.

Мы уже друзья, и навеки, правда? Не знаю как для тебя, но для меня дружба эта — маяк в душе.

Значит, не буду больше посылать тебе письма из комнаты в комнату, разве только тогда, когда возникнет необходимость.

Но ты попросила меня дать тебе самый главный совет. «Вот если бы подытожить все твои наставления, изложенные в письмах, какой самый-самый главный совет дал бы ты мне для руководства на всю жизнь?» — так ты мне сказала на днях. Самый-самый главный совет! Бывает ли такое?

Да, есть у меня такой главный совет. Этот совет служил и мне источником пожеланий тебе. Вникнешь раз в эту самую-самую главную мудрость и открываешь для себя одну истину. Вникнешь другой раз — и другая истина открывается тебе. И так это может продолжаться бесконечно много раз, только нужно, чтобы преобладала в тебе страсть к человеческому самосовершенствованию.

Вот этот совет, древнейшая заповедь: «Познай себя самого».

Помочь тебе разобраться в этой истине?

Но может быть, будет лучше, если ты сама попытаешься вникнуть в ее суть. И попытаешься сделать это не раз или два, а много-много раз. И не только с той целью, чтобы философствовать, кто же такой человек среди людей, но и с той, чтобы жить среди людей как человек, жить так, чтобы ты, Нина Шалвовна, нужна была людям.

И тогда ты увидишь еще, что моими письмами я стремился научить тебя как самой очеловечивать себя.

Очеловечивать себя для людей!..

Нет у меня других самых-самых главных советов для тебя, моя родная.

Давай будем жить так, каждый день очеловечивая себя, и поможем в этом друг другу: я — тебе, а ты — мне!

Спокойной ночи желаю тебе, моя дорогая!
А сон? Какой сон тебе пожелать?
Желаю тебе в эту ночь видеть сны о том...
Лучше, знаешь что: и в эту ночь и впредь желаю тебе видеть добрые сны, и чтобы они потом помогали тебе творить добрые и настоящие дела.

Твой отец

Содержание

БАЛЛАДА О ВОСПИТАНИИ 3
Аккорды. Зов и Явление 6
Прелюдия. Он от Света 7
Кантата. О Новой Расе 8
Вариация. Ребёнок 14
Адажио. Путник Вечности 15
Речитатив. Кто из нас скажет: «Я не педагог»? 17
Фуга. Четвёртое измерение 18
Симфония. О Миссии 21
Элегия. Ходит по миру Мудрец 27
Кантата. Об Очищении 29
Аккорд. Заповедь 30
Фантазия. Мудрость Воспитания 31
Элегия. О Дедушках и Бабушках 33
Каприччио. «Не паниковать» 34
Рапсодия. Да благословит их Господь! 36
Элегия. Ходит по Миру Мудрец 37
Рапсодия. О Материнском Молоке 38
Интермедия. О Светоносцах 41
Ода. О Защите 42
Реквием. Силы тьмы 43
Элегия. Ходит по Миру Мудрец. Педагогика джунглей 45
Рапсодия. О Привязанности и Заботе 46
Мелодия. О Необходимости воспитания 49
Вариации. Об Адамах и Евах 50
Интермедия. О Вечном Ребёнке 52
Элегия. Ходит по Миру Мудрец. Педагогика Божественная 54
Вариация. Цель воспитания 56
Гимн. О Гуманной Педагогике 58
Прелюдия. О Духовном мире 62
Рапсодия. «Дедушка, Бабушка и Я» 63
Рапсодия. «Скажи Богородице» 67

Рапсодия. «Папа, Мама и Я»	68
Элегия. Ходит по Миру Мудрец	73
Фантазия. О Духовном Мире	73
Гимн. Чтение	76
Фантазия. О Дорисовывании	79
Прелюдия. Об Исповеди	84
Элегия. Ходит по Миру Мудрец	87
Гимн. О Любви к Ребёнку	88
Вариация. О Воспитании Радостью	92
Интермедия. О Подарках	95
Кантата. О Теле Человека	97
Речитатив. Не бойтесь конфликтов	106
Речитатив. Не Власть, а Мудрость	114
Элегия. Ходит по Миру Мудрец	115
Интермедия. Ребёнок балуется	116
Интермедия. Искусство обижаться	118
Интермедия. Жертва матери	120
Фантазия. О Дарах Природы	122
Ода. Природа в Ребёнке	124
Аккорд. Игрушка	126
Интермедия. Шалун и Шалость	127
Аккорд. «Упражняйте меня в нравственных поступках»	129
Интермедия. Опасная шалость	131
Элегия. Ходит по Миру Мудрец	132
Симфония. Берегите мою речь	134
Аккорд. Не навязывайте мне ваши мысли	139
Аккорд. Память моя открыта для красоты и истины	141
Аккорд. Во мне страсть к взрослению.	
Элегия. Ходит по Миру Мудрец	145
Аккорд. Дарите мне чувство свободного выбора	147
Вариация. «Опять двойка»	150
Вариация. Как быть с отметками	155
Кульминация. Педагогическая аксиоматика	158
Элегия. Ходит по Миру Мудрец	160
Последний аккорд. Лето улетело	162
Молитва родителей	163

ИСПОВЕДЬ ОТЦА СЫНУ 165
Ожидание 169
Отец 170
Имя 173
Чудо 176
Улыбка 179
Вулкан 182
Развитие 184
Гонзик 186
Буратино 187
Шалость 191
Друзья 193
Речь 195
Сестренка 200
Слезы 202
В школу 203
Идеал 205
Книги 208
«Дэда эна» 213
Познание 215
Задачи 218
Учение 222
Карлсон 227
Позиция 231
Письма 234
Отметки 239
Задания 241
Конфликт 243
Сказки 245
Мужской разговор 250
Память 256
Долг 260
Надежда 263
Семейный словарь 265
Послесловие Пааты 266

Серия «Педагогика и психология»

Амонашвили Шалва Александрович

Искусство семейного воспитания
Педагогическое эссе

Подписано в печать 15.09.10.
Формат 60х84/16. Усл. печ. л. 19,53.
Тираж 3000 экз. Заказ № 5026.

ООО «Амрита»
109153, Москва, ул. Моршанская, д. 3, корп. 1
тел./факс: 8 (499) 264-05-89, тел.: 8 (499) 264-05-81
e-mail: info@amrita-rus.ru   www.amrita-rus.ru

Книга — почтой: 107140, Москва, а/я 38
тел.: 8 (499) 264-73-70

Розничный магазин:
ул. Краснопрудная, д. 22а, стр. 1
Тел.: 8 (499) 264-13-60

Отпечатано в полном соответствии с качеством
предоставленных диапозитивов в ОАО «Дом печати — ВЯТКА».
610033, г. Киров, ул. Московская, 122
Факс: (8332) 53-53-80, 62-10-36
http://www.gipp.kirov.ru; e-mail: pto@gipp.kirov.ru

МАРТОВСКИЙ ВОЗРАСТ. ПИСЬМА К ДОЧЕРИ 267
Трудно ли воспитывать детей в семье! 268
«МАРТОВСКИЙ» ВОЗРАСТ. Письмо первое 268
ГЛАВНОЕ ДОСТОИНСТВО ЖЕНЩИНЫ. Письмо второе 275
«Я — КОШКА, НО ВЫ-ТО — ЛЮДИ!» Письмо третье 280
МАТЬ. Письмо четвертое 286
ВЛАСТИТЕЛЬ ВРЕМЕН. Письмо пятое 291
КОЛЮЧИЕ ВОПРОСЫ. Письмо шестое 295
ИСТОЧНИК СИЛ. Письмо седьмое 302
СУДЬБА. Письмо восьмое 306
«ОГОРЧЕНЬЕ — ГОРЯ СЕТЬ...». Письмо девятое 314
«ЛЮБ РАЗУМНОМУ УЧИТЕЛЬ». Письмо десятое 320
ЕССЕ НОМО. Письмо одиннадцатое 325
САМЫЙ ГЛАВНЫЙ СОВЕТ. Письмо двенадцатое 329